Wir haben uns angewöhnt, das Industriezeitalter mit Begriffen wie »Rationalisierung« oder »Entzauberung der Welt« zu verknüpfen. Um so verblüffender scheint es daher, daß die Industrialisierung in Europa und Nordamerika Hand in Hand ging mit einer breiten Strömung des Okkultismus und mit neuen religiösen Bewegungen.

Diese Tendenzen waren keineswegs eine Flucht aus der aufgeklärten Modernität in das Irrationale. Selbst Endzeit-Bewegungen waren geeignet, Denkmodelle zu stiften, die ihre Anhänger auf den sozialen und politischen Wandel der Industriegesellschaft einstimmten. Und ein neuer Okkultismus verband Technik und Naturwissenschaft mit der zeitgemäßen Fortführung eines jahrhundertealten Umgangs mit dem Übernatürlichen.

Die Menschen, die sich von den neuen religiösen und spiritistischen Bewegungen angezogen fühlten, stammten aus den verschiedensten gesellschaftlichen Gruppen, aus den Eliten ebenso wie aus den Unterschichten. Ulrich Linse zeigt anhand von Fallstudien die Welt der Trancemedien, der Paradies-Sucher und der politischen »Erlöser«. Handelt es sich dabei um eine Erneuerung der Religiosität aus dem Geist eines auch im Industriezeitalter lebendig gebliebenen religiösen »Untergrundes« in Europa? Sind gar Moderne und Esoterik auf viel engere Weise miteinander verwoben, als die »Säkularisierungs«-These dies wahrhaben will?

Ulrich Linse, geboren 1939, arbeitete zunächst als Gymnasiallehrer im Zweiten Bildungsweg. Seit 1992 ist er Professor für Neuere Geschichte/Zeitgeschichte an der Fachhochschule München.

Europäische Geschichte

Herausgegeben von Wolfgang Benz

Konzeption: Wolfgang Benz,
Rebekka Habermas und Walter H. Pehle

Europäische Geschichte

Ulrich Linse

Geisterseher und Wunderwirker

Heilssuche im Industriezeitalter

Fischer
Taschenbuch
Verlag

Für die »Freunde in der Not«, insbesondere
Claudia Weissauer und Tobias Tietje,
Traudl und Hermann Huber,
Angelika und Hajo Wachsmann,
Doris und Hans Wahl,
Christa und Detlev Ziegelasch.

Originalausgabe
Veröffentlicht im Fischer Taschenbuch Verlag GmbH,
Frankfurt am Main, Oktober 1996

© 1996 Fischer Taschenbuch Verlag GmbH, Frankfurt am Main
Alle Rechte vorbehalten
Redaktion: Tanja Hommen
Gesamtherstellung: Clausen & Bosse, Leck
Printed in Germany
ISBN 3-596-60164-9

Gedruckt auf Munken Print Extra der Papierfabrik Munkedal AB, Schweden

Inhalt

Einleitung: Geisterseher und Wunderwirker

Das 19. und das beginnende 20. Jahrhundert brachten in Europa die Durchsetzung der Vollindustrialisierung und den Siegeszug der angewandten Naturwissenschaften, aber auch eine ganze Kette politischer Revolutionen; alle zusammen zeitigten sie gewaltige, die alte Ordnung erschütternde geistige, wirtschaftliche und soziale Umwälzungen. Diese Vorgänge wiederum hatten merkwürdige Begleiterscheinungen: Apokalyptische Bewegungen etwa, für die sich die Erregung über die umstürzenden Zeitereignisse in die Erwartung einer unmittelbar bevorstehenden Parusie Christi kleidete; oder den Spiritismus, welcher die unbegrenzten Möglichkeiten der experimentellen Naturwissenschaften in den Dienst der Erforschung des Übersinnlichen und der jenseitigen Geisterwelt stellen wollte. So ging die Industrialisierung auf der kulturellen Seite Hand in Hand mit den untereinander nahe verwandten Bewegungen von Okkultismus (etwa in der Form von Spiritismus und Theosophie), Millenarismus, Apokalyptik, Prophetismus, religiöser Erweckung und Geistheilung. Eine entsprechende Illustration dieser Zusammenhänge ist folgende Begebenheit: Während der Londoner Weltausstellung von 1851 fuhr durch den Hyde Park ein Vierspänner, dem Reiter ohne Kopfbedeckung voranritten. Sie waren barhäuptig, weil sie »den Herrn« begleiteten, den ehemaligen Chirurgen, dann Vikar Henry James Prince, der sich selbst den »personifizierten Heiligen Geist« nannte und als Sektenführer, dank einiger reicher Anhängerinnen, in seinem Heim »Agapemone« (»Behausung der Liebe«) ein luxuriöses Leben führte. Oder nehmen Sie jenen Jean-Baptiste-Ambroise-Marcelin Jobard, Bonapartist und nicht ohne Sympathie für den Sozialismus, den Förderer der Industrialisierung, der technischen Erfindungen und des Patentrechts, einer der Hauptorganisatoren der Pariser Industrieausstellung von 1849: Dieser Tausendsassa, in Frankreich Ritter der Ehrenlegion, in Belgien Chévalier de l'Ordre de Léopold, war nicht nur ein rühriger Journalist und Dichter, sondern interessierte sich für Magnetismus, Phrenologie, Somnambulismus, die Homöopathie – er war jahrelang der beste Freund von Samuel Hahnemanns Witwe Mélanie – und für den Spiritismus. Begeistert betrieb er das Tischerücken und schlug der nach dem Tod ihres Mannes in tiefe Depression verfallenen Mélanie vor, die neue Methode, mit welcher er experimentierte, anzuwenden, um mit Samuel im Jenseits Kontakt aufzunehmen.[1]

James Webb meint, Naturwissenschaften, Industrialisierung und Revolutionen hätten im 19. Jahrhundert in Europa und Nordamerika Unsicherheit und Desorientierung, also eine »Bewußtseinskrise«, ausgelöst, und die Antwort auf den Verfall von Werten und Autoritäten sei eine »Flucht in den Irrationalismus« und die Entstehung eines »Underground of Europe« gewesen.[2] Gegen diese These einer historischen Krise als Auslöser irrationaler apokalyptischer oder okkultistischer Strömungen wird freilich eingewandt, die vermeintliche »Flucht aus der Vernunft« lasse sich auch als Erneuerung des religiösen Bewußtseins deuten; zudem habe etwa der Spiritismus nicht die Vernunft abgelehnt, sondern gerade den Bereich rationaler empirischer Forschung auf bisher als übernatürlich geltende Erscheinungen ausdehnen wollen. Ferner sei nicht bei allen diesen Heilsbewegungen ein Krisenbewußtsein nachzuweisen, und wo Bewegungen ein solches Gefühl der Krise artikulierten, münde es doch häufig nicht in eine radikale Ablehnung und Flucht aus der bestehenden Welt, sondern ziele eher auf den Wunsch nach deren reformerischem Wandel und der eigenen Mitwirkung an der erstrebten Verbesserung der Zustände.[3]

Fest steht aber, daß im 19. Jahrhundert ein »Underground of Europe« entstand, ja eine Art okkultistische Internationale: Der deutsche Revolutionär, Emigrant und Arzt Georg von Langsdorff etwa lernte den Spiritismus um 1850 in seinem Ursprungsland Amerika kennen und wirkte später in Deutschland als sein unermüdlicher Propagandist. Bekannte Verfasser spiritistischer Literatur waren der Amerikaner Andrew Jackson Davis, der Engländer William Crookes, der Russe Alexander Aksakov, der Franzose Allan Kardec (richtig: Léon Hippolyte Dénizard Rivail), der Deutsche Carl du Prel und der Italiener Cesare Lombroso. Die berühmtesten Medien wie die Italienerin Eusapia Paladino oder der Amerikaner Daniel Douglas Home traten in ganz Europa vor einem illustren Publikum auf. So heißt es von dem »kosmopolitischen Medium Home«, er sei in englischen Salons ebenso zu Hause gewesen wie in florentinischen Villen und in Königspalästen; er habe für Napoleon III. und Kaiserin Eugénie Séancen in den Tuilerien gehalten, für die Königin Sophia von Holland in Den Haag und für Zar Alexander II. in Petersburg.[4] Der »Deutsche Spiritisten-Verein« war um die Jahrhundertwende mit entsprechenden Vereinigungen in Dänemark, Belgien, England, Frankreich, Rußland – aber auch Brasilien und Mexiko vernetzt. Es wird dann freilich erst die Theosophie der Madame Blavatsky sein, welche – aus der Wurzel des Spiritismus hervorgehend – dieser Internationale auch ein globales Glaubensbekenntnis liefert in Gestalt der »Universal Brotherhood of Humanity without distinction of race, colour, or creed«.

Einerseits handelte es sich bei solchen okkultistischen Strömungen um Relikte einer vormodernen Weltsicht, knüpften etwa Apokalypse und Geisterschau an traditionelle Motive der Religion oder des Aberglaubens an. James Webb hat deshalb den »Underground of Europe« als einen »Untergrund des [historisch bis dahin] zurückgewiesenen Wissens« charakterisiert, der »häretische religiöse Positionen, erfolglose soziale Pläne, aufgegebene Wissenschaften und vernachlässigte Spekulationsweisen« umfaßte.[5] Kritisch wurde gegen diese Deutung eingewandt, daß der Okkultismus bis zum Ende des 17. Jahrhunderts keinesfalls zum zurückgewiesenen, untergründigen Wissen Europas gehörte, sondern – wie etwa die berühmten Untersuchungen von Frances A. Yates zeigen[6] – im Zeitalter Elizabeth' I. oder Isaac Newtons noch zum Wissensbestand der gebildeten Eliten zählte und sich erst danach die Bildungsinhalte der Eliten von der Volkskultur trennten und okkultistische Traditionen allein in letzterer überlebten und dann »wiederbelebt« werden konnten. Die Tatsache, daß in Deutschland die hermetische Tradition aus dem 17. Jahrhundert weiter ins folgende Jahrhundert überliefert und etwa von Johann Gottfried Herder oder dem jungen Goethe aufgegriffen wurde[7], oder der offenkundige Zusammenhang der modernen Avantgarde-Kunst mit dem Okkultismus[8] lassen sogar zweifeln, ob überhaupt die gebildeten Eliten Europas zwischenzeitlich gänzlich dieses Erbe vernachlässigten, ob es nicht vielmehr in unterschiedlicher Ausprägung auch bei ihnen immer weiterlebte.

Eine am Rationalismus des Aufklärungszeitalters orientierte Sichtweise konnte freilich beunruhigt sein, daß dieser Traditionsbestand alternativen Wissens und Spekulierens erneut in einer ganz auf Nüchternheit und Rationalität aufgebauten Welt ans Licht trat und sich sogar mit ihr zu verschmelzen vermochte. Diese Gleichzeitigkeit des Ungleichzeitigen frappierte: »Vor vielen Jahren las ich romantische Schilderungen des Dichters Hans Heinz Ewers von religiösen Orgien der westindischen Mischbevölkerung. Voll Grauen fürchtete ich und wünschte zugleich, einmal Ähnliches zu erleben. Aber ich dachte, eine Reise in ferne Länder zu exotischen Völkern sei dazu nötig. Hier erlebe ich es. Wo? Mitten im märkischen Sand, in einer Festhalle, die einer Autogarage gleicht, im hellen Tageslicht eines Sommertags 1931, in der nüchternen Morgenstunde zwischen neun und zehn Uhr. Es kann in Westindien unter schwarzen und braunen Menschen nicht grauenvoller sein«, schrieb Rudolf Olden anläßlich des Besuchs eines Gottesdienstes von Weißenberg in dessen Siedlung bei Glau in der Mark Brandenburg.[9] Von einer »merkwürdigen Erscheinung der Weltstadt« berichtet ein anderer Besucher einer von Weißenberg abgehaltenen Versammlung in Berlin, »von einer Sitzung mit ›Besessenen‹ in einem Saal, an dem während der Geisterbeschwörung von Zeit zu Zeit die Stadtbahnzüge vorüber brausen. Mit dem Donner der Technik [...]«.[10] Oder wie J. F. C. Harrison über den von ihm untersuchten Millenarismus sagt: Er wurde von den Zeitgenossen gleichzeitig als überholter Traditionalismus und als gefährliche Neuerung verdammt.[11]

Französische Revolution und apokalyptische Literatur, 1848er Revolution in Europa und spiritistische Klopfzeichen in Amerika – das bildete offenbar einen geheimen Zusammenhang. Das Weltgericht und die Revolution verbanden sich auf ebenso merkwürdige Weise wie Spiritismus und Sozialismus. J. F. C. Harrison hat gezeigt, daß sich etwa die millenarisch-apokalyptische Bewegung, das Versprechen eines neuen Himmels und einer neuen Erde (Off. 21, 1), als »Ideologie eines radikalen sozialen Wandels« deuten läßt, die ebenso evolutionär-reformistische wie revolutionäre Spielarten hervorbringt und – ungewollt – ihre Anhänger mit dem Gedanken des Wandels vertraut macht und sie so an die tatsächlich sich vollziehenden Änderungen anpaßt.[12]

Damit einher geht die Beobachtung, daß sich die apokalyptischen und okkultistischen Bewegungen, die Endzeitsekten und spiritistischen Zirkel gerade in den Industriebezirken und Großstädten überproportional ausbreiteten. Die englische Forschung konnte zeigen, wie sich millenarisch-apokalyptische oder spiritistische Positionen durchaus mit einer politisch radikalen Haltung vertrugen und bei Personen und Gruppen ein Hin- und Herwechseln zwischen diesen nur scheinbar entgegengesetzten Polen stattfand. Jahrhundertealte Formen von Religion und Aberglauben hatten auf dem Lande überlebt, und sie verschwanden nicht etwa mit der Industrialisierung, sondern schickten sich an, die Großstädte zu erobern, wobei sich die »kleinen Leute« – autodidaktisch nach Wissen strebende Proletarier und Kleinbürger aus den Bereichen von Handwerk und Handel (aber nicht die total Entrechteten und völlig Ungebildeten) – ebenso wie eine Minderheit der Gebildeten selbst gegenüber den archaischen Botschaften höchst aufgeschlossen zeigten, da sie ihnen ein neues soziales Bewußtsein und Verständnis für die gerade ablaufenden Umwälzungen vermittelten und eine Erlösung von den mit ihnen verbundenen Übeln versprachen. Dieses verschlungene Gewebe von Vergangenheit und Gegenwart aufzudecken – und damit der Gegenwart ein wenig ihr allzu selbstverständliches Selbstverständnis als »Moderne« oder gar »Postmoderne« zu nehmen – ist ein Ziel dieses Buches.

Apokalyptische Bewegung und Okkultismus des 19. und der ersten Hälfte des 20. Jahrhunderts – in ihrer Fortsetzung als Alternativkultur und Esoterik, Selbsterfahrungs- und Selbstverwirklichungstechniken uns auch heute noch wohlvertraut – sind vielleicht nur ein Randphänomen der letzten beiden Jahrhunderte – will man diese nicht, wie James Webb, als »Zeitalter des Irrationalismus« kennzeichnen. Aber diese Bewegungen waren in einem Sinne jedenfalls nicht marginal: Sie beschäftigten sich mit zentralen Fragen menschlicher Existenz, deren Beantwortung durch die allmähliche Zerstörung orthodoxer christlicher Glaubensweisen und die Verwissenschaftlichung des Weltbildes nicht leichter geworden war:

1 *Anzeige in der »Zeitschrift für Spiritismus« 1904*

Wie stand es um Seele und Körper im Zeitalter der Naturwissenschaften? Welche Hilfen gab es gegen Schmerz und Krankheit – abgesehen von der sich professionalisierenden und spezialisierenden Medizin? *Eine* Antwort verwies auf das Vorbild von Jesus und der Apostel, auf die Geistheilung. Sie wurde, verbunden mit einer ganzheitlichen Auffassung körperlich-seelischer Vorgänge und kombiniert mit traditionellen Heilmethoden (wie dem »Besprechen« von Krankheiten und Bestreichen von Körperteilen oder der Kräuter-Heilkunde) zur alternativen Medizin, der sowohl bei der »apostolischen« Bewegung wie beim Spiritismus eine hohe Bedeutung zukam. Ja, die von Amerika kommende »Christian Science« (nach der Gründerin Mary Baker Eddy in Deutschland auch »Eddyismus« genannt) entwickelte das »Geistheilen« zur höchsten Blüte.

Was bedeutete der Tod, wenn nicht das Ende der individuellen Existenz oder – eine langsam verblassende Vorstellung – ein Leben in ewiger Verdammnis oder Seligkeit? Die Antwort des Spiritismus lautete, daß unsere Lieben weiterlebten im »Sommerland« und sich dort seelisch vervollkommneten, daß sie aber auch als Individuen unsichtbar mitten unter uns waren, aktiv an unserem Leben Anteil nahmen und jederzeit die Kontaktaufnahme mit ihnen möglich war. Sowohl die individuelle Persönlichkeit wie die Gemeinschaft von Familie und Freunden ließ sich also über den Tod hinaus retten. In einer Art Aufstand gegen die gängige Auffassung von Tod und Unsterblichkeit propagierte der Spiritismus deshalb eine Deutung des Todes, nach der er keinen Anlaß zur Trauer bot, da er nicht mit einer Auslöschung von Person und Gemeinschaftsbanden identisch war. Typische Gedichttitel in der »Zeitschrift für Spiritismus« lauteten deshalb »Totsein heißt – leben« oder »Es gibt ja keine Toten!«[13]

Eine Kulturgeschichte der Totenerscheinungen im Abendland, welche die Totengeister als Ausdruck der Bedürfnisse *dieser* Welt und damit als Teil der sozialen und historischen Wirklichkeit versteht, kommt zur Erkenntnis, daß sich seit der Aufklärung die Rolle dieser Gespenster wandelte: Sie wurden immer weniger in ihren traditionellen religiösen und gesellschaftlich aktiven Rollen und als Individuen wahrgenommen, sondern dienten hauptsächlich zum abstrakten Beweis der Existenz einer individuellen Persönlichkeit über den Tod hinaus: »Sie wurden der ganzen vielschichtigen Funktionen der vergangenen Jahrhunderte entkleidet und es blieb nur die elementarste Funktion übrig: In einer christlichen Gesellschaft, die von Skeptizismus und Naturwissenschaften bedrängt, aber auch von romantischen Hoffnungen und Visionen beeinflußt wurde, befriedigten die Totenerscheinungen des Viktorianischen Zeitalters den Hunger nach Unsterblichkeit.«[13a]

Welches Weltbild war den Erkenntnissen der modernen Naturwissenschaften, insbesondere der Entdeckung der elektromagnetischen Wellen, der Röntgenstrahlen oder der Radioaktivität angemessen? Führte der Materialismus zu einer reduktionistischen Auffassung seelischer und geistiger Vorgänge auf »Kraft und Stoff« (Ludwig Büchner, 1855), so trennte andererseits das traditionelle christliche Weltbild die materiell-natürliche Ebene von der geistigen. Der Spiritismus aber verband gerade die physikalische Welt mit der übernatürlichen, indem er eine tiefergehende Kluft zwischen beiden leugnete, ja geradezu ihre wechselseitige Durchdringung postulierte. Die Geister konnten sich »materialisieren«, und beim neuen Bild des Todes war der Unterschied zwischen Diesseits und Jenseits ein ganz fließender, beides nach Carl du Prel »nur subjektiv getrennte Welten«.[14]

In ähnlicher Weise wurde auch die darwinistische Evolutionslehre in ein neues Weltbild eingebaut: Carl du Prel etwa meinte, im Zeitalter der Entwicklungslehre könne man keine »ewige Scheidewand« zwischen der sinnlichen Welt und dem Geisterreich behaupten. Die Entwicklung, von der die Natur beherrscht wird, könne nur dahin führen, daß ihre getrennten Stücke in Zusammenhang kommen, d. h., daß »die getrennten Welten einander entgegenreifen«. »Der Okkultismus«, so seine Schlußfolgerung, »ist nur unbekannte Naturwissenschaft. Er wird bewiesen werden durch die Naturwissenschaft der Zukunft [...]«.[15]

Der Fortschrittsgedanke des 19. Jahrhunderts findet sich auch verkleidet in millenarische Utopien des »Neuen Jerusalem« als einem vollkommenen Gesellschaftszustand, in apokalyptische Visionen der Gabenausgießung des Heiligen Geistes und eines neuen weltgeschichtlichen Pfingstfestes, oder auch in der spiritistischen Auffassung, es bestehe nur ein Fortschreiten zum Guten, nicht zum Bösen: »Der Geist schreitet nie rückwärts.« Hölle und Himmel gibt es hier nicht, sondern nur eine Weiterentwicklung des Geistes.

Der Spiritismus wartete mit seiner Deutung des Universums nicht auf die Wissenschaft, sondern schuf sich seine eigene Laien-Vorstellung eines holistischen Weltbildes – mit dem Anspruch, damit an der Spitze des wissenschaftlichen Fortschritts zu stehen. Es sollte nicht etwa der Bereich des Okkult-Mystischen ausgedehnt, sondern gerade im Gegenteil das bisher Übernatürliche demystifiziert werden, um so bisherige religiöse Glaubensinhalte in naturwissenschaftlich-empirische Fakten zu verwandeln.

So schrieb etwa Carl du Prel 1891: »Die Moral des Neuen Testaments wäre vollauf genügend, aber sie hat für einen großen Teil der Menschheit ihre Stütze verloren, den Unsterblichkeitsglauben. Diesen wiederherzustellen und zwar nicht als Glaubensartikel, sondern – wie das schon dem Charakter des 19. Jahrhunderts entspricht – auf experimentellem Wege, ist die eigentliche Aufgabe des Spiritismus, und damit wird auch der Moral wieder ihre Motivationskraft gegeben werden.«[16] Ja, die Spiritisten verstiegen sich zur Behauptung, das Zeitalter des Glaubens würde zu Ende gehen; die wertvollsten Bestandteile der Religion aber dank des Spiritismus – nun auf das sichere Fundament des Wissens begründet – in die kommende Zeit hinübergerettet. Sie schufen damit einen »Ersatzglauben«, eine Art Synthese zwischen modernem naturwissenschaftlichen Denken und hergebrachten Auffassungen über Gott, Mensch und die Welt.[17]

So konnten die Spiritisten auf den »Volksspiritismus« – gemeint waren die Spuk- und Gespenstergeschichten, die Vorahnungen und »Gesichte«, die Traumdeutungen und das Kartenlesen usw. – als überholte Vorläufer herabblicken; nun referierte 1898 der Vorsitzende der Münchner »Gesellschaft für wissenschaftliche Psychologie« auf dem 3. Kongreß des »Verbandes deutscher Okkultisten« über »Okkultismus: eine Wissenschaft«! Robert Galbreath meint, einer der Gründe dafür, daß der Spiritismus auch den Gebildeten zusagte, sei sein Anspruch gewesen, die bisherige Kluft zwischen Naturwissenschaft und Religion zu überbrücken: »Dieser Anspruch bedeutete keine Zurückweisung der Naturwissenschaft, sondern lediglich die Ablehnung der Ansicht, die [bisherige] Naturwissenschaft biete den einzig legitimen Zugang zur Wirklichkeit. Indem diese höchst rationalisierten Formen des Okkulten angeblich empirische, wiederholbare Beweise für Dinge lieferten, die man bisher in der Religion glauben oder in der Philosophie mit Hilfe der Vernunft ableiten mußte – das Leben nach dem Tode, die Existenz einer Seele, den Sinn des menschlichen Lebens usw. –, bestanden sie auf der Funktion, als Brücke zwischen Naturwissenschaft und Religion zu dienen. Einige Pioniere der Experimental-Psychologie wurden in ähnlicher Weise angezogen von der Möglichkeit, unstrittige Beweise für frühere religiöse Glaubensüberzeugungen durch die Untersuchung der von Medien produzierten Phänomene zu erhalten.«[18]

Hatte also eine neue Zeit begonnen? Für Millenaristen und Apokalyptiker war es die Endzeit – und wenn dies nur bedeutete, daß sie sich als Zeitgenossen einer aufregend »großen Zeit« empfanden. Die Spiritisten erfuhren die neue Zeit als das Ende der Aufklärung. So führte der Vorsitzende des ersten »Kongresses Deutscher Okkultisten« 1898 in Berlin (Mitglied der Berliner »Wissenschaftlichen Vereinigung ›Sphinx‹«!) zur Rechtfertigung einer erstrebten Verbandsgründung für spiritistische, psychologische, theosophische und ähnlich Interessierte aus: »Nur *einem* Zeitalter, dem der Aufklärung, welches mit unserem Jahrhundert zugleich zur Neige geht, war es vorbehalten, alles Mystische aus dem offiziellen Geistesleben zu verbannen und dem Geschlechte eine wahre Idiosynkrasie gegen alles Übersinnliche einzuimpfen. Die Aufklärung zeigte eben auch nur die Fehler ihrer Tugenden, als sie das Kind mit dem allerdings recht trüben Wasser ausschüttete, mit der irrationellen, dogmatischen *Erklärung* der okkulten Tatsachen diese *selbst* wegdekretierte.« Jetzt gelte es nicht nur, die verspottete Alchimie und Astrologie »in verbesserter Auflage aus ihrem Vergangenheitsgrabe wieder auferstehen zu lassen«, sondern auch auf Immanuel Kant selbst zurückzugreifen und im Aufklärer den Mystiker zu entdecken – gemeint war damit besonders Kants »Träume eines Geistersehers, erläutert durch Träume der Metaphysik« (1766). Und doch blieb der Redner dem Erbe der Aufklärung verhaftet: Nötig sei allerdings bei der Durchforschung der mystischen Erscheinungswelt der Vergangenheit und bei der Beobachtung und Erforschung der übersinnlichen Phänomene der Gegenwart, sich der »wissenschaftlichen Methode« und einer »experimentellen Exaktheit« zu befleißigen und so den Anschluß an die offizielle Wissenschaft zu finden, dabei aber deren »einseitige Aufklärungstendenz« zu korrigieren: Okkultismus dürfe künftig nicht mehr mit Obskurantismus gleichgesetzt werden; vielmehr müsse es gelingen, »den geradezu kindischen, unwissenschaftlichen Trotz der offiziellen Wissenschaft gegen die übersinnliche Welt und ihre Phänomene zu brechen«.[19] War damit nur der Anbruch des neuen Zeitalters der Neoromantik gemeint?

Ferner stand im Jahrhundert der politischen Revolutionen und des radikalen sozioökonomischen Wandels auch das soziale Rollenverhalten der Menschen selbst zur Debatte: Sollte es sich ändern, und wenn ja, in welcher Richtung? Zum eigentlichen Experimentierfeld für neue soziale Normen und Rollen wurden die kommunitären Bildungen religiöser und säkularer Provenienz, die außerhalb unserer Darstellung bleiben. Trotzdem verweist gerade die spiritistische Bewegung auf einen Wandel der weiblichen Rolle, auf »emanzipatorische« Trends insbesondere unter den weiblichen Medien.[20] Denn im Trancezustand konnten, ungestraft durch soziale Sanktionen, neue Rollen aus- und eingeübt werden. So ist immer wieder von Beobachtern der Weißenberg-Gottesdienste das sexuell-hysterische Motiv herausgestellt worden; aber auch andere unbewußt-drängende Wünsche wurden bei den meist weiblichen Medien freigesetzt. So sagte ein Zeuge in einem Prozeß gegen Weißenberg: »Im Zustande der Beseelung verlangen die Medien oft Alkohol und Zigarren«, und die Lebensgefährtin von Weißenberg, sein Hauptmedium, ergänzte: »Im Trancezustand habe ich oft geraucht und getrunken, wie mir später gesagt wurde.« Schließlich ist nicht zu übersehen, daß – in kritischer Abgrenzung von den männerbeherrschten Kirchen und von patriarchaler Medizin – bei den Spiritisten, noch mehr bei den Theosophen, Frauen als die eigentlichen »Priesterinnen« der neuen »Kirchen« agierten, ähnlich wie zuvor in den apokalyptischen Bewegungen »Prophetinnen« aufstanden. Solche Tendenzen zur Gleichberechtigung der Geschlechter sind also zumindest auf dem sozialen Ausnahmefeld von Séancen, »Gottesdiensten« und »Geistheilungen« möglich gewesen. Der deutsche spiritistische Verlag Oswald Mutze (Leipzig) veröffentlichte 1902 eine programmatische Gegenschrift zu dem berüchtigten Werk von J. B. Möbius »Über den physiologischen Schwachsinn des Weibes« mit dem sprechenden Titel »Über die psychische Kraft des Weibes«.[21]

Die spiritistischen Trancemedien sind späte Verkörperungen des im europäischen Mittelalter entwickelten Typs der Charismatiker(in). Im Spätmittelalter und in der Renaissance wurden »lebende (weibliche) Heilige« verehrt, zu deren Fähigkeiten ebenso die Ekstase gehörte wie die prophetische Schau der Zukunft, der Kontakt mit Verstorbenen und das Wirken von Wundern. Ihre Geschichte setzt sich bis in die Gegenwart fort, wenn auch die Erklärungsmodelle für solche »außergewöhnlichen Männer und Frauen« sich im Laufe der Zeit wandelten: Wurden sie zunächst in Kategorien des Übernatürlichen – etwa Heiligkeit, Besessenheit und Hexerei – begriffen, so traten immer stärker medizinisch-psychologische Verhaltensdeutungen – Betrug und Selbstbetrug bzw. Suggestion und Autosuggestion oder Geisteskrankheit – an deren Stelle. Die spiritistischen Trancemedien sind jedenfalls die Heiligen und Hexen des Zeitalters der Industrialisierung.[21a]

Schließlich äußerten sich in den Séancen Kräfte, die das Wachbewußtsein der Menschen weit überstiegen und den »Geistern« zugeordnet wurden. Ihre Botschaften wurden bald nicht mehr nur durch Klopflaute empfangen, sondern durch technische Vorrichtungen wie den sogenannten »Psychographen« (ein dreibeiniger Tisch, wobei zwei Beine auf Rollen stehen und ein drittes in einem Bleistift endet, mit dem die Botschaften aus dem Jenseits aufgezeichnet werden) oder »Spiritoskopen« (Rundtischchen mit drehbarem Zeiger, der auf die am Rande des Tisches angebrachten Buchstaben weist). Am bedeutsamsten war die Vermittlungstätigkeit der Medien selbst; einige von ihnen waren »Schreibmedien«, die im Trancezustand mechanisch niederschrieben, was die Geister ihnen offenbarten. Die Vielseitigkeit der Möglichkeiten wird am Beispiel von E. Honold[22] sichtbar: Sie begann wie viele mit dem gewöhnlichen, plumpen Tischrücken und entwickelte dann mancherlei Fähigkeiten: Sie beherrschte angeblich nicht nur das Hellsehen, die »Psychometrie« (eine Art Erraten von verborgenen Gegenständen), das Schauen des Astralkörpers, Krankheitsdiagnose durch Hellsehen oder Hellhören, Krankenheilung, Voraussagung und Wahrtraum, sondern auch eine Vielzahl künstlerischer Fertigkeiten: Sie war Sprech-, Schreib-, Tanz- und Musikmedium. Die spiritistischen Zeitschriften berichten immer wieder von Malmedien. So heißt es etwa in der »Zeitschrift für Spiritismus«,[23] das Malmedium Frau Aßmann aus Halle an der Saale, Bergmannstochter mit einfachster Schulbildung (kein Zeichenunterricht!) und Frau des Inhabers einer chemischen Wäscherei und Färberei, sei im normalen Wachbewußtsein nicht imstande, selbst den einfachsten Gegenstand zu zeichnen. In Trance aber male sie die kunstfertigsten »Harmonischen Vegetationen«. Auch Weißenbergs Lebensgefährtin zählte zu diesen Malmedien.

Während der Einfluß der Theosophie gerade auf die Malerei vielfach dokumentiert ist, müßte auch der künstlerische Beitrag des Spiritismus gewürdigt werden. So stammt etwa die surrealistische Methode des »automatischen Schreibens« aus dieser Quelle. Freilich würden wir heute nicht mehr die Geister für diese Kunstproduktionen verantwortlich machen, sondern die Freisetzung der kreativen Möglichkeiten des Unbewußten durch Umgehen der kontrollierenden Vernunft. Darüber hinaus konnte gezeigt werden[24], daß fast jeder bedeutende amerikanische Schriftsteller des letzten Jahrhunderts direkte Erfahrungen mit der weitverbreiteten Beschäftigung mit dem Übernatürlichen hatte, sei es mit dem Mesmerismus oder der spiritistischen Bewegung als deren Nachfolger, oder den Gesellschaften für experimentelle Psychologie (»psychical research«), die gegen Ende des Jahrhunderts aufkamen. Amerikanische Schriftsteller erhielten hierdurch den Anstoß, die Grenzbereiche zwischen dem Diesseits und dem Jenseits, zwischen dem Bewußten und Unterbewußten, zwischen Tatsachenerfahrung und Illusion zu erkunden.

»Geisterseher« und »Wunderwirker« waren jedenfalls nicht nur das antimoderne Kontrastprogramm zu Rationalismus und Materialismus im Zeitalter des Industriekapitalismus, sondern sie verkörperten auch eine aktuelle Bearbeitung der fragwürdig gewordenen Auffassungen von Körper/Materie und Seele/Geist, Krankheit und Gesundheit, Tod und Leben, Individualität und Gemeinschaft, geschlechtsbedingten Rollen und künstlerischer Produktion. Scheinbare Randphänomene der Geschichte werfen damit Licht auf die im 19. Jahrhundert ausgelösten Krisen bezüglich der »letzten Fragen«.

Apokalyptisches Denken oder Spiritismus und Theosophie entwickelten sich dabei einerseits als übernational-gesamteuropäische, ja transatlantische Bestrebungen – sowohl der Spiritismus wie die Theosophie hatten ihren Ausgangspunkt in den USA. Auffällig ist freilich auch, daß sich andererseits ihre Antworten durchaus im Rahmen nationaler Kulturen bewegten und damit doch spezifische nationale Ausprägungen annahmen. Ein Kennzeichen bereits der Apokalyptiker nach der Französischen Revolution war, daß sie nicht nur von Gottes Zorn über ihre eigene Gesellschaft redeten, sondern gleichzeitig ihre Mitbürger damit trösteten, daß ihr eigenes Land bei den kommenden endzeitlichen Ereignissen eine besondere Rolle spielen würde. Von den englischen Millenaristen bis zum deutschen spiritistischen Kirchengründer Weißenberg ist ihr jeweiliges Volk das von Gott auserwählte, das Neue Israel. Spiritistische Medien sehen den Untergang der Feinde und die Weltherrschaft der eigenen Nation heraufziehen. Der Patriotismus wird auch zu einem Kennzeichen des Okkultismus, und es entstehen nationale Spielarten der neuen »ersatzreligiösen« Richtungen in Europa, die vergleichend untersucht werden können.

Im ersten Teil der folgenden Darstellung sollen diese nationalen Besonderheiten vor allem durch einen Vergleich der englischen »Irvingianer« mit den deutschen »Neuapostolischen« und des englischen »plebejischen« Spiritismus mit dem deutschen Spiritismus aufgezeigt werden. Die Ergebnisse werden dann im zweiten Teil nochmals ausführlich exemplifiziert an einer »typisch deutschen« Mischung der Traditionsstränge von »Irvingianismus« und Spiritismus in Gestalt der Weißenberg-Kirche. Denn sie verkörperte – sieht man von ephemeren radikaldemokratischen Ansätzen der »Davidianer« ab – den eigentlichen deutschen Spiritismus. Im Gegensatz zu den englischen Gegenstücken und Vorläufern standen bei ihr die Sakralisierung von Volk/Nation und ein kollektives Heil im Zentrum. Obwohl auch sie auf Distanz zu Kirchen und Staat ging, stand sie politisch nicht links wie der »plebejische Spiritismus« in England, sondern rechts, hatte keine Nähe zum Sozialismus, sondern zum nationalen Konservatismus.

Freilich muß aber auch vor überschnellen nationalen Zuschreibungen gewarnt werden. Allzu leicht würde man doch den autokratischen Führungsstil Weißenbergs – von der undemokratischen Bestimmung der Nachfolge bis hin zur unkontrollierten Verfügung über die Geldspenden der Gläubigen, oder seine Freude am Kriegervereinswesen und an uniformierten Paraden – für einen typischen Ausdruck wilhelminischen Deutschtums halten, wäre da nicht der Engländer William Booth und seine »Heilsarmee«: Booth war seit 1875 der alleinige Treuhänder für das Vermögen der »Christlichen Mission« und hatte das Recht, seinen Nachfolger zu bestimmen; 1878 führte nicht nur die strenge Zucht der Heiligung, das methodistische Erbe also, sondern auch die autokratische Persönlichkeit des Leiters Booth dazu, daß die »Christliche Mission« in »Heilsarmee« umbenannt und militärisch organisiert wurde, mit Offiziersrängen, Soldaten, Uniformen, Fahnen, Musikkapellen. Ja, man könnte sogar die (allerdings unbewiesene) These wagen, daß Weißenberg durch das englische Vorbild der »Heilsarmee« angeregt wurde (bis hin zu seiner Sozialtätigkeit!), deren deutscher Zweig bereits 1886 in Stuttgart gegründet worden war.

Während nun der erste Teil der Darstellung stark auf die ergiebige Sekundärliteratur zurückgreift und lediglich mit der Entdeckung eines untypischen »linken« deutschen Spiritismus historiographisches Neuland betritt, wird der zweite Teil neu aus den gedruckten Quellen und ungedruckten Archivalien selbst erarbeitet. Die Untersuchung muß dabei Bereiche betreten, die eher am Rande bisheriger Zeitgeschichtsschreibung liegen: Volksreligion und Alternativmedizin, Spiritismus und Okkultismus, Suggestion und Mediumismus, religiöses Sektierertum und politische Religiosität. Mehr als sonst üblich sollen die Quellen selbst zu Wort kommen, um das »Irrationale« (wie zumindest Webb es nennen würde) möglichst anschaulich und farbig zu vermitteln. Anhand ihrer Fallbeispiele will die Untersuchung gerade in dieses zwielichtige Feld des Okkultismus weiter eindringen und die Relevanz solcher Studien belegen – schließlich gerieten Hunderttausende in den Bann dieser »Heiligen« und »Heiler«, und ein Blick in die Gegenwart zeigt, daß die Menge der Heilsuchenden eher noch zugenommen hat, und mit ihnen die Zahl der Wundertäter.

Ich bitte jedoch um Verständnis, daß ich auf die Frage, welche sich manchem Leser als erstes auf die Lippen drängen mag, ob das erforschte »Wunderbare« nun »in Wirklichkeit« nichts als Schwindel und Scharlatanerie gewesen sei, die Antwort weitgehend verweigere. Waren die Wunderheilungen nur vorgespiegelt, waren die »Geistererscheinungen« in den spiritistischen Séancen Humbug? Oder Produkte des Unbewußten? Gewiß gibt es für die Betrugshypothese zahlreiche Quellen – von bekannten Betrugsprozessen bis zu Aufklärungsbüchern professioneller Zauberkünstler. Aber warum war da nicht nur bewußte Täuschungsabsicht am Werk, sondern häufig der Betrug unbewußt und gerade dieser »Trieb zur Täuschung« ein spezifisches Kennzeichen des Mediums?[25] »Das Wunderbare ist«, so hatte Olden geantwortet, »ein Produkt der Vergangenheit und der Umgebung, nicht anders wie das Gewöhnliche und Banale.«[26] Diesen Verwurzelungen des Wunderbaren in Geschichte und Gesellschaft soll im folgenden nachgegangen werden, ohne zu vergessen, daß es sich bis heute als gesellschaftsmächtig erweist.

Erster Teil:
Blicke in den europäischen
»Untergrund«

Die Apostolischen

1835 wurden in London 12 gleichberechtigte Apostel feierlich in ihren gesamtkirchlichen Dienst eingesetzt, in Wiederaufnahme und Wiederherstellung des Werks der Apostel der Urkirche. Ein Jahr später wurde die europäische Aufgabe dieses Apostelkollegiums durch ein »prophetisches« Wort konkretisiert: Die neuen Apostel seien dazu berufen, als »Fürsten der Stämme Israels« die Christenheit (also nicht die Heiden!) zusammenzuführen, jeder Apostel zuständig für seinen »Stamm« in Aktualisierung der zwölf jüdischen Stämme: Der Stamm Juda – das waren nun England und Nordamerika, der Stamm Benjamin waren Schottland und die protestantische Schweiz, Gad waren Schweden und Norwegen, Manasse war Italien, Ruben waren Süddeutschland und Österreich, Simeon war Norddeutschland, Dan waren Rußland, Finnland und das Baltikum, Sebulon waren Irland, Griechenland und der Orient, Isaschar waren Dänemark, die Niederlande und Belgien, Ephraim waren Polen, Indien und Australien, Arser waren Frankreich und die römisch-katholische Schweiz, und Naphtalie waren Spanien und Portugal. Jeder Apostel erhielt seinen »Stamm« zugewiesen; sie sollten zunächst nicht als Missionare, sondern als Beobachter auszieheh, um die religiösen Zustände und Kultformen in den ihnen zugewiesenen Gebieten kennenzulernen, das Beste daraus zur Synthese zu sammeln und Möglichkeiten zu prüfen, wie sie später ihre Botschaft dort verbreiten könnten. Der Ertrag ihrer Reisen sollte nach ihrer Rückkehr vom Apostelkollegium geprüft und damit eine optimale Reform der Christenheit eingeleitet werden. Das Ziel dieser eschatologisch-ökumenischen Initiative bestand darin, die christliche Einheit wiederherzustellen »und das getaufte Volk des Herrn auf die Wiederkunft des himmlischen Königs und Bräutigams vorzubereiten«. 1837/38 machten sich die englischen Apostel, von je einem Mitarbeiter begleitet, auf ihre Missionsreisen zu den zugewiesenen »Stämmen« auf dem europäischen Kontinent. Sie suchten dabei ihr

Werk durch eine 1836/37 verfaßte umfangreiche Denkschrift, das »Zeugnis an die Patriarchen, Erzbischöfe, Bischöfe und andere Vorsteher der Kirche Christi in allen Landen und an die Kaiser, Könige, Fürsten und anderen Regenten der getauften Nationen«[27], zu unterstützen. Sie überreichten dieses »Testimonium« 1838 zunächst dem Papst Gregor XVI. (zu Händen des Kardinals Acton in London) und dem österreichischen Kaiser Ferdinand (zu Händen des Staatskanzlers Fürst Metternich in Wien); die Übergabe an den König von Frankreich Louis Philippe, den »Bürgerkönig«, kam nicht zustande. Diese drei galten als die, wenn auch usurpatorischen, Repräsentanten Christi: Der Papst verkörperte die Theokratie, der Kaiser in der Cäsarennachfolge die Universalmonarchie und der König von Frankreich die Entartung des Königtums aufgrund seiner vom souveränen Volkswillen abhängigen Regierungsgewalt. Danach erhielten weitere Oberhäupter christlicher Kirchen und christlicher Länder die apostolische Zeugnisschrift; angeblich hat nur der preußische König Friedrich Wilhelm IV. sie beachtet. Zu Weihnachten 1838 trafen sich die ausgesandten Apostel in England wieder – ohne die angestrebte konfessionelle Einheit gefördert zu haben, aber mit dem Impuls zu einer starken Rekatholisierung des Rituals und der liturgischen Ordnung und damit in Übereinstimmung befindlich mit einer romantischen, katholisierenden Zeitströmung.

Das ursprünglich ökumenische Bestreben dieses englischen Apostelkollegiums mündete schließlich nach über einem halben Jahrhundert in eine von Deutschland dominierte, autokratisch geleitete weltweite »Neuapostolische Kirche« (Name seit 1930), die nur noch wenig mit dem ursprünglichen reformatorischen Impuls aus England gemein hatte. 1928 gab es Bezirksapostel für Holland (92 Gemeinden) und die Schweiz (151 Gemeinden) (zum Vergleich: Deutschland besaß damals 1285 neuapostolische Gemeinden). »Die Gesamtheit der Neuapostolischen Gemeinden Europas«, so lesen wir in einer evangelischen Kritik von 1921[28], »steht unter der Oberleitung der Apostelversammlung und dem ausführenden Organ derselben, dem Stammapostel. Seit dem Tode des Stammapostels Krebs [1905] ist das Haupt der Neuapostolischen Gemeinden Europas der [...] Landwirt Hermann Niehaus [1905–1930]. Der Stammapostel ist die letztinstanzliche Autorität in allen Glaubens-

und Gemeindeangelegenheiten [...] In ihm hat die Gesamtheit der Apostel ihre Spitze [...] Die Neuapostolische Gemeinde Europas teilt sich ein in Apostelbezirke, Bischofsbezirke, Distrikte und Gemeinden [...] Durch eine strenge Disziplin wird diese ganze hierarchisch-absolutistische Ordnung zusammengehalten. Gehorsam und abermals Gehorsam wird verlangt.«

Hatte die katholisch-apostolische Gemeinde eher theoretisch die von Europa aus zu betreibende Weltmission ins Auge gefaßt (immerhin wurden 1834 zwei »Evangelisten« nach dem christlichen Amerika ausgesandt), so machte ihre deutsche Nachfolgeorganisation auch mit der Heidenmission Ernst. Schon 1881 bis 1885 begann die überseeische Mission in Indochina und Australien, und der »Stammapostel« Krebs ernannte schließlich Apostel für Argentinien und Amerika, sein Nachfolger Niehaus richtete die Apostelbezirke Nordamerika, Südamerika, Südafrika, Australien und Java ein. Das Zeitalter des Imperialismus widerspiegelte sich so auch im »Neu-Irvingianismus« – eine Bezeichnung, die übrigens den »Neuapostolischen« von ihren Gegnern gegeben wurde, die sie selbst aber zurückwiesen. Die alte »katholisch-apostolische Gemeinde« lehnte unter ihrem letzten lebenden Apostel jeglichen Annäherungsversuch der »Neuapostolischen« ab und verweigerte so den neuen deutschen Aposteln die Anerkennung als Mitapostel.

Republikanische Apokalypse

Apokalyptische Erregung hat die abendländische Geschichte begleitet und politischen, sozialen, ökonomischen oder kulturellen Krisen ein eigenes Deutungsmuster aufgeprägt, durch das die jeweiligen Opfer der Ereignisse schließlich doch dank göttlicher Intervention (und gelegentlicher eigener Mithilfe) zu den triumphierenden Siegern der Geschichte gehörten. So lief eine volkstümliche Untergrund-Tradition sektiererisch-apokalyptischen Glaubens kontinuierlich vom 17. Jahrhundert (oder früher) bis in unsere Gegenwart. Sie hielt die Zuversicht auf die große Weltwende auch in widrigen

Umständen wach, bedurfte allerdings stets erneuter Rückversicherung bei den biblischen Texten.

Der Evangelist Matthäus hatte das jüdisch-christliche Erlösungsgeschehen in einen historischen Zahlenrahmen eingeordnet: Von Abraham bis David zählte er 14 Generationen, von David bis zur babylonischen Gefangenschaft weitere 14 Generationen, und von da bis zum Messias nochmals 14 Generationen (Matth. 1, 17). Damit lagen also zwischen Abraham und dem Erlöser 42 Generationen zu je 30 Jahren oder 1260 Jahre. Da die Länge der Ereignisse des Alten Testaments aber auch als ein Modell für alles Geschehen nach der Geburt Christi betrachtet wurde, wollte man auch die Zeit bis zur Wiederkunft Christi auf 1260 Jahre bemessen. Auf das gleiche Ergebnis kam man, wenn man für die 1260 Tage in der Johannes-Offenbarung (Off. 12, 6) die gleiche Anzahl an Jahren einsetzte. Allerdings waren solche Zahlenspekulationen eher für das Mittelalter brauchbar (hier setzte ja nun in der Tat Joachim von Fiore mit seiner Berechnung des Beginns des »Dritten Reiches« an). Wollten spätere Apokalyptiker ihre jeweilige Gegenwart dramatisieren, so mußten sie also zu Neuberechnungen der Endzeit Zuflucht nehmen. Eine Möglichkeit bestand etwa darin, diese 1260 Jahre nicht von der Geburt Christi an, sondern erst ab der Regierungszeit des oströmischen Kaisers Justinian I. (527–565 n. Chr.) zu rechnen, da erst von ihm die letzten Reste des Heidentums – etwa durch Schließung der Athenischen Akademie – beseitigt worden waren. Ein solcher Ansatz hatte den Vorteil, daß damit die endzeitlichen Ereignisse in die Jahre der Französischen Revolution bzw. der ihr nachfolgenden revolutionären Beben in Europa fielen. Ging man gar vom Beginn der Gesetzgebung Justinians im Jahre 533 n. Chr. aus, wie Cunningham in seinem Buch »Dissertation on the Seals and Trumpets« (1813), dann traf die Rechnung exakt das Jahr der Hinrichtung des französischen Königs Ludwig XVI. und den Beginn einer neuen Weltperiode, die nicht mehr durch die Gesetzgebung Justinians, sondern durch den Code Napoléon charakterisiert war. In die 1840er Jahre dagegen kam man, wenn man die Daten des Buches Daniel (Dan. 8, 14 und Dan. 9, 24) der Rechnung zugrunde legte und das Ganze ab dem angeblichen Jahr der Prophezeiung Daniels – 457 v. Chr. – berechnete. Ein noch späteres Datum für die Wiederkunft Christi, das Jahr 1866, wurde dadurch erreicht, daß die 1260 Jahre erst ab dem Erlaß des byzantinischen Kaisers Phokas von 606 n. Chr. zählten, mit dem die päpstliche Machtstellung begonnen haben soll. So wurde durch immer neue Berechnungen die jeweilige Gegenwart zur »Endzeit« erhöht. Ulrich Gäbler hat darauf hingewiesen, daß bei diesen Berechnungen das traditionelle Verfahren endzeitlicher Weissagungen umgedreht wurde: Keine unbekannte Zukunft wurde vorausgesagt, sondern die bereits eingetretenen zeitgeschichtlichen Ereignisse als Ausgangspunkt genommen und diese Zeitereignisse dann »in den aus der Bibel erhobenen apokalyptischen Fahrplan eingetragen« und zur Bestimmung des weiteren Geschichtsablaufs benützt. Die tatsächlich schon eingetretenen Ereignisse konnten so als in der Bibel vorausgesagt aufgefaßt werden. Damit wiederum aber bestätigte die Bibel, deren Autorität durch diese Methode erneut gefestigt wurde, das baldige Hereinbrechen der Endzeit.[29]

Die Greuel dieser »Endzeit« und das »Gericht« – die von Daniel beschriebenen vier apokalyptischen Tiere (Dan. 7) oder die beiden Tiere der Geheimen Offenbarung des Johannes (Off. 13) sowie die Ausgießung der sieben Schalen des göttlichen Zorns (Off. 16) – ließen sich damit ebenso wie die nachfolgende Herrschaft »des Volks der Heiligen des Höchsten« (Dan. 7) und das »Tausendjährige Reich« (Off. 20) auf die Jahrzehnte zwischen Französischer Revolution und der Revolution von 1848 (oder gar noch später) datieren. Die Französische Revolution[30], die von ihr ausgelösten Kriege und die Herrschaft Napoleons sowie die nachfolgenden revolutionären Wellen in Europa verwiesen damit auf die sie überhöhenden heilsgeschichtlichen Vorgänge: Auf die Wiederkunft Christi, das göttliche Strafgericht, die Errichtung des Tausendjährigen Reiches seiner Getreuen. Auch die Choleraepidemie, die Europa 1831 heimsuchte, konnte so als Teil des göttlichen Straf- und Erlösungsplans begriffen werden, genauso wie die Leiden der »Hungry Forties«.

In England jedenfalls entwickelte sich mit und seit der Französischen Revolution eine breitere Literatur der biblischen Prophetie- und Apokalyptikdeutung – im volkstümlichen Milieu etwa vertreten durch Richard Brothers und Joanna Southcott, auf der

»respektablen« Ebene durch akademische Spekulationen und eine Flut von Predigten und Pamphleten, während in Deutschland schwächere christlich-chiliastische Impulse vor allem in der pietistischen Erbauungsliteratur, bei Autoren wie Friedrich Christoph Oetinger, Johann Albrecht Bengel, aber auch bei Johann Heinrich Jung-Stilling zu finden sind. Mit der napoleonischen Besetzung Preußen-Deutschlands wendete sich diese apokalyptische Literatur dann ins Politische, etwa bei Ernst Moritz Arndt, Johann Gottlieb Fichte oder Max von Schenkendorf. Auch in England und Schottland fand die religiös-apokalyptische Erregung einen guten Nährboden in den ersten Jahrzehnten des 19. Jahrhunderts – einer ihrer Erregungspunkte war die politische Emanzipation des Katholizismus –, und das noch zu einer Zeit, als die Whig-Partei gerade die erste Wahlrechts- und Parlamentsreform zugunsten des oberen Mittelstandes durchsetzte (1832) und (ab 1838) die Chartistenbewegung als »Working Men's Association« bereits das allgemeine, gleiche und geheime Wahlrecht verlangte. Von England wurde das apokalyptische Denken aber auch nach Nordamerika exportiert: Hier entstanden ebenfalls religiöse Erweckungsbewegungen wie die von William Miller (»Milleriten«), welcher die Wiederkunft Christi auf das Jahr 1843/1844 legte; damit beginnt die Geschichte des »Adventismus«, dessen erfolgreichster Zweig, die »Gemeinschaft der Siebenten-Tags-Adventisten«, ab 1860 Heilung und Gesundheitspflege besonders ins Blickfeld rückte. Edward Miller erwähnt auch die Mormonen als unmittelbare Zeitgenossen der Irvingianer und weist darauf hin, daß diese in ihren Anfängen Visionen sahen und prophezeiten, Teufel austrieben und Kranke durch Handauflegen heilten.[31]

Der Berliner Pastor Karl Schmidt hat im historischen Rückblick die damalige Endzeitstimmung folgendermaßen beschrieben: »Die große Erregung der letzten Dezennien des 18. Jahrhunderts durchflutete alle Länder Europas, die Menschheit schien eine andere werden zu wollen. Alle sittlichen und bürgerlichen Verhältnisse waren in Frage gestellt, Thron und Altar in ihren Grundfesten erschüttert. In Frankreich war dies unheildrohende Gären in der Revolution mit ihren endlosen Greueln elementar und blutig zum Ausbruch gekommen. In völkerverheerenden Kriegsstürmen pflanzte es sich über den Kontinent fort. England wurde in den Strudel mit hineingezogen, hatte gefahrvolle Kämpfe zu bestehen, erlebte z. B. schwere Geschäftsstockungen, deren Folge ungeheure Not unter der arbeitenden Bevölkerung und ein wildes Parteitreiben waren, das jeden Tag in offenen Aufruhr überzugehen drohte. Solche Zeiten üben immer einen tiefgreifenden Einfluß auf die Gemüter der Menschen aus. Erschütterung und spannende Erwartung verführen leicht dazu, die allgemeine politische Stimmung auf das religiöse Gebiet zu übertragen. Die Gläubigen blicken um sich, in sich, geraten in Bewegung und Unruhe [...] Das Ungewöhnliche, Unerklärliche, vor allem das Schreckliche, die Greuel erwecken mehr als sonst Gedanken an die Nähe des jüngsten Tages und die Wiederkunft Christi. Unter allen Büchern der Bibel bevorzugt man die Offenbarung Johannis und sucht darin Trost und Haltung, Beratung und Erklärung. Nur bei allergrößter Nüchternheit kann man der großen Gefahr entgehen, die immer mit der Beschäftigung mit der Offenbarung Johannis verbunden ist [...] Da die nüchterne Besonnenheit fehlte, merkte niemand, daß das zu Beweisende einfach vorausgesetzt wurde, daß nämlich die jetzige Zeit die letzte vor Christi Wiederkunft wäre. Das Neue, das erstehen wollte und das wir heute vor uns haben, wurde zum Endreich Christi, das damals nahende Ende des alten französischen Königshauses zum Ende der ganzen christlichen Haushaltung.«[32]

Endzeiterwartungen verbanden sich so mit einer religiösen Erweckungsbewegung, die auf »Prophetien« der nahenden Wiederkunft Christi beruhte. Das Bild, das etwa das oben genannte »Zeugnis« der zwölf Apostel von der zeitgenössischen religiösen und politischen Situation zeichnete, war ausgesprochen düster: Die Zeit des Endes sei gekommen, und die Französische Revolution sei der Vorbote der neuen Zeit gewesen: »Jetzt aber schwebt die Revolution, von der die früheren nur das Vorbild und die Vorbotin waren, über dem Haupte einer vom Übel gänzlich durchdrungenen Christenheit und reißt und schwemmt die Einrichtungen fort, deren Grundlagen schon morsch sind.« Ein »den Horizont der Welt verdunkelnder Revolutionssturm« ziehe herauf, und ein Weltreich unter dem Zepter des Antichrist werde dem kommenden Gottesreich vorhergehen. Der real wahrgenommene politische, soziale und ökonomische Wandel fand so seine deutende Einordnung anhand der traditionellen biblischen Offenbarung. Die Zeit sei kurz, so hieß es, um Kirche und Welt zu erneuern und auf die Wiederkunft des Herrn vorzubereiten.[33]

Organisatorischer Brennpunkt von Bestrebungen zu einer Erneuerung der gesamten Christenheit aus apokalyptischem Geiste waren die von dem reichen Bankier und Parlamentsabgeordneten Henry Drummond ab 1827 organisierten jährlichen Konferenzen der »prophetischen Schule« auf seinem Landsitz Albury Park in der Nähe Londons (bei Guildford in der Grafschaft Surrey), auf denen anglikanische und methodistische Geistliche und Laien verschiedener Konfessionen (vorrangig solche der Church of England und ein Mitglied der schottischen Kirche, aber auch Presbyterianer, Dissenters und ein Mitglied der englischen Brüderkirche) die prophetischen Worte der Bibel studierten und den Träumen vom Millenium programmatische Gestalt gaben. Drummond veröffentlichte die Ergebnisse der Verhandlungen in seinen drei Bänden »Dialogues on Prophecy«[34]: Christentum und Kirche würden vom göttlichen Strafgericht ereilt, die Juden während des Gerichts aus ihrer »Zerstreuung« erlöst und im Heiligen Land gesammelt (hier war also eine politische Aussage aus den prophetischen Schriften abzuleiten), Christus werde wiederkehren und dann das tausendjährige Regiment seinen »Heiligen« übergeben. Und natürlich: Man werde selbst diese unmittelbar bevorstehenden endzeitlichen Ereignisse noch miterleben und darin eine führende Rolle spielen. Drummond schrieb in einem Brief: »Ich dachte und habe immer geglaubt, daß eine Art übernatürlicher Tätigkeit des Heiligen Geistes zu allen Zeiten in der Kirche zu sehen sei [...] Ich habe immer gehört, daß seine Anwesenheit mit uns immer andauern soll, und nirgends in der Schrift konnte ich die kleinste Andeutung davon finden, daß er sein Wort von uns nehmen werde. Nachdem ich das alles klar und nüchtern überdacht hatte, begann ich den Herrn zu bitten, daß er den ganzen heiligen Leib Christi [die Kirche] und jedes einzelne Glied davon, ich selbst eingeschlossen, mit dem Heiligen Geiste taufen möge [...]«[35]

Es handelte sich bei diesen pfingstlichen Bestrebungen um eine Randerscheinung der konservativ-romantischen Erweckungsbewegung des frühen 19. Jahrhunderts, wobei die sich hier konstituierende »katholisch-apostolische« Bewegung den links von der Oxfordbewegung stehenden spiritualistisch-eschatologischen, aber dennoch stark katholisierenden Flügel der Erweckungsbewegung repräsentierte.[36] Diese apostolische Kirche verstand sich als Garantin der Rettung in der anbrechenden Endzeit. Die auserwählte Endzeitgemeinde konstituierte sich ab 1847 durch die »Versiegelung« (unter anderem nach Off. 7, 1–4 und in Anlehnung an die katholische Firmung), einem rituellen Aufnahmeakt von Erwachsenen in die Gemeinschaft der Apostolischen durch Handauflegung der Apostel, wobei der zu Versiegelnde mit Öl gesalbt wurde: »Der Heilige Geist komme über euch und die Kraft des Höchsten überschatte euch! [...] Nimm hin den Heiligen Geist: im Namen des Vaters und des Sohnes und des Heiligen Geistes. – Gott, der allmächtige Vater, stärke und vollende dich. Er versiegle dich mit dem Siegel und Zeichen des Herrn, und salbe dich mit der Salbung des Heils zum ewigen Leben.«[37] Durch dieses Sakrament empfingen die Kandidaten auch die Gaben des Heiligen Geistes: Zungenreden, Weissagen, Hellsehen und Wunderheilen (letzteres unter anderem begründet mit 1. Kor. 12, 9). Die »Versiegelten« wurden mit den hundertvierundvierzigtausend Auserwählten aus allen Stämmen der Söhne Israels, je zwölftausend aus jedem Stamm (Off. 7, 5 ff.; ferner Bezugnahme auf 1. Thess. 4, 17), gleichgesetzt; ihnen würde Christus bei seiner Wiederkehr die Drangsale des Gerichts ersparen und sie erretten.

Zu den auffälligsten und anregendsten Gestalten der Albury-Konferenzen und der sich formierenden englischen »prophetischen« Bewegung des messianischen Zeitalters gehörte der Gerbersohn und Geistliche der National Scotch Church, Edward Irving. »Lange, kohlschwarze Locken, die fast bis zu den breiten Schultern herabfielen, umrahmten ein bleiches Gesicht mit dunklen Augen«, so wird er beschrieben; über 6 Fuß war er groß und vom Aussehen mehr ein Räuberhauptmann denn ein Prediger. Für seine apokalyptische Erwartungshaltung kennzeichnend ist die Tatsache, daß er 1827 die englische Übersetzung der 1816 in London gedruckten vier Bände des spanischen Ex-Jesuiten und konvertierten Juden Manuel Lacunza (Pseudonym: Juan Josaphat Ben-Ezra) »La venida del Mesias en gloria y magestad« vorlegte.

In einer Widmung an Drummond schrieb Irving selbst über seine Rolle in der zeitgenössischen apokalyptischen Strömung um die »prophetische Schule« von Albury Park: »Oft habe ich mir sagen müssen: ich werde wohl nie wieder, bis Sein Reich kommt, eine so selige Eintracht, eine so volle Gemeinschaft der Heiligen finden, wie sie uns in diesen Versammlungen zu Albury-Park zuteil wurden; und sooft ich dasselbe gegen einen anderen der Brüder äußerte, ist mir von Herzen beigestimmt worden. Ich darf aber von diesem Kreise ihrer Gäste um so freier reden, als ich mich nie für wert gehalten habe, unter ihre Zahl zu gehören. Denn was mich betrifft, so bin ich ein ungehobelter, rauher Mensch, wie meine Väter waren, nur zum Grenzkrieg tauglich, oder wie mich Gott sonst etwa gebrauchen mag – Holz zu fällen oder Wasser zu tragen für das Heerlager Seiner Heiligen; eher ein Schanzgräber oder ein Vorposten der Eliasordnung, die dem Reiche vorangehen wird, als ein eigentlicher Herold dieses Reiches.«[38]

Irving hatte seine ersten Erfahrungen als Prediger bei dem Erweckungstheologen Thomas Chalmers in Glasgow gemacht[39], dem er assistierte. Seit 1822 – er war damals 30 Jahre alt – wirkte er in London für die national-schottische [sog. kaledonische] Gemeinde. Sie umfaßte nur 50 Seelen. Die schwungvolle, bildergeschmückte Predigt dieses selbstbewußten Mannes zog bald Tausend an, und Irving wurde zum »Erweckungsprediger für die Gebildeten«.[40] Fürsten, Staatsmänner, Philosophen, Dichter und Literaten aller Art, die ganze fashionable Welt pilgerte schließlich zu seiner Kanzel. Irving verkündete seine eigene Christologie: Jesus sei so sehr Mensch gewesen, daß er auch selbst zum Sünder geworden sei; in dem Sieg Jesu über die in seiner Natur liegende Sünde liege die Erlösung der Menschennatur begründet.

Zu dieser von seiner Kirche als Irrlehre verurteilten Inkarnationsauffassung kam bald ein zweiter Stein des Anstoßes: Durch seinen schottischen Hilfsprediger wurde Irving über die zwischen 1830 und 1832 sich entwickelnde »prophetische« Bewegung in Westschottland informiert, bei welcher Krankenheilungen und Zungenreden spektakuläre Zeichen einer neuen Aussendung des Heiligen Geistes zu sein schienen. Gestützt insbesondere auf die Wirkungen der Taufe, konnten sich nach Auffassung der Beteiligten die Wundertaten des Urchristentums (nach Apg. 10, 38 und Mark. 16, 17) auch in dieser Spätzeit erneut kundtun.

Das Zungenreden als Folge der pfingstlichen Ausgießung des Heiligen Geistes hatte sich dabei in der Neuzeit nur in seltenen Fällen massenweise ereignet; am bekanntesten wurden die Hugenotten in den Cevennen und die Jansenisten; dann sind erst wieder die Vorgänge in Schottland und bald darauf in England zu verzeichnen. Im Gegensatz zu den vorausgehenden Beispielen wurden aber dieses Mal die Manifestationen des Heiligen Geistes – die es in solchem Ausmaße bis dahin in der britischen Kirchengeschichte nicht gegeben hatte – nicht einfach durch einen religiösen Gefühlsüberschwang ausgelöst, sondern durch die gläubige Reaktion auf eine systematische Bibellektüre: »Theologisches Verstehen stand im Mittelpunkt all dieser [britischen] Ereignisse und ging aller Erfahrung der geistigen Gaben voraus. Gerade dieser zentrale Stellenwert eines zusammenhängenden theologischen Systems macht die Pfingstbewegung der Jahre 1830 bis 1832 einzigartig und unterscheidet sie völlig von allen vorausgehenden Erweckungsbewegungen.«[41]

Irving verglich die schottischen Berichte mit den Schriftzeugnissen und kam zur Schlußfolgerung, sie seien authentisch, das heißt göttlichen Ursprungs. Stand schon bisher im Mittelpunkt seiner Predigt die Beschreibung der künftigen Herrlichkeiten des Reiches Gottes sowie die Erfüllung und Vollendung aller diesbezüglichen christlichen Offenbarungen, so zählte er dazu jetzt insbesondere auch die Wiederkehr der Gaben einer pfingstlichen Ausgießung des Heiligen Geistes in den bereits angebrochenen letzten Tagen der Menschheit. Wunderheilungen gehörten ebenso zu den charismatischen Endzeitgaben wie Weissagungen und das Sprechen »in Zungen«. Die biblischen Zeugnisse fanden also nach Irvings Theologie in der Gegenwart ihre unmittelbare Parallele; ein zweites Pfingsten war in der Weltgeschichte angebrochen!

Obwohl er selbst der Glossolalie und der Prophetie nicht mächtig war, bot Irving, trotz des massiven Widerstandes seiner Kirchenältesten und des Presbyteriums von London, in seinen Londoner Gottesdiensten entsprechenden zungenredenden »Prophetinnen« und »Propheten« eine Plattform für ihre spektakulären Auftritte, die Irvings kirchlichen Veranstaltungen kurzzeitig eine notorische Berühmtheit gaben. Es war nur eine kurze Phase der millenarischen Exaltation, die Irving schließlich so weit in die Isolation von seiner bisherigen Kirche trieb, daß sie ihn 1833 absetzte – ein Schicksal, das auch andere Führerfiguren der apostolischen Bewegung mit ihm teilten: »Prüft man die Prozeßakten der englischen und schottischen Geistlichen dieser Bewegung und auch die der katholischen Priester [...] [in Deutschland], immer zeigt sich rein sachlich, ganz unabhängig davon, ob der Inhalt der Weissagung oder der Lehre göttlichen Ursprungs ist, daß die Kirchenverfassungen ein neues, direktes Eingreifen Gottes grundsätzlich ausschließen, ja als strafbar beurteilen; sie schirmen sich – gleich dem Großinquisitor – mit der Lehre von der subjektiv ausgelegten sufficientia der biblischen Offenbarung hermetisch dagegen ab.«[42] Schon ein Jahr später verstarb Irving vorzeitig, als er sich als von der Albury-Konferenz ernannter »Prophet« für Schottland (zum »Apostel« hatte es also bei ihm nicht gereicht) gerade auf einer Missionsreise in Glasgow befand.

Irvings Traum von einer Wiederkehr der alten apostolischen Glaubens-Leidenschaft lebte weiter in der von ihm 1832 mitbegründeten »Katholischen Apostolischen Gemeinde«, der zur Zeit seines Ablebens in England und Schottland über 30 Einzelgemeinden angehörten. Ihre Stammgemeinde war Irvings Londoner Gemeinde – er stand ihr als »Engel« vor (Gemeindevorsteher nach Off. 2, 1 u. a.); um sich scharte sie die sechs anderen Gemeinden Londons, damit auch hier die apokalyptische Siebenzahl erfüllt war (Off. 2 und 3), die als Abbild der ökumenischen Gesamtkirche verstanden wurde. War Irving auch, ebenso wie die Apostel von Albury, ein Prophet für die Mittelklasse geblieben, so hatten sich doch seine Anhänger 1832 kurzzeitig im Londoner Hauptquartier der sozialistischen Bewegung Robert Owens (»Prophet der Armen«) getroffen und damit die Möglichkeit einer sozialen Radikalisierung der katholisch-apostolischen Lehren angedeutet.

Zentrum der katholisch-apostolischen Gemeinden blieb auch nach Irvings Tod England, und in Albury Park trafen sich weiterhin die für das kirchliche Erweckungswerk engagierten Geistlichen und Laien, um das Werk der Apostel und der Urkirche wiederaufzunehmen und es nun, vor dem baldigen Ende der Zeiten, zu einem Abschluß zu bringen. Durch den Spruch von »Propheten« wurden aus ihren Reihen bzw. aus ihren Gemeinden die zwölf gleichberechtigten »Apostel« mit Wohnsitz Albury berufen; jeden Sonntag feierte dort einer der Apostel in der Kapelle das heilige Abendmahl. Denn die oben genannten Zeichen für eine neuerliche Ausgießung des Heiligen Geistes wurden nur als der erste Schritt in der Wiederherstellung der apostolischen Kirche gesehen. Ihm sollte nun, geleitet vom Geist, der zweite folgen, nämlich die Wiederherstellung der ursprünglichen Kirchenordnung (bei den »Ämtern« orientierte man sich unter anderem an der hierarchischen Ordnung von Eph. 4, 11). Als 1835 die Zwölferzahl bei den Berufungen der Apostel erreicht war, ergaben sie zusammen mit den 12 urchristlichen Aposteln die apokalyptische Zahl der 24 »Ältesten« (Off. 4, 4). Durch die neue Berufung der zwölf war nun sozusagen ein genaues Abbild der Urkirche wieder aufgerichtet worden. Denn man war bestrebt, dem Herrn bei seiner baldigen Wiederkunft seine »Braut« ebenso zuzuführen, wie er sie vor fast 2000 Jahren verlassen hatte. Die soziale Zusammensetzung der Apostel war indes eine andere als in der Frühzeit der Kirche: anglikanische und presbyterianische Geistliche, Parlamentsabgeordnete, Rechtsanwälte – also das englische Bildungs- und Besitzbürgertum. Zugegebenermaßen bestand das »Untergründige« dieses europäischen »Untergrunds« nicht in seiner sozialen Zusammensetzung, sondern in der Reaktualisierung der apokalyptischen Tradition.

Die Apostel wandten sich in gemeinsamen Sendschreiben an die geistlichen und weltlichen Leiter der Christenheit und an die christlichen Völker und suchten, zur Vorbereitung der Wiederkunft Christi, die kirchliche Wiedervereinigung aller gespaltenen Glaubensrichtungen ins Werk zu setzen. Es bildeten diese zwölf dabei wohlgemerkt ein kollegiales Organ (die »twelvefold unity« nennt sie Edward Miller);[43] zwar führte der ersternannte Apostel bei den Apostelversammlungen als »Pfeiler der Apostel« den Vorsitz, aber er galt nur als Primus inter pares. In ihrem »Testimonium« hatten die zwölf zudem ausdrücklich den Amtsprimat des Petrus als im Widerspruch zum Zeugnis der Heiligen Schrift stehend abgelehnt. Das Apostelkollegium machte außerdem den Vorbehalt geltend, daß es die volle apostolische Leitung erst dann annehmen könne, wenn die Spaltung der Christenheit beendet sei. Jedem einzelnen von ihnen wurde nur ein Wirkungsbereich (kein Herrschaftsgebiet!) bei der Mission zugewiesen.

Diese Form kollektiv-»republikanischer« Führung fand später die deutliche Kritik der sich ganz anders entwickelnden »Neuapostolischen Gemeinde« mit ihrem Zentrum in Deutschland: »Als Haushälter über die Geheimnisse Gottes (1. Kor. 4, 1) übten die englischen Apostel ihr Amt nicht unabhängig voneinander aus. Das Gleichnis von dem ›Leibe Christi‹ (1. Kor. 12) wurde voll anerkannt, doch wollten sie ein sichtbares Haupt, wie in der Urkirche, unter sich nicht zulassen. Ihre Vorstellung war, daß ›jeder einzelne Apostel dem Apostelkollegium verantwortlich sei‹, einer Korporation, die einheitliche Beschlüsse fassen sollte. Sie sollte das Herz in dem apostolischen Körper sein. Wenn solche Entschlüsse nicht einstimmig angenommen wurden, zogen sie es vor, so lange zu warten, bis alle in dem einen Punkt übereinstimmten. Der Herr widerstand aber dieser menschlichen Vorstellung.«[44]

Unter chiliastischen Vorzeichen entstand hier in England also der Anstoß für eine ökumenische Bewegung[45], die freilich nicht das erstrebte Ziel der Einheit aller Getauften erreichte, sondern doch wieder nur in eine neue Kirche mündete. Deren Verfestigung drängte auch das »prophetische« Element immer mehr zurück; die Spontaneität des Geistes gerann in hierarchischen und gottesdienstlichliturgischen Strukturen.[46] Bei ihren Missionsreisen auf den Kontinent fanden die Apostel gerade im von der 1848er Revolution erschütterten Deutschland eine Anhängerschaft, »weil sie den für ihre Idee günstigsten Zeitpunkt antrafen, die vierziger Jahre, deren bloße Erwähnung uns den Tiefstand kirchlicher und politischer Zustände in Erinnerung bringt. Unter den Einflüsterungen der neuen Sendboten ließen viele die Völkerbewegung und Zeitereignisse sich zu einem Zeugnisse für die wirkliche Nähe der Parusie und zunächst jener schwersten und letzten Wehen werden, von denen der Irvingianismus seine Heiligen zu bewahren versprach. Begierig griffen die in ihrem Glaubensleben Erschütterten nach der direkt von oben kommenden Offenbarung und dieser hier angebotenen Autorität, die den wilden, sündhaften Subjektivismus bannen könnte, der über Thron und Altar, Zucht und Sitte hinwegzufluten drohte. Aus der tiefen Niedergeschlagenheit gerade der positiv Gläubigen und der politisch Konservativen, aus dem Hunger jener Jahre nach einer äußerlichen Autorität einerseits und einer sehr geschickt einsetzenden Propaganda andererseits können wir es uns erklären, daß nicht bloß schlichte, einfache Gemüter der neuen Lehre sich ergaben, sondern auch die gebildeten Kreise«[47] – Geistliche, Theologen, Redakteure und Adlige, die sich und ihre Mittel in den Dienst der Bewegung stellten. Nach einer neueren Darstellung handelte es sich jedoch insgesamt nicht um bürgerliche Honoratiorengemeinden, sondern der größte Teil der Mitglieder kam aus den »einfachen Volksschichten«.[48] Die Zahl der Anhänger überschritt nach schnellem Wachstum angeblich bald die im englischen Mutterland, um allerdings in den 1860er Jahren wieder zu sinken.

Die Endzeiterwartung, die glühende Hoffnung auf die Wiederkehr des Herrn war dabei so lebendig, daß die zwölf englischen Apostel es nicht für nötig erachteten, für den Fall ihres Ablebens für Nachfolger zu sorgen. Hatten doch die zum Apostelamt Berufenen erwartet, ihre Treue werde dadurch belohnt, daß sie Christus selbst noch vor ihrem Tod in ihr himmlisches Erbe einsetzen würde. Spätestens als 1901 mit 96 Jahren auch der letzte Apostel in England verstarb, hatte sich dies als Irrtum erwiesen und war die apostolische Tradition, der Strom des Heiligen Geistes, abgebrochen.

Jedoch hatte die Frage der apostolischen Nachfolge bereits vorher zum Bruch innerhalb der katholisch-apostolischen Gemeinden geführt. Von Deutschland (mit dem Zentrum Hamburg) und Holland ausgehend machte sich in der zweiten Hälfte des 19. Jahrhunderts eine Richtung stark, welche dafür eintrat, jede durch Tod frei werdende Apostelstelle sofort neu zu besetzen und so das Apostelamt und die apostolische Bewegung zu erhalten. Denn es sei offenbar nicht der Ratschluß Gottes gewesen, daß die Wiederkunft des Herrn schon während der Amtstätigkeit der ersten Apostel stattfinden sollte. So kam es also durch die Berufung neuer Apostel ab 1860 zum Bruch (Schisma) der deutsch-holländischen Richtung mit den englischen katholisch-apostolischen Gemeinden. Noch aber war der letzte Schritt zur Gründung der »Neuapostolischen Gemeinde« (offizieller Name ab 1907) nicht getan.

Und noch gab es um die Jahrhundertwende katholisch-apostolische Gemeinden (manchmal »Altapostolische« genannt) in

Deutschland, Gemeinden der Stillen und Wartenden, deren soziale Zusammensetzung anders als zur Jahrhundertmitte war: »Besitz und Bildung nehmen nicht mehr wie in früheren Jahrzehnten daran teil, stellen auch keine neuen Glieder mehr, sondern haben sich zurückgezogen. Schlichte, fromme Seelen, wie wir sie im Handwerkerstand, im Arbeiterstand, unter den kleinen Beamten antreffen, und zwar ausschließlich Evangelische, keine Katholiken, suchen und finden in diesen Gottesdiensten für ihr religiöses Sehnen Befriedigung.« Das Enthusiastische und Exaltierte der Entstehungszeit sei bei ihnen verschwunden; ruhig und friedlich erwarteten sie die baldige Wiederkunft des Herrn. Sie lebten dabei wie auf einer einsamen Insel, unberührt durch die politischen Ereignisse und kulturellen Strömungen um sie herum, allein auf die Parusie hin orientiert.[49]

Deutsche Diktatur

Die »Neuapostolische Gemeinde« war ein typisches Produkt der wilhelminischen Periode. Ihr eigentlicher Schöpfer und geistlicher Monarch hieß Fritz Krebs. Er wurde 1832 in Elend, einem kleinen Ort im Harz, geboren und hatte 1865 als Bahnwärter im Harzstädtchen Schladen die neuapostolische Lehre kennengelernt. Bald machte er seinen Aufstieg in der apostolischen Bewegung, war Priester (1866), Ältester (1874), Bischof (1879), Apostel (1881) und schließlich »Stammapostel« (1895–1905). 40 Jahre lang arbeitete er als Bahnbeamter, und seine Freifahrtmöglichkeiten erlaubten ihm eine ausgreifende missionarische Aktivität; nach seiner Pensionierung 1894 widmete er sich ganz der Gemeindearbeit.

Krebs schuf aus einem Kreis lose aneinandergefügter Apostelbezirke die zentralistisch organisierte »Neuapostolische Gemeinde«, indem er klarstellte, daß es mit der Gleichberechtigung und dem Kollegialitätsprinzip der Apostel nun vorbei sei: Im »Wächter Zions« erklärte er 1899[50], die bisherige Kollegialidee sei etwas »Republikanisches«, und »wo dies Republikanische ist unter den Aposteln und sie in der Zahl der Zwölfe selbständig regieren, da kann von einer Einheitsregierung Christi nicht die Rede sein. Wo kein Gehorsam untereinander gefunden wird unter Christum, dem Haupt seiner Gemeinde, wie werden dann Gemeinden und Glieder eins sein?« Mit der Stellung eines Primus inter pares wollte sich »Vater Krebs« (»wer mich siehet, siehet den Vater«) nicht mehr begnügen, sondern nur noch mit der absoluten Herrschaft eines »Stammapostels« (»Stammapostolat« offiziell ab 1897), die als »Einheit unter den Aposteln« sprachlich kaschiert wurde. Der Zentralismus beschränkte sich aber nicht nur auf den organisatorischen Bereich, sondern mündete in die Selbstüberhebung des leitenden Apostels und den Personenkult um ihn. Denn nun trat neben das tote Apostelwort der Bibel das zeitgemäße und lebensnähere der neuen Apostel, in denen sich Christus erneut selbst inkarniert hatte. Ihr Haupt, der »Stammapostel«, entschied nicht nur in Glaubensfragen, sondern auch in Verwaltungsangelegenheiten. Dabei war in Geldsachen keine Rechenschaftslegung vorgesehen: »Die Kinder haben den Vater nicht zu fragen, was er mit dem Gelde macht.«[51] Krebs konnte diese Amtsautorität so festigen, daß er sie an den sieben Jahre vor seinem eigenen Tod als Nachfolger eingesetzten Landwirt Hermann Niehaus einfach weitervererben konnte, und dieser hat sie im Sinne noch unumschränkterer Machtausübung ausgebaut.

In die Auffassung des Apostelamtes flossen unter Krebs neue Inhalte ein: Es besaß nun die gleiche Autorität wie das biblische Apostolat. Auch die Zwölferzahl konnte nun überschritten werden. Hatten bisher charismatische »Propheten« ein gewisses Gegengewicht und Korrektiv gegenüber der Amtsautorität der »Apostel« gebildet, so schaffte Krebs das gesonderte Prophetenamt ab und vereinigte dessen Würde mit dem Apostelamt. Ein Grund für die Gegnerschaft von Krebs gegen das Prophetenamt lag darin, daß durch prophetische Weissagungen bei Berufungs- und Nachfolgefragen die alleinige Entscheidungsbefugnis des »Stammapostels« gefährdet war. Die schon in der »katholisch-apostolischen« Bewegung sichtbare Tendenz eines »Sieg[es] der [apostolischen] Amtsträger über die [prophetischen] Geistträger«[52] kam hier zum Abschluß. Allein bei den Aposteln – und vorrangig bei dem »Stammapostel« (unter Krebs noch häufig »Vater« oder »Einheitsvater« tituliert) – wurde nun die geistliche Vollmacht der Heilsvermittlung monopolisiert. Krebs wurde zum Herrscher seiner Gemeinden, zum »Herrn und Meister« auch für die anderen Apostel, und schließlich gar zum christusgleichen Erlöser hochstilisiert. Daneben wurde er von seinen Anhängern gerne mit Bismarck verglichen. Und in seinem Nachfolger Niehaus wurde der Steuermann seiner Apostelkirche – wie in Wilhelm II. der des Staates – gerühmt.

Ein Markenzeichen für diese Sorte wilhelminischer »Übermenschen« sollte aber ihre äußere Normalität sein: Krebs, so lesen wir bei einem Beobachter[53,] »sieht nicht übertrieben originell aus, macht vielmehr den Eindruck eines behäbigen jovialen Alterchens, der nicht imstande ist, irgend jemand ein Haar zu krümmen«. Freilich täuschte der Anschein: »Wenn ich die Hand zurückzöge, wäre es euer Tod auf der Stelle«, drohte der »Vater« den Seinen.[54] Der Gesinnungsterror innerhalb der Gemeinde war stark, wie wir insbesondere durch die Lebenserinnerungen der ehemaligen Handarbeitslehrerin Luise Kraft »Unter Aposteln und Propheten« erfahren: Berufsausübung und Heirat wurden vom »Apostel« bestimmt, Gegner wurden als der »Antichrist« und als »Irrlehrer« diffamiert. Den von der Gemeinde Abgefallenen wurde die berufliche Existenz untergraben und die bisherigen Freunde, ja die eigenen Kinder gegen sie aufgehetzt. Dazu kam die Androhung ewiger Verdammnis für Opposition oder gar Abtrünnigkeit. Desillusioniert schrieb Kraft schließlich: »Aber es ist eine Eigenschaft dieser Gemeinde, daß ihre Mitglieder, besonders die Führer, das Beeinflussen, das Einwirken auf empfängliche Naturen, das Übertragen eigener Ideen mit einer Zähigkeit und Ausdauer fortsetzen, bis der andere Teil unterliegt und das Unglaublichste als reine Wahrheit in sich aufnimmt. Bewußter und unbewußter Hypnotismus auf religiösem Gebiet, geheimnisvoller Zwang zur unwillkürlichen Anerkennung des ›Apostels‹ und seiner göttlichen Autorität und willenlose Beugung unter die ›Ämter‹. *Glaube, unbedingter Glaube an den im Apostel fleischgewordenen Jesus*, mit Anerkennung alles dessen, was er sagt und befiehlt, nicht die geringste Widerrede – das sind die Grundbedingungen für die im Geist gebundenen ›Schafe‹, die hinfort nur der Stimme des ›Apostels‹ folgen müssen, nachdem ihnen das Wahrzeichen, das ›Siegel‹, auf die Stirn gedrückt ist.«[55]

Der Einsatz der »Willensmacht« war, nach Kraft, zusammen mit der Legitimation durch die Fleischwerdung Jesu im »Apostel«, die Quelle von »Unterjochung«. Tatsächlich gehört der Hinweis auf die Jesus-Rolle von Krebs zu den zentralen Aussagen seiner Anhänger. Sie publizierten kurze Schriften mit Titeln wie: »Bericht über die Einkehr des am 13. April 1900 zu Berlin durchgehenden Geistes Jesu in der schaulichen Hülle unseres geliebten Apostels Krebs« oder: »Bericht über die Brautschau des Menschensohnes Christus Jesus, verkörpert in seinem Apostel Krebs in Hildesheim«. Oder es hieß etwa anläßlich seines Besuches bei den Gemeinden von Leipzig und Halle im Jahre 1900 unter der Überschrift »Bericht über den Besuch des Hausherrn Jesu durch seinen Geist in der Hülle unseres geliebten Apostels Krebs«: »Wie Fürsten und Könige häufig unter anderem Namen reisen, so trafen auch die erlösenden Taten Jesu am 24. März, mit seinem Geist in der Hülle und das Fleisch unseres geliebten Apostels Krebs gekleidet, nachmittags 6 Uhr in Halle ein, ungekannt nach dem Geist, aber bekannt den Seinen, denen er sich in diesem Gewande als das schaffende Wort von Anfang und der Gegenwart mit seinen Erlösungstaten unter uns wandelnd geoffenbart hat.« Seine Getreuen begaben sich alsdann zu dem Besucher – »nach den inwendigen Taten des Geistes Jesu Christus, nach dem äußeren Kittel und Ansehen Krebs genannt« – wie »zu Jesu im Fleisch, den Menschen vom Himmel gekommen«.[56]

Zur Unterstützung dieser »absolutistischen« Position wurden auch gezielt »Weissagungen« von Gemeindemitgliedern eingesetzt. So wird aus einem stenographischen Protokoll zitiert: »Mein Sohn und Apostel Krebs, das ist das klare Wasser und der reine Hauch, was aus deinem Munde geht, denn ich der Herr bin in dir. Mein Volk, siehe nicht auf den Menschen, sondern auf Jesum, der in ihm vor dir steht. Meine Gnade und Barmherzigkeit stehet vor euch im Fleisch geoffenbaret. So ihr nun kommt in Demut und Liebe, will ich euch geben, was not tut. Amen.«[57] In den Gottesdiensten waren mehrmals an bestimmten Stellen solche Weissagungen vorgesehen und wurden reichlich benutzt, insbesondere von Frauen, die bei ihren Ausrufen auch in körperliche Zuckungen geraten konnten. Freilich hatten die prophetischen Geister ihrem Meister ganz zu gehorchen: Als einmal einer seiner Anhänger Krebs im Gottesdienst damit anredete: »O, mein Apostel Krebs, gesegnet bist du mir, ich sage dir –«, da brachte Krebs den Geist abrupt zum Schweigen: »Und ich sage dir, das ist alles schon gesagt worden, alles abgemacht, und jetzt Schluß.«[58] Wie erwähnt bestand unter Krebs die Tendenz, die Ausuferung prophetischer Weissagungen in den Gottesdiensten zu unterbinden.

Auch Wunderheilungen wurden Krebs von seinen Anhängern nachgesagt. So schrieb das apostolische Organ »Der Herold« 1895 anläßlich eines Besuchs des »Stammapostels« in Greiz, er habe dort mehrere Kranke aufgesucht, um mit ihnen zu beten und ihnen die Hände aufzulegen, um sie gesund zu machen: »und der Herr tat Zeichen und Wunder für den, der offene Augen hatte«.[59]

Christusgleich soll Krebs zur Sühne für die Seinen gelitten haben und gestorben sein (u. a. nach Jes. 53): »Das tragende Lamm [Krebs!] nahm unsere Sünden auf sich, die wilden Tiere waren zur Strecke gebracht und der Ansturm der Geister war völlig gebrochen.« Oder: »Jesus hat sich in ihm [Krebs!] als ein lebendiges, herrliches, vollgültiges Opfer hingegeben.« Oder: »Der Vater [Krebs] sagte zu allen, die um ihrer Mängel und Wahrheit betrübt sind, seid getrost, ich habe für euch überwunden, seid fleißig und arbeitet, ich decke euch und wache über euch. Ich bin dein Arzt an Jesu Statt, keine Krankheit soll dich verderben, wenn du mir vertraust und das tust, was ich dir sage.«[60]

Der Nachfolger Niehaus bestätigte noch diese autokratische Ausrichtung der »Neuapostolischen« durch die weitere Glorifizierung seines Vorgängers Krebs. In seinem Nachruf »Sein letztes Wort oder: Die letzten Tage der Wirksamkeit des hochseligen geliebten Vaters und Apostels Krebs in Bielefeld« führte Niehaus 1905 aus: »Der herrliche Gottesdienst am Sonntag, wo der liebe Vater wie verklärt im Geisteswirken voll der Fülle, der Gottheit und des Lichts vor uns stand, bleibt mir ein Denkmal des Gedächtnisses bis zum Tode, wie auch allen Teilnehmern. Das war kein Mensch mehr, der da sprach, das konnte nur Christus sein, wie Vater Krebs das auch beim Abendmahl vorbrachte: Das ist mein Fleisch, denn ich habe die Welt überwunden, obwohl ich noch lebe. [...] so sage ich [Niehaus] heute, ich vermag alles durch den, der mich mächtig gemacht hat, durch den Entschlafenen [Krebs]; Tod, ich will dir ein Gift sein; Hölle, ich will dir eine Pestilenz sein, seine Sklaven sollen zittern und beben, und es soll kein Stein auf dem andern bleiben.«[61] Im gleichen Nachruf machte Niehaus deutlich, daß er »eine Dickfaust und eine eiserne Stirn« habe und daß »alle, die dem Apostel Krebs widerstrebt haben, sich an ihm [Niehaus] den Hals brechen sollen«. Opposition, Widerspruch wurden nicht geduldet; der Preis dafür waren Abspaltungen.

Trotzdem und gerade wegen dieser Übereinstimmung mit dem wilhelminischen Zeitgeist wuchs die Zahl der Anhänger von Krebs und Niehaus in erstaunlichem Maße, und die »Neuapostolischen« wurden zur Massenbewegung: Waren die apostolischen Gemeinden 1890 mit ca. 21 000 Mitgliedern eine kleine Sekte, noch kleiner als die Baptisten und die Mennoniten, so überflügelten sie in der Folgezeit alle anderen Religionsgemeinschaften außerhalb der evangelischen Landeskirchen (vielleicht mit Ausnahme der Weißenberg-Kirche): 1910 hatten sie etwa 76 000 Mitglieder, bis 1925 verdoppelten sie sich nochmals auf 138 000 Mitglieder. Als Ursache der Expansion wird nicht nur die zentralistische Verfassung genannt, die Krebs einführte, sondern auch seine aggressive Missionspredigt, mit der er sich insbesondere von der protestantischen Kirche als eigene exklusive Heilsbewegung abgrenzte unter Aufgabe aller ökumenischen Impulse der früheren »katholisch-apostolischen« Bewegung. Krebs richtete seinen antikirchlichen Protest, der sich gegen das Staatskirchentum wandte und sich praktisch im Laienpriestertum verkörperte, vor allem an kleinbürgerlich-handwerkliche und proletarische Kreise. Dabei wuchsen die »Neu-Irvingianer« besonders in den industriellen Ballungszentren und Großstädten.

Die apostolischen »Brüder« und »Schwestern«, so lesen wir in Buchners Studie »Sekten und Sektierer in Berlin«[62], seien »alles kleine Leute, man sieht es ihnen an, sie haben hart um ihre Existenz zu ringen. Schwere Sorgen stehen den meisten auf der Stirn geschrieben. Ich glaube, ihre Sorgen haben sie hierher getrieben.« Auch die Redner der apostolischen Gemeinde – die »Hirten«, »Bischöfe« und »Apostel« – »entstammen demselben Milieu wie ihre Zuhörer; tagsüber schustern sie oder flickschneidern sie, kutschieren oder schlachten Schweine«. Die apostolische Gemeinde, so Buchner weiter, betreibe eine Massenpropaganda wie keine andere deutsche

Sekte. Berlin und Vororte stellten allein etwa 20 000 Apostolische: »Die Anhänger sind durchweg Leute aus den niederen Ständen.« Bestätigt wird dieses Bild durch den Berliner Pastor Schmidt, dem aber dazu noch besonders auffällt, daß (im Gegensatz zur evangelischen Landeskirche) Frauen und Männer gleich stark repräsentiert sind und auch ein namhafter Prozentsatz junger Männer zwischen dem 18. und 25. Lebensjahr bei den Gottesdiensten anwesend ist: »Die höheren Stände sowie der Mittelstand, Besitz und Bildung sind nicht in einem einzigen Gliede vertreten. Man trifft auch verhältnismäßig selten den kleinen Beamten, ebenso selten den kleinen Geschäftsinhaber oder Handwerksmeister. Das Gros stellen der Arbeiter in seiner verschiedensten Form, als Gelegenheitsarbeiter, Fabrikarbeiter, Handwerksarbeiter, wie ich die in großen Fabrikbetrieben beschäftigten Handwerker nennen möchte, Landarbeiter. Es ist hier also ein bestimmter Ausschnitt aus dem Volke, der Arbeiterstand, zu einer großen religiösen Sondergemeinschaft vereinigt, und das gibt der ganzen Bewegung eine besondere Physiognomie [...]«[63]

Zu dieser Physiognomie gehörte bei der Masse der Mitglieder das Fehlen von Bildung: »Es sind Glieder«, schreibt Schmidt[64], »die durch die Volksschule, oft nur die des Landes hindurchgegangen sind.« Die apostolische Kirche selbst tat nichts für die Ausbildung ihrer Amtsträger; die Predigten waren deshalb in Logik und Argumentation dürftig. Niehaus freilich drehte in seiner Verteidigungsschrift »Si tacuisses! Eine Abwehr der Angriffe der Pastoren Handtmann und Kretzer auf die Apostolische Gemeinde«[65] den Spieß gegen die etablierte protestantische Großkirche um: Die Neuapostolischen kämen »in gemieteten Sälen, in Hinterhäusern, wohl zwei Treppen hoch«, zusammen, »wo Schuster und Maurer als Priester fungieren, die da sprechen in einem Deutsch, wie es von solchen nicht besser zu erwarten ist, und dabei treten sie auf, ohne Talar und Heiligenkleider [...] Zum Studieren [ihrer Predigten] einen oder zwei Tage vorher haben Maurer und Schuster keine Zeit, das können wir ruhig den Herrn Pastoren gönnen, es ist dadurch bewiesen, daß der Geist Gottes nicht in ihnen ist [...] Zwar lesen wir [in den Kampfschriften der Evangelischen gegen die Neuapostolischen], wir haben es nur mit den Niedrigen und Ausschußvolke zu tun, und Schuster und Maurer sind die Priester, wogegen der Herr Pastor sich mit den Theologen befaßt, und für sie schreibt. Hat der Herr Pastor [...] denn in seiner Gemeinde lauter Theologen, für die er Pastor ist, oder hat er auch Maurer und ehrbare Schuster? Wenn dies letzte der Fall ist, dann bedauern wir dieselben und müssen ihnen zurufen: O arme Schuster und Maurer, euer Pastor arbeitet für Theologen, und weil ihr zur niedrigen Klasse gehört, habt ihr auf eine Hirtenpflege wenig zu rechnen. Somit wird es Not tun, daß wir uns auch über die Schuster und Maurer in der Gemeinde des Pastors [...] erbarmen. Ein Glück für uns und die Unseren, die zur niedrigen Klasse gehören, daß Jesus eines Zimmermanns Sohn, Paulus Teppichmacher, und die Anderen zum Teil Fischer, also keine Theologen, sondern Handwerker waren. Auf welcher Seite liegt nun wohl die Wahrheit nach der Bibel, die in aller Händen ist? Der Herr Pastor muß eine andere Bibel haben, sonst müßte er dasselbe darin lesen wie wir, 1. Korinther 1, 26–27: ›Nicht viele Weise nach dem Fleisch, nicht viel Gewaltige, nicht viel Edle sind berufen; sondern was töricht ist vor der Welt, das hat Gott erwählt, daß er die Weisen zu Schanden mache.‹« Deshalb predigten die Pastoren Tausende aus der Kirche hinaus, »während die heutigen Apostel Tausende in ihre Kirchen hineinpredigen«.

Der in solchen Passagen zum Ausdruck kommende fast »demokratische Zug« der Neuapostolischen rief Kritik hervor: »Demokratisch ist ihre Abscheu gegen alle gelehrte Bildung und gegen die Kirche als Macht im öffentlichen Leben, fast sozialdemokratisch [...] die Art ihrer Polemik in ihren Blättern und ihren Gottesdiensten.«[66]

Eine neuere Untersuchung[67] über die Strategien der sprachlichen Marginalisierung der »neuen Religionen« im 19. Jahrhundert durch die Vertreter der Großkirchen konnte zeigen, daß in der Tat Gruppierungen wie die Methodisten (oder die Neuapostolischen, können wir hinzufügen) für Handwerker und Proletarier sowie gerade die Jugendlichen beiderlei Geschlechts weit attraktiver waren als die Großkirchen, so daß hier tatsächlich die Vorläufer der heutigen sog. »Jugendreligionen« entstanden, während die Jugendlichen aus den Kirchen »herauskonfirmiert« wurden. Die Vertreter dieser Unterschichten hätten zudem ihr eigenes Verhältnis zum Alten Testament gefunden: »Je ungebildeter und unterdrückter eine Schicht, desto eher weiß sie sich, wenn religiöses Interesse erwacht, mit den lebendigen Geschichten das Alten Testaments zu identifizieren.« Ihre Gegner würden dies mit einem antisemitischen Zungenschlag bekämpfen und ihnen den Vorwurf der Undeutschheit und der politischen Unzuverlässigkeit machen.

Genau aus diesem Grunde paßte den Apostolischen solche Zuordnung zu den »vaterlandslosen Gesellen« gar nicht, und in einer von Niehaus verfaßten Kampfschrift »Abwehr der königstreuen patriotisch gesinnten Neuapostolischen Gemeinde gegen feindliche Angriffe«[68] werden Amt und Person des Königs als heilig deklariert: »Wer sich treulos von Kaiser und König löst, löst sich auch von Jesus Christus.« Die apostolischen Christen seien »eine unveränderlich zuverlässige Stütze der Throne und Obrigkeit«: »Sie halten immer zu der Partei, die zu König und Regierung steht [...] Würde die Apostolische Gemeinde sozialdemokratischen Gesinnungen huldigen, so wäre es ein leichtes, Tausende und Abertausende Sozialdemokraten zu ihren Mitgliedern zu machen, jedoch der Gegensatz zwischen apostolischer und sozialdemokratischer Gesinnung ist wie der zwischen Feuer und Wasser.« Auch in den von Niehaus verfaßten »Allgemeinen internen Hausregeln nebst Glaubensbekenntnis für die Ämter und Mitglieder der Neuapostolischen Gemeinden Deutschlands« (1908/09)[69] wird die Mitgliedschaft nicht nur von einem sittlichen Lebenswandel abhängig gemacht, sondern werden Menschen, deren politische Gesinnung »umstürzlerische, staatsfeindliche Bestrebungen« beinhaltet, von der Aufnahme ausgeschlossen. Nachdem man im Ersten Weltkrieg einer strammen nationalen Gesinnung gehuldigt hatte und den Sieg Deutschlands über seine Feinde weissagte, wurde dann in der Weimarer Demokratie der Artikel vom Gehorsam gegenüber der Obrigkeit aus dem neuapostolischen Glaubensbekenntnis gestrichen (1922), aber kurz vor der Machtergreifung der Nationalsozialisten wieder aufgenommen (1932)!

Nach allgemeiner Beobachtung kam es, im Vergleich mit der »katholisch-apostolischen Bewegung«, bei den Neuapostolischen in der Ära des »Stammapostels« Krebs zu einer Abschwächung der apokalyptischen Inhalte. Bei den Altapostolischen sei der Gedanke einer zweiten Reihe von Aposteln eng mit der Wiederkunft Christi verknüpft gewesen, bei den Neuapostolischen sei die Bedeutung des Apostelamtes und des »Jesus im Apostel« als einzigem Mittler des Heils verabsolutiert worden.[70]

Trotzdem nahm die Wiederkunft des Herrn im Glaubensbekenntnis der Neuapostolischen – die sich selbst als »Schlußkirche«, die erneuerte Kirche der Endzeit, verstanden – eine hervorragende Stelle ein, und selbst in der Praxis fehlte die eschatologische Note nicht: Nach dem Bericht von Luise Kraft wurden die endzeitlichen Dinge, insbesondere die Entrückung der Auserwählten, vom Apostel für die hessischen Gemeinden in aller Breite ausgemalt: »Wie sagte der ›Papa‹? [Es] würde ein großes, glänzendes Kreuz, das Zeichen des Menschensohnes, am Firmament erscheinen. Dann würden sich die [Gemeinde-]Glieder von Reimsfeld erheben und sich mit den ›Auserwählten‹ von Nidlau und Aarheim in der Luft treffen. Unterdessen hätten sich auch die anderweitigen Glieder des Stammes eingefunden, und alles schare sich um den ›Apostel‹. In allen Erdteilen würde die Sammlung der ›Auserwählten‹ in gleicher Weise vor sich gehen. Alsdann komme Jesus durch die Luft seiner ›Brautgemeinde‹ entgegen. Darauf würden sich die ›Apostel‹ verneigen, dem Herrn die Braut übergeben und sich dann, nachdem sie ihr Werk vollbracht, zurückziehen. Jesus steigt nun empor, führt seine ›Braut‹ ins Vaterhaus und stellt sie dem Vater vor. Das Hochzeitsmahl beginnt mit Feierlichkeit, während auf Erden die große Trübsal vor sich geht. Wenn die Trübsal vollendet ist, kommt der Herr mit seiner Braut, den [12 mal] 12 000 ›Versiegelten‹ aus den geistigen Stämmen Israels, auf die Erde hernieder und wird herrschen. Die ›Auserwählten‹ aber werden Könige und Priester sein über die, welche geläutert aus der großen Trübsal hervorgegangen sind. Das war die Erzählung des ›Apostels‹.«[71]

Dabei waren sich die Gläubigen sicher, trotz aller Enttäuschungen bei den englischen Apostolischen mit der Parusie Christi, daß diese belohnende Wiederkunft des Herrn und ihre eigene »Entrückung« wirklich ganz nahe bevorstehe. »Einer der neuen Anhänger war gar so töricht«, schreibt Kraft, »es den Leuten bei der Schmiede zu sagen, daß er keinen Pflug mehr machen lassen wollte, da er ihn jedenfalls nächstes Jahr nicht mehr brauche.«[72] Andererseits fielen nach dem Bericht der Kraft gewitzten Zeitgenossen durchaus Widersprüche zwischen dieser Naherwartung und dem praktischen Verhalten der Mitglieder auf: »Ein dörflicher Witzbold sagte damals mit Bezug auf diese Art von Eheschließungen [innerhalb der neuapostolischen Gemeinde]: ›Sie freieten sich und ließen sich freien, bis Noah in die Arche ging, aber die Apostolischen freien in ihrer Arche immer noch feste weg.‹«[73]

Schmidt weist besonders darauf hin, daß die apokalyptische Endzeiterwartung bei den Neuapostolischen durch das Erfolgsdenken abgelöst worden sei und das große Wachstum ihrer Bewegung auch zum Beweis der Wahrheit ihres Glaubens umgemünzt werde: »Bestärkt werden sie darin durch unsere ganze moderne Zeitrichtung, die dieses Schlagwort des Materialismus aufgenommen hat und darin eine besondere Durchschlagskraft erblickt. Aposteltaten! Erfolg! – in immer neuen Wendungen sprechen sie es vor ihren Gemeinden aus.«[74] Vielleicht gehört auch diese Ablösung der apokalyptischen Umwälzung durch den Organisationsfetischismus zu der »sozialdemokratischen« Physiognomie der Neuapostolischen! Nicht umsonst wird darauf hingewiesen – und hier liegt ja eine Parallele zum sozialdemokratischen Vereinswesen vor – welch mächtiger Ausdruck des »Gemeinschaftsbedürfnis[ses] der kleinen Leute« die neuapostolischen Gemeinden seien. In ihnen würde eben nicht wie im weiten Kirchenraum und in der großen Kirchengemeinde der evangelischen Landeskirche der einzelne verlorengehen; »hier im kleinen Kreise gilt er etwas und weiß sich als nützliches Glied des Ganzen«.[75]

Während des Ersten Weltkriegs kam es allerdings – entsprechend der allgemeinen deutschen Zeitstimmung – auch bei den Neuapostolischen zu einem Wiederaufleben der apokalyptischen Strömung. Nachdem sie zuvor vom wilhelminischen Zukunftsoptimismus mitgerissen worden waren, spielte nun bei ihnen die Erwartung der Wiederkunft Christi wieder eine größere Rolle; sogar Termine dafür wurden genannt. Prophetische Gesichte weissagten dabei den militärischen Sieg Deutschlands und den Untergang Englands. Erneut nahm dann die Wiederkunftserwartung ab Mitte der 20er Jahre zu, um schließlich mit dem dritten »Stammapostel« Johann Gottfried Bischoff (1930–1960) einen Höhepunkt zu erreichen: Seine Behauptung, er sei der letzte der »Stammapostel« und der

Herr werde noch zu seinen Lebzeiten wiederkommen, wurde zur verbindlichen Kirchenlehre.

Zum auffälligsten Charakteristikum der Neuapostolischen, durch die sie sich auch markant von den »Altapostolischen« abhoben, gehörte schließlich die »Totenversiegelung«. Hatten die englischen »Katholisch-Apostolischen« nur eine »Versiegelung« der über Zwanzigjährigen vollzogen, so konnten nun nicht nur Kinder, ja Säuglinge, sondern insbesondere auch schon Gestorbene nachträglich in den Genuß des Auserwähltseins durch die »Totenversiegelung« kommen. Diese Praxis (abgeleitet aus 1. Kor. 15, 29) ist von besonderem Interesse, weil sie schon von den Zeitgenossen als eine Brücke zum Spiritismus und seinen Totenbeschwörungen verstanden wurde, da die Neuapostolischen ebenfalls von einem Zusammenhang zwischen Lebenden und Toten ausgingen und sozusagen Verkehr mit den Seelen der Abgeschiedenen pflegten. Die Totenversiegelung bedeutete, daß Lebende die Namen ihnen lieber Verstorbener, für die sie das »Siegel« begehrten, dem Apostel beim Gottesdienst nannten und dann als Stellvertreter die »Versiegelung« in Empfang nahmen. Luise Kraft beschrieb die um die Jahrhundertwende geübte Praxis folgendermaßen: »Eigentlich ist der Akt schauerlich. Die meisten ›Glieder‹ waren sich darin einig, einen kalten Luftzug verspürt zu haben, als die Verstorbenen gerufen wurden. Es ist wirklich grausig, wenn der ›Apostel‹ ruft: ›Ihr Tore des Todes, tut euch auf!‹ Das liegt schon in der Natur der Sache, wenn es da manchen kalt überrieselt. Darauf erfolgt nun eine Ansprache an die Toten, welche schließlich von den ›visionären‹ Gliedern auch *gesehen* werden. Der ›Apostel‹ zeichnet das für die Verstorbenen bestimmte Ringelchen auf die Stirn ihres Stellvertreters, erteilt ihnen seinen Segen und entläßt sie wieder zu ihrer Grabesruhe. Das ist die ›Totenversiegelung‹, wie ich sie miterlebt habe.«[76] Niehaus hat in seiner Schrift »Lichtblick ins Totenreich«[77] ausdrücklich den Zusammenhang mit dem Spiritismus zugegeben, aber mit der Einschränkung versehen, die Neuapostolischen würden nicht, wie die Spiritisten, »die Toten fragen, sondern ihnen Gnade und Heil mitteilen wollen«. Aber in der gleichen Schrift sagt Niehaus auch, es sei »eine unwidersprechliche Tatsache«, daß die Toten sich durch Medien gegenüber den Lebenden äußerten. Die Wiederkehr von Toten wurde direkt mit der Heiligen Schrift begründet (1. Sam. 28 und Matth. 17, 1–8). Wie der Spiritismus im Ersten Weltkrieg überall in Europa einen Höhepunkt erlebte, so auch der Totenkult der Neuapostolischen: Niehaus berief während des Krieges eigene Amtsträger für das Totenreich!

Schmidt kritisiert den »spiritistischen Humbug« der Neuapostolischen im Hinblick auf eine Mitteilung im »Kurzen Bericht des schaffenden Geistes Jesu Christi in der schaulichen Hülle des lieben Vaters und Apostels Krebs mit seinen Helfern, lieben Aposteln Sebastian und Wachmann im Bezirk Berlin in der Zeit vom 6. bis 13. Dezember 1900«: »Der liebe Vater erzählte diesen durchlebten Fall, wo der liebe Apostel Niehaus eine Schwester für Entschlafene versiegelte, die Geister jedoch dieser Schwester keine Ruhe weder Tag noch Nacht ließen, sie daher zum Apostel ging um Ruhe zu finden. Der Apostel führte ihr vor, daß die Sündenlast dieser ins Reich Gottes hineingeschleppten Geister sie quälten und der Tod (da die Schwester schon auf dem Krankenbett lag) ihr sicher sei. Der Apostel rettete diese Schwester und fragte ihren Mann (Priester), ob er für seine Frau einstehen wolle um diese Sündenlast auf sich zu nehmen, bei seinem Ja-Worte fiel dieser sodann hin, da diese Geistermacht auf ihm lastete. Der Apostel vergab diese Sündenlast, worauf der Mann frei wurde und seine Frau am anderen Tage trotz ihrer Krankheit gesundete.«[78]

Mit dem Spiritismus der kleinen Leute bewegen wir uns aber bereits zum Thema des nächsten Kapitels; die Verbindungsbrücke ist nach Meinung der Zeitzeugen die enorme Kraft der Suggestion – eine Gedanken- und Willensbeeinflussung also in Gestalt der Auto- wie Fremdsuggestion –, die bei Massenphänomenen wie der neuapostolischen oder spiritistischen Bewegung eine prägende Rolle spielten.

Der Spiritismus

»1848. Wer kennt in Deutschland nicht das rote Jahr der Revolution? Ein Revolutionsjahr aber nur am politischen Himmel und das auch nur für einen kleinen Teil Europas. Aber ein Revolutionsjahr war doch 1848 von weit größerer Bedeutung für die gesamte Menschheit, ob sie nun der heiße Samum umweht oder der eisige, Leben erstarrende Boreas«, schreibt die »Zeitschrift für Spiritismus«[79] zum 60. Jubiläum des gemeinten Weltereignisses: 1848 – im gleichen Jahr, als von Ludwig Feuerbach und Karl Marx »der Jenseitsglaube als Feind der Diesseitsgewinnung denunziert wurde«[80] – traten in einer einfachen Farmerhütte in Hydesville (in der Nähe New Yorks) bei den jungen Fox-Schwestern erstmals jene Klopfgeräusche auf, deren Botschaft lautete: »Wir Toten leben und können wieder mit euch in Verbindung treten.« Illuminatentum, Swedenborgianismus, Mesmerismus, Transzententalismus, Phrenologie, Homöopathie, Fourierismus etc. hatten in Amerika den Weg für die nachfolgende Welle des Spiritismus geebnet; die spiritistische Erfahrung hatte bereits etwa zehn Jahre vor den »Rochester rappings« der Fox-Schwestern bei den heiligen Treffen in den Shaker-Kommunen begonnen (sozusagen den Vorläufern der Séancen). Um 1855 bekannten sich vermutlich eine Million Amerikaner – bei einer Gesamtbevölkerung von 28 Millionen – zu dieser neuen Religion des Spiritismus.[81]

Es dauerte nicht lange, und auch Europa wurde vom Fieber der Séancen erfaßt. Nach Auffassung deutscher Spiritisten ging der erste Versuch im Tischerücken in Europa nirgendwo anders als in Bremen im Salon eines Kaufmanns vor sich.[82] Im Januar 1853 hatte nämlich eine Bremer Dame von ihrem in New York als Kaufmann niedergelassenen Bruder einen Brief erhalten, der einiges Aufsehen erregte und von Hand zu Hand ging. »Du lächelst«, las man da, »über uns Yankees, über unsere Wundersucht, über unsere klopfenden Geister und auferstehenden sprechenden Toten. Du magst daran recht haben. Aber nicht alle Dinge, von denen Ihr in Europa Euch nichts träumen laßt, sind so lächerlich, wie Du sie findest. Kennst Du das Tischrücken? Hast Du in Deinem Leben gesehen, daß ein schwerer Mahagony-Tisch, siebzig, achtzig Pfund schwer, ein großer Familien- und Teetisch sich in Bewegung setzt, ohne gestoßen, geschoben, durch Hände, Füße oder Maschinenfedern, oder irgendeine äußere und sichtbare Kraft dazu veranlaßt zu sein? Und doch ist dies eine Möglichkeit [...], es ist eine Wirklichkeit. Nicht einmal, zehnmal habe ich mit eigenen Augen dies merkwürdige Schauspiel gesehen, hundert meiner Bekannten haben es wiederholt und alle Welt hier kennt es.« Der Brief schilderte dann die nötigen Vorbereitungen für den Erfolg des Experiments, nämlich die wunderbare elektromagnetische Kette der Teilnehmer, welche den Tisch einschließen mußte. In der lustigen Laune einer vergnügten Gesellschaft Bremens wurde nach Lektüre dieses Briefes beschlossen, wegen des Spaßes den Versuch zu wagen – er gelang. Wie ein Lauffeuer verbreitete sich die Nachricht in Bremen, im gleichen Salon wurde der Versuch noch am selbigen Abend wiederholt, ferner auch in Familien von Bekannten. Während der Osterfeiertage 1853 hätten die Bremer Kaufleute nicht mehr über Kaffeepreise und Tabaknotierungen geredet, sondern man habe nur noch das Wort »table moving« gehört, heißt es. Die deutsche Presse nahm sich der Sache an (erst die »Augsburger Allgemeine Zeitung«, dann die »Vossische Zeitung«), in Berlin, Breslau und Nürnberg, in Wien, Hildesheim, Hannover, Braunschweig wurde der gleiche Versuch wiederholt, nachdem bereits mit dem Veröffentlichungsdatum 12. April 1853 ein 14seitiger Ratgeber erschienen war: »Der Cheiroelektromagnetismus oder die Selbstbewegung und das Tanzen des Tisches (Tischrücken). Eine Anweisung in Gesellschaft das merkwürdige Phänomen einer neuentdeckten menschlichen Urkraft hervorzubringen. Nach eigenen praktischen Versuchen und unter Vergleich aller bisher veröffentlichten Proben, mitgeteilt von Dr. C.... und G. O..., Berlin 1853. L. Lassars Separat-Konto. Druck von F. Reichhardt und Co. in Berlin.«

Das geist-revolutionäre Großereignis von 1848 fand also seine Nachahmer in der »Gesellschaft«, in der guten Gesellschaft des deutschen Besitz- und Bildungsbürgertums: Gelehrte, Naturforscher, Ärzte, Lehrer bestätigten ebenso die von ihnen gespürte geheimnisvolle »galvanomagnetische Kraft«, das in der Menschenkette spürbar werdende »Fluidum«, wie Kaufleute, Gewerbetreibende, Handwerker aller Art. Es war also die respektable Gesellschaft, und sie wurde wohl kaum noch von revolutionären Konvulsionen bei ihren Spielchen geschüttelt.

In Amerika dagegen verband sich in jenen 50er Jahren der Spiritismus mit dem Gedanken einer umfassenden Kultur- und Sozialreform. Ein Delegiertenkongreß der spiritistischen Vereine des Landes trat 1858 in Plymouth am Golf von Massachusetts zusammen und schrieb die Reform auf sein Banner: Lebensreform (einschließlich Kleidungsreform), Erziehungsreform, »Geburtsreform«, Frauenemanzipation, »Abschaffung jeder Art körperlicher und geistiger Sklaverei«, allgemeiner Friede und Brüderlichkeit, Reform von Theologie und Kirche, und schließlich als krönender Höhepunkt: »Soziale Reformen nach dem Grundsatze gemeinsamer Brüderlichkeit und zur Beseitigung aller Hindernisse, welche der höheren Entwicklung des Menschen entgegen sind.«[83]

Der amerikanische Hauptvertreter eines sozialreformerischen Spiritismus war Andrew Jackson Davis, der »Seher von Poughkeepsie«, Schöpfer einer »Harmonial Philosophy«. Das fünfbändige Werk von Davis »The Great Harmony«[84] griff dabei in Titel und Konzeption auf Charles Fouriers Utopie einer neuen Sozialordnung der »Phalanxen« (Phalanstères) zurück, die nach Fouriers Tod (1837) auch in der Neuen Welt in Siedlungsexperimente umgesetzt wurde (z. B. die »Brook Farm Phalanx« bei Boston, 1844–1847). Fourier wiederum hatte die Bezeichnung »Harmonie« für seinen Entwurf einer genossenschaftlichen Wirtschafts- und Liebesgemeinschaft – von ihm erstmals 1803/04 in einer Artikelserie über die »Universelle Harmonie« als gesellschaftliche Doktrin vorgeführt – vermutlich von der 1803 in Indiana durch den Deutschen Georg Rapp gegründeten pietistischen Siedlung »Harmony« entlehnt, welche dann von Robert Owen 1825 verweltlicht und als »New Harmony« weitergeführt worden war.[85] Gestützt auf Fourier bestand Davis darauf[86], daß es zur Befreiung der Menschheit von Sklaverei, Alkoholismus, Rassenungleichheit, sozialer Unterdrückung, Prostitution, Todesstrafe und Krieg notwendig sei, das christliche Konzept der Sünde zu verwerfen und den harmonischen Prinzipien der Natur zu folgen und so den Menschen evolutionär weiterzuentwickeln. Hatte schon Fourier die Unterdrückung der Frauen in der gegenwärtigen Gesellschaft angeprangert und die Erweiterung ihrer Privilegien als Grundlage allen sozialen Fortschritts bezeichnet, so forderte ganz in diesem Sinne auch Davis die absolute Gleichstellung der Frau. Er schrieb dies, als die Fox-Schwestern in New York ihre Triumphe feierten, doch die darauf folgenden Enthüllungen über ihre schwindelhaften Manipulationen überraschten ihn nicht. Gerade weil die Phänomene der Séancen unzuverlässig waren, so seine Meinung, müßte sich der Spiritismus, um Bedeutsamkeit zu gewinnen, mit der »Hamonial Philosophy« verbinden und sich in sozialen Reformen verwirklichen. Die Fox-Schwestern freilich lehnten die radikalen sozialen Ideen von Davis ab, der sich an Handwerker und Arbeiter wandte, da sie sich auf dem Pfad der bürgerlichen »Respektabilität« bewegen wollten; tragischerweise folgte freilich ihrer Berühmtheit der tiefe Fall in soziales Elend und Alkoholismus.

Auch die soziale Botschaft von Davis kam nach Europa, wenngleich von der Öffentlichkeit weniger bemerkt als die Ereignisse in der »guten Gesellschaft«. Logie Barrow hat gezeigt[87], daß der Spiritismus seinen Weg nach England nicht nur über jene drei weiblichen Medien aus den USA fand, die 1852 und 1853 in London Mitglieder der Mittel- und Oberschicht bekehrten, sondern daß es 1853 auch ein weniger Aufsehen erregendes Ereignis gab: Ein David Richmond, von mittlerem Alter, ein Handwerker, Autodidakt und Vegetarier, der zuvor von England nach Amerika ausgewandert war und sich dort besonders für Gemeinschaftssiedlungen (von den Shakern bis zur Richtung Robert Owens) engagiert hatte, kehrte nach England zurück. Er hatte zuvor selbst die Fox-Schwestern in Hydesville besucht und wollte nun in England für den Spiritismus missionieren. Er ging freilich nicht zu den Reichen der Großstadt, sondern machte seine Konvertiten vor allem im Pennine-Distrikt Yorkshires in dem Ort Keighley, unter politisch auf der »Linken« aktiven Handwerker-Arbeitern, mitten in der »radikalen Zitadelle« des Ortes, der »Workmen's Hall«. Keighley mit seinen diversen radikalen kulturellen Traditionen (z. B. Owenismus, alternative Kräutermedizin,

Swedenborg-Nachfolge, Mesmerismus, Methodismus, Chartismus) wurde so zur »Wiege des britischen Spiritismus«.

So wuchsen also aus den amerikanischen Anfängen in Europa zwei Richtungen des Spiritismus: ein »respektabler« der Mittel- und Oberschicht und ein auf Reformen setzender der Unterschichten. Letzterer fand seinen Nährboden vor allem in England.

Demokratische Geister

Während der englische Millenarismus des frühen 19. Jahrhunderts auch auf Amerika wirkte, nahm – wie wir sahen – der Spiritismus von dort im Jahre 1848 seinen Ausgang. Im wesentlichen ging es bei diesen spiritistischen »Phänomenen« um die Anwendung von Praktiken zur Ermöglichung einer Verbindung zwischen den Lebenden und dem Reich der Toten. Geister-Manifestationen waren der wesentliche Inhalt der spiritistischen Erfahrung. Der Kampf gegen die Endgültigkeit des Todes war die eigentliche Zielrichtung: Der Tod ohne wirkliches Sterben, ohne dauerhafte Trennung von Hinterbliebenen und Gestorbenen, der Tod also lediglich als Übergang zu einer höheren Existenzweise war die große spiritistische Tröstung.

Eingebettet war das Auftreten dieses neuen Seelenkults in eine apokalyptische Gestimmtheit, die politisch etwa durch die Pariser Februar- und Junirevolution und ihre europäischen Folgen, durch die Erneuerung des napoleonischen Kaisertums, durch den Krimkrieg (1853–1856) und, für England speziell, durch den großen Aufstand in Indien (1857/58) genährt wurde, aber auch durch die zweite Cholerawelle, die ab 1848 Europa heimsuchte.

Der apokalyptische Zug des englischen Spiritismus gründet nach Logie Barrow darin, daß ein Glaube, der so sehr der üblichen Auffassung von Realität widersprach, auch die Auffassungen historischer Kontinuität erschüttern mußte.[88] Vermutlich war es aber gerade umgekehrt: Die Erschütterung des historischen Gleichmaßes durch die revolutionären Großereignisse des 19. Jahrhunderts mußte zur Suche nach einer neuen Religion oder Wissenschaft –

beides war der Spiritismus – führen, welche dieser Welterfahrung angemessen waren. Die desorientierende Diskontinuität der geschichtlichen Ereignisse wurde geheilt durch einen Synkretismus von traditionellen Werten und neuer wissenschaftlicher Experimentierlust.

So gab es in England um die Jahrhundertmitte eine Vielzahl apokalyptisch ausgerichteter Gruppen. Dabei fällt besonders auf, daß sich dort auch der Spiritismus mit dem Sozialismus eines Robert Dale Owen – außerhalb der christlichen Gruppierungen verkörperte die Bewegung Owens in England am stärksten den sozialen Millenarismus – verband.[89] Owen war als 83jähriger von einem amerikanischen Medium zum Spiritismus bekehrt worden, und er hielt nun die Geister-Manifestationen für die Vorboten des von ihm so lange ersehnten Anbruchs des Tausendjährigen Reiches. Sein sozialer Radikalismus und kommunitärer Millenarismus sahen ab den 50er Jahren, vielleicht gerade weil seine Bewegung erfolglos geblieben war, in der Verbindung der Lebenden mit den Geistern der Toten doch noch eine Möglichkeit, die Welt sozial zu reformieren. Ein Stück Resignation lag sicher darin, wenn nun das »Neue Jerusalem« der apokalyptischen Botschaft für die Lebenden ersetzt wurde durch den Glauben an das paradiesische »Sommerland« der Toten, oder wenn nun die Lebenden zum Erfolg ihrer reformerischen Taten auf die Geister guter und überlegener Seelen angewiesen waren. Jedenfalls würde aus der Symbiose von Spiritismus und Sozialismus nach Owens Meinung hier auf Erden der »spiritual social state« hervorgehen – an die Stelle von Gottes apokalyptischer Intervention in die Weltgeschichte trat dabei das Tathandeln nicht zuletzt der verschiedenen Seelen. Wurde der Fortschritt hier auf Erden auch durch die Menschen verzögert, dann gab es immer noch die Chance, daß die moralische Weiterentwicklung der Seelen im Jenseits zum welthistorischen Fortschritt beitrug. Der Spiritismus, das ist offenkundig, war für den gescheiterten Sozialutopisten Owen bzw. seine Anhänger ein letzter Rettungsanker, um das bisher Unmögliche doch noch eintreten zu lassen.

Aber die Owen-Bewegung war nur ein Faden im Gewebe eines »linken« oder, wie Logie Barrow ihn nennt[90], »plebejischen« Spiritismus (gemeint ist damit eine Verankerung in der Facharbeiterschaft und in der unteren Mittelklasse, dem Kleinbürgertum). Es gab daneben freilich den »respektablen« Spiritismus der Mittel- und Oberschichten in Großbritannien wie auch auf dem Kontinent; der genannte plebejische Spiritismus war eine ausgesprochen englische Sonderentwicklung. Nach seinen Anfängen in Keighley verbreitete er sich in den 1860er Jahren und hatte vor allem im Norden Englands in den Industriegemeinden von Lancashire und Yorkshire seine Anhänger, bald auch in London. Ohne doktrinäre Abgeschlossenheit nahm dieser spezifisch englische Unterschichten-Spiritismus vielfache religiöse Strömungen einschließlich ihrer apokalyptischen Erregung auf, aber auch Impulse des vor der Jahrhundertmitte modischen Mesmerismus oder politische Radikalismen wie den Chartismus oder eben die Owen-Bewegung, aber auch lebensreformerische Bestrebungen wie zum Beispiel Vegetarismus, Antialkoholismus, Impfgegnerschaft und traditionelle Kräuterheilkunde. Die Séance-Zirkel wurden offenbar als nahtlose Weiterführung politisch-radikaler Organisationspraxis gesehen, als eine neue Strategie, Aufklärung zu verbreiten und dadurch den gegenwärtigen elenden Weltzustand in einen besseren zu transformieren. Dieser Spiritismus verstand sich also als Teil einer breiteren Reformbewegung, die einerseits bis in die Politik – gegen die Mächtigen und Reichen orientiert – und in die Religion – gegen das orthodoxe Christentum gewandt – hineinreichte, andererseits die individuelle Lebenspraxis im Sinne von puritanischen Mäßigkeitsidealen zu verändern suchte. Es erscheint nicht abwegig, im plebejischen Spiritismus mit seiner Betonung von intellektueller Unabhängigkeit und individueller Erfahrung eine Widerspiegelung einer noch stark handwerklich oder händlerisch geprägten Berufswelt zu sehen.

Janet Oppenheim[91] hat den antichristlichen Charakter dieses englischen Unterschichten-Spiritismus näher untersucht und gezeigt, daß er sich mit anderen »revolutionären« Bewegungen verband: mit dem Freidenkertum, der Owen-Bewegung, dem Feminismus, der Gewerkschaftsbewegung und dem Sozialismus. Dieser antichristliche Spiritismus suchte eine Alternative sowohl zur christlichen Religion wie zum reinen Freidenkertum und Atheismus. Er lehnte im christlichen Lehrgebäude etwa die ewige Verdammnis in der Hölle, die Prädestinationslehre, die Erbsünde und den Sühnetod Christi ab. Überhaupt wurde Jesus Christus seiner Göttlichkeit weitgehend entkleidet: Seine Wunder, seine Heilungen und seine Verbindung mit dem Übernatürlichen seien nicht wesentlich verschieden von den Wundertaten moderner Medien. Dem Christentum wurden Auffassungen entgegengesetzt, welche der individuellen Verantwortung des Menschen und den Möglichkeiten seiner fortschreitenden Vervollkommnung, dem Zukunftsoptimismus und dem Fortschrittsdenken mehr Raum boten. Aber auch von der radikalen Negation des Freidenkertums scheute der antichristliche Spiritismus zurück und suchte zumindest den Glauben an die Unsterblichkeit der Seele zu retten. Nach Oppenheims Darstellung war so der antichristliche Spiritismus ebenso attraktiv für unzufriedene Freidenker wie für ehemalige Mitglieder nonkonformistischer Kirchen, besonders der Methodisten, die nach einem »rationaleren« Glauben Ausschau hielten. Interessanterweise lehnte der antichristliche Spiritismus zwar die zwischen Gott und den Menschen vermittelnde »Priesterkaste« und jegliche hierarchische Kirchenorganisation ab, mündete aber in England doch wieder in einer Form von Kirchenbildung: In den 1860er und 1870er Jahren begannen zahlreiche »fortschrittliche« spiritistische Gruppen damit, als Alternative zu orthodoxen christlichen Gottesdiensten eigene sonntägliche Andachten abzuhalten. Sie enthielten Lesungen, Gebete und Predigten, die von Trance-Medien gesprochen wurden, und gemeinsam gesungene Lieder, für die es sogar eigene spiritistische Gesangbücher gab. Man scheute schließlich nicht einmal davor zurück, diese spiritistischen Organisationen und Treffpunkte »Kirchen« zu nennen. Freilich sollte der darin vertretene Glaube frei von Dogmen und auf bloßer Offenbarung gegründeten Wahrheiten sein und ganz auf nachprüfbaren und allgemein verständlichen natürlichen Phänomenen beruhen.

Dabei ging es nach Logie Barrow[92] immer um die »Anmaßung« der »ungebildeten« Laien, mit Hilfe des Spiritismus ein Experimentierfeld besetzen zu können und kraft augenscheinlicher Erfahrungstatsachen (die freilich auf einem subjektiven Fürwahrhalten beruhten) ein eigenes Weltbild aufzubauen. Es war im Grunde wieder Offenbarungswissen – aber dank der Medien gewannen die

Stimmen der Geister eine scheinbar empirisch nachprüfbare Qualität. Hatten nicht die Naturwissenschaften mit der Entdeckung der Elektrizität selbst gezeigt, daß die Grenzen zwischen der festen Materie und dem Immateriellen fließend waren, daß es unsichtbare und trotzdem meßbare Ströme gab? Was lag näher, als solche nicht nur zwischen den Lebenden (Mesmerismus!), sondern auch zwischen den Lebenden und den Toten anzunehmen. Eine jenseitige Welt schien sich der unmittelbaren persönlichen Erfahrung von jedermann zu öffnen, die Probe aufs Exempel konnte man bei der Séance im eigenen Wohnzimmer machen, zusammen mit Freunden und Verwandten.

Darüber hinaus öffnete diese plebejische Laien-»Wissenschaft« auch einen neuen Zugang zu Krankheiten, welche die orthodoxe Medizin als rein körperliche Störungen verstand. Der Spiritismus dagegen »psychologisierte« die Krankheiten ebenso wie den Heilungsvorgang, indem sowohl die Geister von Verstorbenen die Ursache von Krankheiten sein konnten wie auch die Hilfe von Geistern durch Heil-Medien in Anspruch genommen wurde. Geisterhilfe konnte sowohl bei der Krankheitsdiagnose wie bei der Heilbehandlung eingesetzt werden. Anstelle der Körperuntersuchung konnte dabei das Hellsehen treten, an die Stelle der Operation das schon im Mesmerismus geübte Bestreichen von Körperteilen, anstelle der Allopathie die Homöopathie oder die Kräuterheilkunst. Aber am wichtigsten war, daß man dank solcher auch durch den Spiritismus weitverbreiteten alternativen Diagnose- und Heilverfahren nicht der professionellen Zunft der Ärzte ausgeliefert war. Vielmehr konnte man selbst autodidaktisch Wissen erwerben, seine eigenen heilenden Fähigkeiten entwickeln und solche Kräfte an seinesgleichen in einer Art wechselseitigem »demokratischen« Verfahren weitergeben.

Logie Barrow betont in seiner Untersuchung insbesondere dieses breite plebejische Interesse, Wissenschaft und Medizin zu betreiben, und deutet dies als eine Art demokratischer Wissensrevolution. Um so erfreulicher erschien es dann, wenn ein so bekannter Mann wie Alfred Russel Wallace, neben Darwin der Entdecker des Prinzips der Evolution durch natürliche Auslese, sich selbst als Teil dieser Naturwissenschaft von unten verstand. Deren Ziel war freilich nicht die partielle Erkenntnis des Spezialisten, sondern »Weltanschauung« oder, in Barrows Worten, »do-it-yourself universebuilding«.[93] Mag uns heute der Spiritismus als Aberglauben erscheinen – für die Zeitgenossen hatte er eine andere Bedeutung: Im Sinne des Fortschritts der Wissenschaft galt es, die naturwissenschaftliche Methode nun auch auf dem Feld des Übernatürlichen anzuwenden und damit forschend und prüfend zum Erkenntniswachstum beizutragen.

Der plebejische Spiritismus war dabei ethisch und individualistisch ausgerichtet, appellierte also an die persönliche moralische Vervollkommnung und setzte dabei auf Bildung. Diese Bildung sollte nicht von Akademikern und Priestern monopolisiert und damit als Herrschaftsinstrument mißbraucht werden, sondern jedermann offenstehen. Es war sozusagen ein Protest im Namen des Common sense gegen die Aussperrung der breiten Mehrheit aus den wissenschaftlichen Erkenntnisfortschritten. Dies ging Hand in Hand mit einem intensiven, autodidaktisch realisierten Wissensstreben der Unterschichten. Dieses trug freilich kaum zu sozialem Aufstieg bei, wollte man nicht das kümmerliche Leben von spiritistischen Wanderrednern und Publizisten darunter verstehen. Am ehesten konnten Frauen der Unterschicht als Trance-Medien ihre traditionelle Rolle verändern (die »Freie Liebe« – gemeint war die Freiheit der Partnerwahl – scheint allerdings innerhalb der spiritistischen Bewegung eine auf Amerika beschränkte Erscheinung von Emanzipation geblieben zu sein). Schließlich spielten aber auch kommerzielle Erwägungen bei der Tätigkeit von »Geistheilern« eine Rolle.

Die bedeutendste und organisatorisch dauerhafteste Verkörperung des Bildungshungers der plebejischen Spiritisten war die Einrichtung von »Lyceen«. Der Vorschlag kam ursprünglich von dem amerikanischen Spiritisten Davis, der dabei auf die in Amerika in den 1820er und 1830er Jahren florierenden Lyceen für Erwachsene zurückgriff, sie jetzt aber für Kinder und Jugendliche öffnen wollte. Es handelte sich dabei um eine spiritistische Gegengründung zu den orthodoxen Sonntagsschulen mit dem Ziel der Verbreiterung der Allgemeinbildung – auch auf dem körperlichen und gesundheitlichen Sektor – und des spiritistischen Weltbildes. Davis hatte die

Unterrichtsweise visionär im jenseitigen »Sommerland« erschaut, inhaltlich angeregt durch Schriften des deutschen Pädagogen Friedrich Fröbel, und wollte nun die jenseitige Form der Erziehung der Kinderseelen auf die Erde übertragen.

Davis' deutscher Übersetzer Gregor Constantin Wittig beschreibt dessen Zielsetzung bei diesen »Lyceen für den Fortschritt der Kinder« dabei folgendermaßen: »[Dieses Bildungsinstitut] berücksichtigt die *leibliche* Erziehung und Ausbildung so gut wie die *geistige* und sucht den Zögling demnach nicht allein in den Gesetzen der Gesundheit wie des täglichen Lebens theoretisch zu unterrichten, sondern vor Allem durch die gesammte Einrichtung und Führung des Erziehungswesens die praktische Ausübung des Erkannten zu vermitteln und so Körper und Geist in die richtige Harmonie zu versetzen. Die Kinder des Lyceums werden in 12 Gruppen eingetheilt, deren jede ihre besondere Altersklasse von 4 bis 15 Jahren enthält, ihre eigenen Namen, Bänder, Farben, Erkennungs-Tafeln, Fahnen und Bücher führt und sich an bestimmten Tagen mit allen übrigen versammelt, um die erhaltenen Bücher umzutauschen, sich in gemeinsamen und Wechselgesängen zu üben, unter Musik Marschbewegungen und verschlungene Schwenkungen auszuführen, hierauf die *Conversation* über die vorheraufgegebenen *Fragen* über Leben und Gesundheit, über Gegenstände der Natur, die Structur des Körpers und Geistes, über das innere Wesen der menschlichen Natur und der Gesellschaft, über die Principien der göttlichen Existenz und die Unsterblichkeit der Seele zu eröffnen, auf welche durch Abhören der Ansichten aller einzelnen Kinder Seitens der Führer jeder Gruppe die volle Idee und Antwort der gestellten Frage sich ganz von selbst entwickelt, die der Führer schliesslich mit ihnen gemeinsam in einen Satz zusammenfasst, der dann von Allen eingeprägt wird und aus dem sich eine neue Frage für die nächste Versammlung ergiebt, worauf Lesen und Schreiben, Geographie, Naturgeschichte u. s. w. methodisch vorgenommen werden und hierauf abermals Gesang, Musik, Turnbewegungen, Märsche und Ablieferung der Tafeln, Bänder und Fahnen den Unterricht beschliessen. Zu bestimmten Zeiten werden öffentliche Aufzüge und Excursionen veranstaltet und die Kinder in der freien Natur nach allen Richtungen hin geübt und geprüft, an welchen Exercitien jederzeit beliebig ältere Personen theilnehmen können. Fast Alles geschieht unter steter musikalischer Begleitung, welche als ein wesentlich harmonisirendes Erziehungselement betrachtet wird. Auch hierin befindet sich Davis wiederum an der Spitze unseres Zeitalters, als dessen hauptsächlichstes Streben auch in Deutschland die Frage der Spielschulen und Kindergärten auftauchte, die nunmehr in den allgemeineren Streit und Kampf um die Emancipation der Schule von den dogmatischen Fesseln der Kirche übergegangen ist.«[94]

Von Amerika wurde dann das Projekt der »Children's Progressive Lyceums« nach England exportiert. Nach Barrows Untersuchung[95] waren die »Lyceen« ein sichtbarer Ausdruck der plebejischen autodidaktischen Kultur Englands, und ihre Erziehungsmethode entsprach ganz dem Ideal der plebejischen Spiritisten einer intellektuellen und körperlichen Unabhängigkeit von hierarchischen Autoritäten. Der Erziehungsstil der »Lyceen« hob sich durch größere Freiheiten und den Gedanken der Selbsterziehung mittels persönlicher Erfahrung wohltuend von den autoritär geleiteten kirchlichen Sonntagsschulen ab und lockte deshalb auch Schüler an, die selbst oder deren Eltern damit kein Bekenntnis zum Spiritismus ablegen wollten. Erste »Lyceen« entstanden in Nordengland und London ab den 1860er Jahren, mit einem Wachstumsschub besonders ab den 1880ern. 1910 gab es in England 120 »Lyceen« mit über 10 000 Mitgliedern und einer eigenen Zeitschrift. Sie waren der beste Ausdruck jenes autodidaktischen Bildungsstrebens der Unterschichten Englands und zeigten gleichzeitig die Tendenz, konkurrierend eigene ersatzkirchliche Institutionen neben den Kirchen aufzubauen.

Spiritismus statt Sozialismus

Die Lage des Spiritismus in Deutschland wurde noch zur Jahrhundertwende von Kennern als beklagenswert angesehen – insbesondere im Vergleich zu England mit seinem weitverbreiteten »respektablen« Spiritismus der Ober- und Mittelschichten und den wissenschaftlichen Bemühungen um okkulte Phänomene durch die »Society for Psychical Research« (die James Webb eine »spiritistische Kirche für Intellektuelle« nannte, »eine merkwürdige Kreuzung von spiritistischem Kult und hingebungsvollem Rationalismus«).[96] Daran änderte offenbar auch die Tatsache nichts, daß es zumindest in der bildungsbürgerlichen Literatur Deutschlands einige dem Spiritismus nahestehende Texte gab, besonders Justinus Kerners Aufzeichnungen der Visionen einer Somnambulen von 1829 »Die Seherin von Prevorst«, aber auch Wilhelm Hauffs Gedichte »Grabgesang« und »Der Kranke« oder Karl Mays »Am Jenseits« (1899).

In der »Zeitschrift für Spiritismus«[97] hieß es dazu: »Die Stellung des deutschen Volkes zum Spiritismus ist bekannt genug. Die Gelehrten von Beruf, die Universitätsprofessoren, denen zunächst eine genauere Untersuchung der Sache zukäme, verhalten sich ablehnend. Sie ignorieren nicht nur die ausgedehnte Literatur über den Spiritismus, sie weigern sich auch, einer Sitzung beizuwohnen, selbst wenn sie darum ersucht werden; sie lehnen es ab, überhaupt über diese Sache zu reden und halten es fast für eine Beleidigung, wenn sie nach ihrer Ansicht gefragt werden, für eine Beleidigung wegen der Annahme, daß sie ihre Zeit auf solch dummes Zeug zu verwendet hätten [...]

Die Gebildeten sind im allgemeinen skeptisch oder indifferent. Sie sind groß geworden in den materialistischen Anschauungen und in der Abneigung gegen transzendente Erkenntnis des verflossenen Jahrhunderts und verwerfen alles, was sie nicht auf bekannte physikalische Gesetze zurückführen können. Eine kleine Anzahl gibt es allerdings, die durch die spiritistische Literatur auf die wunderbaren Dinge des Spiritismus aufmerksam geworden sind. Aber auch sie wollen handgreifliche Beweise haben [...] Die Bedingungen sind schwer zu erfüllen. Materialisationsmedien, die öffentliche Seancen für jedermann veranstalten, wie in Amerika, und die jedenfalls viele Bekehrungen erzielt haben, gibt es hier nicht. Es ist überhaupt schwer, in eine Sitzung mit einem bedeutenden Medium zu gelangen, ebenso in große Privatzirkel, die gute Erfolge schon erzielt haben. Auch dem Werben von Teilnehmern zur Errichtung kleinerer Zirkel stellen sich nicht unbedeutende Schwierigkeiten entgegen.

Zeitschrift für Spiritismus

Somnambulismus, Magnetismus,

Spiritualismus,
und verwandte Gebiete.

Seit 1899 vereinigt mit dem von Dr. B. Cyriax im Jahre 1881 gegründeten „Neuen spiritualistischen Blättern".

Offizielles Organ
des
Deutschen Spiritisten Vereins
Zentralverbandes deutscher Spiritisten und Spiritualisten.

Herausgegeben vom Schriftleiter und Oberleiter D. S.-V. Feigenbauer zu Köln a. Rh.

Verlag und Vertriebsstelle: Oswald Mutze in Leipzig, Lindenstraße Nr. 4.

Erscheint jeden Samstag.

Bestellungen durch alle Buchhandlungen, Postanstalten oder den Verleger Oswald Mutze in Leipzig, Lindenstraße 4.

Beiträge
für die Schriftleitung und Manuskripte sind zu richten an Fritz Feigenbauer, Köln a/Rh., Bülowstr. 9.

Preis halbjährlich durch Post und Buchhandel 3 Mark; direkt vom Verleger 4 Mark. Für das Ausland nur jährlich 8 Mark.

Alle Geldsendungen sind zu richten an Oswald Mutze in Leipzig, Lindenstraße 4.

Aufträge
für Anzeigen und Beilagen nimmt jede Geschäftsstelle für Anzeigen entgegen. Preis für die einspaltige Petitzeile 30 Pfg.

Ohne Liebe kein Heil! Nutzen vom Spiritualismus hat nur der, von dem man sagen kann: Er ist heute ein besserer Mensch als er gestern war.

Nr. 42.   Leipzig, den 20. Oktober 1906.   10. Jahrg.

2 Kopf der »Zeitschrift für Spiritismus« von 1906

Denn es liegen ja leider heutzutage in Deutschland die Verhältnisse so, daß nur ganz freie und unabhängige Menschen offen zum Spiritismus sich bekennen können, ohne Nachteile materieller und ideeller Art befürchten zu müssen. [...] Die große Masse ist stumpfsinnig. Wo sie mit Tatsachen des Spiritismus bekannt gemacht wird – es gibt Orte, an denen die eine oder andere Familie der niederen Stände ein ›redendes Tischchen‹ hat, das von Dienstmädchen, Arbeitern und allerlei Volk befragt wird und wobei in der Tat spiritistische Kräfte zu wirken scheinen – da wird sie doch nicht zu tieferem Nachdenken gebracht. Sie nimmt das Auffallende mit einer gewissen Neugier hin und betrachtet es als einen Anlaß zum Amüsement.«

Zweierlei scheint sich daraus zu ergeben: Der Spiritismus war in Deutschland für die offiziellen Universitätswissenschaften tabu. Es fehlten aber auch die in den USA und Großbritannien vorhandenen finanziell unabhängigen und daher nicht auf eine akademische Karriere angewiesenen Gelehrten – Eberhard Bauer[98] nennt dieses Fehlen eines Stamms von Privatgelehrten und betuchten gebildeten Amateuren die nachteilige sozioökonomische Seite der deutschen Okkultismusforschung und sieht nur in Privatgelehrten wie Carl du Prel oder Albert von Schrenck-Notzing die Ausnahme von dieser Regel. Der Spiritismus betonte in Deutschland ganz besonders seine Respektabilität, das heißt seine Staatsloyalität und Kirchentreue – monarchische Elogen und Anbiederung an die evangelischen Landeskirchen sind ein auffallendes Charakteristikum vieler spiritistischer Publikationen. Der bekannte spiritistische Verlag O. Mutze in Leipzig etwa annoncierte in einem Flugblatt (siehe auch Abbildung 3): »Es ist die höchste Zeit, daß der Spiritismus (die wissenschaftliche Stütze jeder Religion, jeder Moral und Ethik) das allgemeine, längst verdiente Zugeständnis findet, daß die Prüfung, Anerkennung und Verarbeitung desselben dann auch von Staats wegen geschieht!«

Daraus ergab sich fast logisch, daß ein linker »plebejischer« Spiritismus in Deutschland kaum eine soziale Plattform fand – repräsentativ wird die Zusammensetzung einer Séance der Chemnitzer Spiritistengruppe gewesen sein:[99] ein Fabrikant mit Frau und Mutter, fünf Kaufleute, ein Sprachlehrer und Dolmetscher, ein Buchhändler und ein Eisenbahn-Aspirant. Statt dessen werden So-

3 Anzeige des bekannten spiritistischen Verlags Oswald Mutze in der »Zeitschrift für Seelenleben«, 1915

zialismus und Spiritismus als Gegensatzpaar gesehen: Sei der Sozialismus materialistisch in seinen Bestrebungen ausgerichtet, strebe der Spiritismus nach immateriellen Werten. Auch die scheinbar verbindlichere Formel, anstelle eines »materiellen Sozialismus« gelte es durch Seelen-Erweckung einen »spirituellen Sozialismus« zu fördern[100], meinte den gleichen Gegensatz. Sogar die von den Spiritisten intensiv bejahte Naturheilkunde oder ihre Propaganda für Feuerbestattung scheint in Deutschland nicht zur Vernetzung mit parallelen proletarischen Organisationen oder Bestrebungen geführt zu haben.

Folgende Geschichte eines Berliner Spiritisten mag den gemeinten Gegensatz illustrieren:[101] »Ich kenne [...] einen Familienvater, welcher bis vor kurzem ein guter Sozialist mit sehr freien religiösen Anschauungen war. Er besucht einige spiritistische Sitzungen, da plötzlich entpuppt sich seine Gattin als großes Medium, d. h., sie will wenigstens über große Gaben verfügen. Wie üblich, fällt sie bald in Trance und wer ›kommt‹ – [Wilhelm] Liebknecht! Mit eindringlichen Worten erzählt der seine Erlebnisse im Jenseits dem armen Mann und bedauert so sehr, daß er hier nicht in die Kirche gegangen wäre, daß er sozialistische Ideen verfochten habe, kurz, er malt ihm ein schreckliches Bild und ermahnt ihn zum Schluß, doch von seinem Wege abzuweichen. Dem armen Mann wird angst und bange und er kehrt dem Sozialismus entsetzt den Rücken und betet, was er nur beten kann. Seine Frau hat das erreicht, was sie erreichen wollte!«

Soweit es aber einen Unterschichten-Spiritismus in Deutschland gegeben hat, war er organisatorisch getrennt vom Spiritismus der »respektablen« Leute von Besitz und Bildung. Dies wurde in Deutschland als Hauptgrund – abgesehen von der ideologischen Zersplitterung der Spiritisten in »Neu-Psychologen, Okkultisten, Animisten, Spiritualisten angloamerikanischer Richtung, Davisianer, Allan-Kardekianer, Psychisten, Theosophen, Neu-Okkultisten, Xenologen«[102] – für die Unmöglichkeit der Organisationsbildung genannt: Seit 15 Jahren, so führte etwa F. Feilgenhauer (der Kölner war 1904 Gründer des Deutschen Spiritisten-Vereins) 1909 aus, sei er bemüht gewesen, »den nur imaginären Standesunterschieden in den von ihm gegründeten spiritistischen Vereinigungen zu überbrücken. Die Erfahrung lehre aber, daß in allen solchen Versammlungen sich die studierten Personen stets nur wieder zu den Studierten hingezogen fühlen, daß die Handwerksleute bei den Handwerksleuten sitzen, die verschiedenen Gewerbe und Innungen beieinander, wodurch nur allzu bald ein derartiges Koterie- und Cliquenwesen entstehe, daß die besseren [im Sinne von: feinfühligen] Leute sich zurückziehen [...]

Auch mit dem leider herrschenden Vorurteile muß gerechnet werden. Akademiker, Offiziere, Fabrikanten usw. hätten, wie er oft genug bei seiner langen Erfahrung wahrgenommen habe, lediglich aus dem Grunde einer [Vereinigung] ›Psyche‹, einer ›Harmonischen Vereinigung‹ und dergl. nicht mehr ihren Besuch zugewandt, da es sich eines Abends traf, daß sie neben Männern mit der schwieligen Hand zu sitzen hatten, oder weil die gnädige Frau unter den Mitgliedern auch einmal ihre Friseurin entdeckte oder in einem anderen Falle – ihre Köchin (welche ein sehr gutes Medium war). Nicht umsonst baten darum, erklärt der Redner, uns einst ein Briefträger und ein Schreinergeselle, die für ihren Stand ungewöhnlich gebildet waren und über sehr feine Lebensart verfügten, wir möchten ja dem Herrn Doktor oder dem Herrn Major gegenüber ihre Stellung nicht verraten, da sie sonst wohl nicht mehr weder in den Versammlungen oder Sitzungen Zutritt hätten oder jene Herren (die dem Vereine doch wegen ihrer Stellung nützlicher wären als sie) ausscheiden dürften. Als Herr Dr. M. und seine Gemahlin, die ein großes Haus führten, eines Tages aber doch erfuhren, mit wem sie an den Versammlungsabenden so freundschaftlich verkehrt hatten, traten sie ebenso aus wie die anderen Herrschaften, da es ihr Stand und ihre Familie doch nicht zulasse, in der ›Psyche‹ mit einem Herrn zu verkehren, der, wie ihr Diener besagt hätte, nunmehr der Briefträger ihres Postreviers sei.«[103] Als bemerkenswert galt der Hinweis des 85 Mitglieder umfassenden Karlsruher Spiritistenvereins, dort »würde sich niemals der Assessor genieren, neben dem Handwerker Platz zu nehmen«.[104] Der Aufruf einer »Kommission zur Ausbreitung des Spiritismus und [zur] Unterstützung bedürftiger Gesinnungsgenossen« bekam nicht nur die Knauserigkeit der angeschriebenen reichen Spiritisten zu spüren, sondern erhielt auch noch »grobe und beleidigende Antworten«.[105]

Wie sah der Spiritismus einzelner Arbeiter in Deutschland aus? Da gab es zum Beispiel den Leipziger H. Döring, der bei seinen Veröffentlichungen die Namensangabe mit dem Zusatz versah »Arbeiter und Wahrheitssucher«.[106] Er sei einst mit den ihm als Kind aufgezwungenen Lehren der katholischen Kirche unzufrieden gewesen, und er habe bei sich selbst gedacht: »Wenn es wirklich einen Gott gibt, und dieser ein allmächtiger, allgegenwärtiger, alliebender und allen helfen wollender Vater ist, so bitte ich diesen, mir entweder mehr Lust zum Kirchenbesuche oder – etwas anderes zu geben, wo die Wahrheit ist!« Und da habe er den Weg zum Spiritismus gefunden und erkannt, daß es nicht gelte, nach den vergänglichen irdischen Schätzen zu jagen. Er habe an verschiedenen Orten Österreichs und Deutschlands mehr als 40, auch amerikanische Medien kennengelernt, Hunderten von spiritistischen Sitzungen beigewohnt und mit zahlreichen und verschiedenen Geistern dabei verkehrt. Und er sei »durch den Verkehr mit solchen und durch die möglichste Verfolgung ihrer Lehren und Ratschläge zufriedener, gesunder und glücklicher geworden als ich es früher war«.

Am entscheidendsten aber sei, daß ihm dadurch auch die Ursache der gesellschaftlichen Mißstände in der Welt aufging: »So wird von vielen die Ursache nicht erkannt, warum so viel soziales Elend in der Welt ist und anderes Unheil vorkommt. Der eine schiebt die Schuld auf das Geld, der andere auf die Priester, der dritte auf den Staat, der vierte auf Gott u. s. w., aber der Mensch in seinem Unverstande und in der Unkenntnis der geistigen Gesetze, der ewigen Liebe ist es, der solches veranlaßt! Würden die Reichen mit ihrem überflüssigen Geld, statt es unnötig zu vergeuden, ehrliche, strebsame Arme mehr unterstützen, so würde auch das Geld mehr Segen bringen! Würden die ungeheuren Mengen Kartoffel, Getreide, die man zur Bereitung des nur unheilbringenden Fusels benötigt, an Arme verteilt: es wäre keine Hungersnot bei solchen! Würde jeder Mensch selbst die reine Wahrheit suchen und darnach leben, so müßten Priester, Richter, Advokaten, Polizisten, Gefängniswärter und viele andere bald ihr Amt niederlegen und andere Arbeiten verrichten, wodurch die Arbeitszeit vieler, die sich den ganzen lieben langen Tag mühsam abquälen müssen, nicht zu ihrem Nachteil um ein erhebliches gekürzt werden könnte! Würden die Menschen alle nach geistiger Erkenntnis streben, sie würden vor unverhofft kommenden Naturereignissen und Unglücksfällen gewarnt [...] So träumte ein in einer Fabrik beschäftigter Arbeiter: sein Vater erschien ihm im Traum, als er einen breiten Riemen auflegen wollte, er warnte ihn, sich vorzusehen, da er sonst ein Unglück haben würde. Der Arbeiter, als er erwachte, lachte über den Traum, da er den Riemen schon oft aufgelegt hatte und ihm nichts passiert war, und doch geschah es denselben Tag, daß er beim Auflegen des Riemens von der Transmission erfaßt, ein paarmal herumgeschleudert und ihm ein Arm ausgerissen wurde!«

So merkwürdig die Schlußfolgerung aus dieser Beschreibung der Unfallgefahren am Arbeitsplatz auch sein mag, kommt sie jedenfalls aus Dörings Herzen: Er bedauert, daß so viele Menschen sterben, ohne von geistigen Wahrheiten eine Ahnung zu haben, da ihr Sinnen und Trachten nur nach irdischen Dingen stehe und sie »mit allen Fasern ihres geistigen Leibes noch an der Materie hängen«. Diese Feststellung kann als ausgesprochene Kritik an den politischen Bestrebungen der Sozialdemokratie aufgefaßt werden.

Noch deutlicher wird die Richtung dieser Kritik in einem Beitrag von Albert Donat über »Spiritualismus und Sozialismus«.[107] Donat war Arbeiter auf dem Zentral-Werkstättenbahnhof in Chemnitz und ein paar Jahre später Redakteur der »Spiritistischen Rundschau«, dem Organ des »Deutschen Spiritualisten-Bundes«. Donat will Spiritismus (er benützt den englischen Ausdruck Spiritualismus dafür) und Sozialismus versöhnen, sieht die beiden »feindlichen Brüder« als notwendige emanzipatorische Bewegungen und gesteht gar zu, daß der Spiritismus niemals im Volke festen Fuß fassen könne, wenn er sich nicht gleichzeitig für die soziale Reform begeistere und das wirtschaftliche Elend bekämpfe. Aber er kritisiert an der Sozialdemokratie ihren Atheismus und Egoismus und fordert sie auf: »Möchten doch alle Sozialisten erkennen, daß der Beweis eines Fortlebens und einer gerechten Wiedervergeltung nach dem Tode ein mächtigerer Antrieb zur Gesittung sind als der Klassenhaß und die Unzufriedenheit. Viele, früher eifrige und ›zielbewußte‹ Genossen schwenken ab, wenn sie in bessere Verhältnisse kommen; denn sie kämpften nicht für das allgemeine, sondern nur für ihr eigenes Wohl, und nachdem dieses erreicht war, existierte für sie keine soziale Frage mehr. Das Bewußtsein unserer Verantwortung, unser Herz und Pflichtgefühl muß uns anspornen, für die Schwächeren einzutreten, nicht bloß der Umstand, daß wir jeweilig mit zu ihnen gehören. Nur Liebe erweckt Liebe, und diese dem Menschen so oft fehlende, allumfassende Liebe findet ihre Quelle im Glauben an Gott und an ein Jenseits.«

So sind für ihn Spiritismus und Sozialismus zu Recht konkurrierende »Nebenbuhler«; und es gibt eine ganze Reihe von Zeugnissen, daß die Sozialdemokratische Partei in der Tat den Spiritismus unter Arbeitern als Wiederauflage ältesten »Pfaffenschwindels« bekämpfte. Gefährlich, so die sozialdemokratische Meinung, sei aber dieser »Aberglaube« vor allem deshalb, weil er sich als wissenschaftlich ausgebe und gar mit spiritistischen Vereinsnamen wie »Lese- und Fortbildungsverein Fortschritt« versuche, »unter sozialdemokratischer Flagge die Leute zu ködern«.[108] Es fällt zudem auf, daß selbst ein anderes sozialdemokratisches Symbol von den deutschen Spiritisten »enteignet« wurde: der Händedruck, das Symbol der Brüderlichkeit und Solidarität, wurde – unter dem Zeichen des christlichen Kreuzes! – zum Titelbild der »Zeitschrift für Spiritismus« und von ihr spiritistisch umgedeutet (siehe Abbildung 2):[109]

»Und unter dem Kreuze zerteilt sich der Flor:
Zwei Hände in Freundschaft verbunden,
Ein ewig unlöslich geheiligtes Band,
Das stets zwischen diesseits und jenseits bestand,
Hat Anerkennung gefunden,
Mit uns die Toten verbunden.«

Doch es ging den spiritistischen Arbeitern nicht nur um Wissenschaft, sondern um Trost bei existentiellen Fragen. So meldete sich 1907 auf dem dritten deutschen Spiritistentag ein Arbeiter zu Wort: »Er führte aus, daß er fest von einer jenseitigen Welt überzeugt sei und daß, wenn eines seiner Kinder schwer erkrankt wäre und seine Augen für das Diesseits schließe, in diesem Verlust für ihn doch ein seliger Trost liege; denn er wüßte ja, daß es nunmehr entrückt sei zu einer neuen reinen Sphäre, die auch seiner harre. Diesen beseligenden Trost könne allein das *Wissen* von der Unsterblichkeit geben, wie auch den, daß nichts im Leben ihm, noch seiner Familie Furcht einzuflößen vermöge. Alles Leid seien nur Dissonanzen, die sich in um so schönere Harmonie auflösen müßten und würden.«[110] Was lag näher, als daß Sozialdemokraten durch solche Äußerungen geneigt waren, auch im Spiritismus Opium fürs Volk zu wittern?

Es gab offenbar unter den führenden deutschen Spiritisten[111] lediglich einen einzigen Vertreter, der radikal im Sinne des englischen Unterschichten-Spiritismus dachte, nämlich den Arzt Georg von Langsdorff.[112] Er wurde als erstgeborener Sohn des deutschen Arztes, berühmten Naturforschers und Weltumseglers, kaiserlich-russischen Generalkonsuls in Brasilien und Pioniers des dortigen Kaffeeanbaus Dr. Georg Heinrich von Langsdorff und dessen junger Cousine Wilhelmine 1822 in Rio de Janeiro geboren, zog 1831 mit seinen Eltern ins badische Freiburg und studierte dort und in Heidelberg von 1843 bis 1848 Medizin. Der Student wurde zu einem Vorkämpfer der demokratischen und nationalen Turnerbewegung an beiden Universitätsorten; zusammen mit anderen Kommilitonen war er auch als Zuhörer bei den Sitzungen der Zweiten Badischen Kammer und kommentierte das Gehörte am darauffolgenden Sonntag in den umliegenden Dörfern. Als »Turnwart« des Freiburger Turnvereins, der sich zumeist aus Studenten und jüngeren Akademikern rekrutierte (Vorsitzender des Vereins war Friedrich Hecker, Karl von Rotteck der Schriftführer!), wurde der gerade vor dem Examen stehende »Candidat der Medizin« Langsdorff nach dem Scheitern der badischen Märzrevolution im April 1848 zum Anführer der Freiburger Freischaren gewählt, in deren Reihen auch Arbeiter und Handwerker standen. Die etwa 1500 bewaffneten Aufständischen verbarrikadierten sich unter Führung ihres »Generalissimus« Langsdorff in der von Reichstruppen belagerten Stadt und warteten vergeblich auf einen Entsatz durch Heckers republikanische Revolutionsarmee auf deren Marsch vom Oberland nach Karlsruhe. Diese Episode wird auch in der 9. bis 11. Strophe des bekannten »Guckkasten-Lieds vom großen Hecker« aus antirevolutionärer Sicht beschrieben:

»Hecker, sag, wo bist du, Hecker?
Legst du die Hände in den Schooß?
Auf nun, du Tyrannenschrecker,
Jetzt geht es auf Freiburg los.
Badner, Hessen und Nassauer
Stehen dort auf der Lauer.
Doch wir kommen schon hinein,
Denn neutral will Freiburg sein.

All die schönen Stadtkanonen,
Großer Hecker, sie sind dein;
Und man ladet blaue Bohnen
Nebst Kartätschen schnell hinein.
Langsdorf[f] will recognosciren,
Läßt sich auf das Münster führen,
Und blickt durch ein Perspektiv,
Ob es gut geht oder schief.

Oben her vom Günthersthale,
Hinter Wald und Hecken vor,
Kam im Sturm mit einem Male,
Siegel's wildes, tapf'res Corps.
Aber uns're Hessenschützen
Ließen ihre Büchsen blitzen.
Und das Corps zog sich zurück,
Aus war's mit der Republik!«

Aus Furcht vor einer standrechtlichen Erschießung floh der steckbrieflich Gesuchte über Frankreich in die Schweiz, nahm von dort
im Herbst 1848 an der ebenfalls fehlgeschlagenen zweiten badischen Revolution teil und emigrierte dann, wie Hecker, in die USA.
Seine Mutter hätte seine Rückkehr ins Königreich Brasilien vorgezogen, aber der junge Revolutionär wollte nicht in eine Monarchie,
sondern in eine Republik auswandern. Ohne in Deutschland das
medizinische Examen abgelegt zu haben, praktizierte er in Amerika,
besonders unter der deutschen Bevölkerung, erfolgreich als praktischer Arzt und Geburtshelfer und absolvierte schließlich noch eine

Zweitausbildung in der Zahnheilkunde am »College of Dental Surgery« in Cleveland, Ohio.

Zum wichtigsten und auch ausführlich von ihm dokumentierten Ereignis seines unfreiwilligen Exils wurde aber seine »seelische Bekehrung« zum Spiritismus im Jahre 1859 in Cleveland, Ohio, wohin er 1853 von seiner Landarztpraxis in Erie, Pennsylvania, gezogen, sich dem deutsch-bildungsbürgerlichen Turn-»Verein freier Männer« angeschlossen hatte und bald dessen Vorstand wurde, ebenso Mitglied des Gesangvereins und Sekretär der »Freimännerschule«. Schon in Erie müssen ihm Zweifel an seinem naturwissenschaftlichen, atheistisch-materialistischen Weltbild – er bekannte sich damals zur Anschauung Jacob Moleschotts (neben Ludwig Büchner der bedeutendste Vertreter des wissenschaftlichen und weltanschaulichen Materialismus) vom »Kreislauf des Lebens« (2 Bde., 1852) und von der stofflich-physiologischen Natur aller seelisch-geistigen Vorgänge – gekommen sein: Bei einem langen, einsamen Weg über Land zu einem Patienten, so schrieb er später in seinen »Erinnerungen«, dachte er »über die Unsterblichkeitslehre nach und es kam mir der teuflische Gedanke: Wenn dir nun ein Bankier oder sonst ein Reicher entgegenkäme, von dem ich wisse, daß er hunderttausende Dollars bei sich habe, [ich ihn] umbringen und hier im Urwald verscharren würde, dann wäre ich ein gemachter Mann und könnte das Leben ohne Arbeit genießen. Wäre das kein großes Glück? Wissenschaftlich genommen gibt es ja nach Moleschott's Lehre keine Unsterblichkeit der Seele! Hierüber nachdenkend war es mir, als ob mir Jemand von hinten in die Ohren geblasen: ›Und wo bleibt die Moral?‹ Ich blickte um, sah nichts, aber mich überlief ein Schauder. Nach Hause gekommen erzählte ich das meiner IFrauI Amélie, welche darauf erwiderte, daß die I = an der I neulich in der Zeitung gestandene Entdeckung des Verkehrs mit der Geisterwelt doch mehr IdranI sein könnte! ›Entdeckung der Geisterwelt? O Schutz Gottes, ein Verkehr mit Geistern und toten Seelen, ohne Körper! Unsinn!‹ Bei mir selber aber dachte ich: ›Unsinn ist ein Wort, aber kein Beweis.‹«

In Cleveland erfolgte schließlich seine »spiritualistische Taufe« anläßlich der Teilnahme an einer Séance bei einer »Hellseherin«, während welcher er glaubwürdige »Beweise« von der geistigen

Fortexistenz einiger verstorbener Verwandter aus dem Jenseits erhielt. Für weitere Experimente holte er sich für über zwei Monate eine junge Somnambule in sein Haus (er benutzte sie unter anderem im Trancezustand zur hellseherischen Diagnose innerer Krankheiten), und er las das von dem Arzt Robert Hare verfaßte Werk »Experimental Investigation of the Spirit-Manifestations«[113], abonnierte das von Davis herausgegebene spiritistische Blatt »Herald of Progress«, studierte dessen Werke über die »harmonische Philosophie« und war hinfort ein eifriger Besucher spiritistischer Veranstaltungen. Erinnerte er sich später an diese Zeit in den Vereinigten Staaten, dann kamen ihm seine »eigenen Versuche als Magnetiseur, [...] Test-Medien, Physical-Medien, dunkle Zirkel, [...] herrliche Vorträge sprechender Medien [...], die ich allsonntäglich dreimal zu hören Gelegenheit hatte«, in den Sinn. »Nun war die Unsterblichkeitsfrage gelöst und frohlockend rief meine Seele: Du bist unsterblich! Und nun wußte ich, warum ich meine Existenz von der unbegreiflichen Vorsehung erhalten [hatte]«, resümierte er die neue, überwältigende Erfahrung in seinen »Erinnerungen«.

Der ehemalige 1848er Revolutionär hatte seinen Lebenssinn gefunden, ohne dabei als Davisianer seine Gedanken an soziale Gerechtigkeit aufgeben zu müssen. Noch der 90jährige schrieb im Rückblick über die Parallele von Revolution und Spiritismus: »Es war das Jahr 1848, das uns in Europa eine denkwürdige Bewegung zugunsten einer Regierung des Volkes durch das Volk, und in den Vereinigten Staaten von Nord-Amerika eine in demselben Jahr, im Monat März, gemachte Entdeckung einer Telegraphie mit der Geisterwelt, gebracht hatte.«[114] Beide Ereignisse, die politische Revolution und die »spiritual telegraphy« (wie man in Amerika die spiritistische Kommunikationsmethode in Anlehnung an die neuen Mysterien der Elektrizität nannte)[115] ergänzten sich also für ihn; sah er doch den »Nutzen, den die Menschheit in moralischer Beziehung durch den Verkehr mit den Geistern ihrer hingeschiedenen Lieben ziehen könnte, wenn man diesen Verkehr dazu benutzen würde, Moral und Humanität zu fördern«.[116]

Als eine Amnestie seines Landesfürsten ihm die Rückkehr nach Baden erlaubte, besuchte der Remigrant vor der Ausschiffung in New York 1861 zusammen mit seinem Söhnchen persönlich Davis, der jeden Samstagnachmittag fremde Besuche empfing: »Ich [...] traf ihn in seinem Sanctum, umgeben von drei schönen Ladies, die in scherzender, und, nach unserm deutschen Begriffe, ziemlich ungenierter Weise mit dem großen Philosophen sich unterhielten, der auf ihre Scherze einzugehen schien [...] Nachdem sich die drei Ladies lachend und scherzend verabschiedet hatten, kam er auf uns zu. Ich stellte mich ihm sogleich als Spiritualist und Bekenner seiner großen Lehre vor, und daß ich mir es nicht habe versagen können, vor meiner Reise nach Deutschland seine persönliche Bekanntschaft zu machen.«[117] Davis sprach ihn sofort auf seinen damals – neben dem in New York residierenden Hermann Schlarbaum – wichtigsten deutschen Anhänger an, den in Breslau lebenden Gregor Constantin Wittig. Dieser hatte Davis' Werke ins Deutsche übersetzt; für eine organisatorische Verbreitung der »harmonischen Philosophie« scheint er dagegen nichts unternommen zu haben. Er sah in den Genossenschaften des Sozialpolitikers Hermann Schulze-Delitzsch die angemessene Umsetzung des genossenschaftlichen Selbsthilfegedankens von Davis.[118] Entgegen den Bedenken von Langsdorff äußerte sich Davis aber optimistisch, was die künftige Durchsetzung seiner Gedanken und Pläne in Deutschland betraf.

Dorthin zurückgekehrt, wurde Langsdorff nach erneuter zahnärztlicher Prüfung »installierter großherzoglicher Badischer Bürger und Zahnarzt«, wie er ironisch in seinen »Erinnerungen« sagt. Zunächst acht Jahre in Mannheim, dann im badischen Freiburg praktizierend, war er nicht nur ein bis heute geschätzter Vorkämpfer einer Reform der Zahnheilkunde-Ausbildung nach amerikanischem Vorbild (er forderte als erster beim Senat der Universität Freiburg praktische Lehranstalten nach dem Muster der »Dental Colleges«), anerkannter zahnärztlicher Standespolitiker (sechs Jahre im Präsidium des »Central-Vereins deutscher Zahnärzte« und Mitredakteur des »Zahnarzt«) und praktischer wie theoretischer Vermittler fortschrittlicher amerikanischer Methoden konservierender Zahnbehandlung und Kieferorthopädie, sondern auch ein fruchtbarer spiritistischer Schriftsteller: Gunda Wegner zählt über 800 Zeitschriftenbeiträge und 20 selbständige Veröffentlichungen dieser Art auf, deren Schwerpunkt allerding in den 1880er Jahren liegt, also wohl nach seiner altersbedingten Berufsaufgabe und vor

4 Werbeanzeige für Georg von Langsdorffs erfolgreichste Veröffentlichung von 1883

dem Tod seiner Frau. Zusammengehalten wurden diese beiden unterschiedlichen Aktivitäten kurioserweise durch seine erklärte Feindschaft gegen die Schulmedizin und die »diplomierten Ärzte«. Statt dessen propagierte er die Anwendung alternativer Heilmethoden wie zum Beispiel diätetische Maßnahmen, naturgemäße Kleidung und Ernährung, Kneippsche hydrotherapeutische Anwendungen, Heilmagnetismus, Homöopathie, Einsatz von Sonnenlicht und Farben (Farbheiltherapie) und Gebets- bzw. Geistheilungen. Seine erfolgreichste Veröffentlichung überhaupt wurde der 1883 erstmals erschienene »Ein Wegweiser für das Magnetisieren und Massage« (in Leipzig bei Oswald Mutze), der noch fünf weitere Auflagen erlebte (siehe auch Abbildung 4).

Langsdorff, so Gunda Wegner, sei als Anhänger eines theistischen Okkultismus »ein tief religiöser Mensch« gewesen, der dank seiner spiritistischen (oder wie er sagte: spiritualistischen) Erfahrung von dem Glauben durchdrungen war: »Es gibt keinen Tod!«[119] Als 1892 seine Frau Amélie verstarb, veröffentlichte er in den »Spiritistischen Blättern« ein Nachruf-Gedicht mit den einleitenden Zeilen »Du bist nicht tot, die Seele lebt [...]« Und auf dem Friedhof ließ er – nach dem Bericht in den »Erinnerungen« – zwei kleine Marmorplatten am Langsdorffschen Familiengrab aufstellen:

Amélie	***Georg***
Nicht im Grabe suche mich	*Im Jenseits vereint,*
Aus den Sternen grüß ich Dich!	*Auf Ewig geeint.*
1826 – 1892	*1822 – 19··*

Kirchhöfe, ergänzte er dann freilich, besuche er nicht gerne, und nur einmal im Jahr, an »Allerheiligen«, ginge er zu Amélies efeu-bewachsenem Grab und lese mit Bedauern auf anderen Gräbern: »Die Erde sei Dir leicht«, »Ruhe in Frieden«, »Friede Deiner Asche« oder »Jesus mein Erlöser«. Sein Kommentar: »O ihr unwissenden Menschen! sagte eine Stimme in mir, wie weit seid ihr noch von der Wahrheit der unsterblichen Seele entfernt. Ich will im Jenseits kei-nen Anderen mit meinen Sünden belästigen. Ich will mein eigener Erlöser sein. Meine Seele soll durch eigene Sühne zu ihrem Heil kommen.«

Auch seine sozialpolitischen Anliegen sprach er deutlich aus. So stellte er in seiner Schrift »Das Ganze des Spiritualismus in 18 Lehr-stunden; nebst einigen, aus dem Jenseits beantworteten Fragen«[120] die Forderung, daß »der in einzelnen Händen so unendlich aufge-häufte Reichtum dem Allgemeinen, nicht dem Einzelnen zum Nut-zen wird«. Und ganz im Sinne der »harmonischen Philosophie« von Davis lautete in dieser Schrift die Zukunftsvision des ehemaligen 1848er Revolutionärs: »Noch einmal werden die rohen Kräfte der zivilisierten Welt aneinander geraten, dann aber wird es heißen: Fort mit dem Krieg, fort mit den hemmenden Schutzzöllen, fort mit dem Anhäufen von Kapital in einzelnen Händen, fort mit Zucht-häusern und Strafanstalten, fort mit Monopol und Anhäufungen von Macht in einzelnen Händen! Dafür werden Zollfreiheit für die ganze Welt und Besserungsanstalten an Stelle der Zuchthäuser tre-ten. Nieder mit jedem Hemmnis der Freiheit! Es wird entstehen ein allgemeiner Ausgleich zwischen Not und Überfluß, zwischen hilf-loser Armut und demoralisierendem Reichtum. Nur Talente werden anerkannt werden, ohne Unterschied von Reichtum, Abstammung, Rasse oder Glaubensanschauung.«

Langsdorff war auch der einzige deutsche Spiritist, der immer wieder – ohne jeglichen Widerhall damit zu finden – zur Gründung von »Lyceen« nach amerikanischem und englischem Vorbild in deutschen Großstädten aufrief. Diese »spiritualistischen Sonntagsschulen« sollten dort ein Gegengewicht zu den kirchlichen Sonntagsschulen bilden.[121] Aus seiner Gegnerschaft zur christlichen Orthodoxie machte er keinen Hehl: Der Spiritismus sei eine »Offenbarung von Tatsachen«, keine »Offenbarung des Glaubens«, und die von ihm beobachteten Erscheinungen beruhten auf Naturgesetzen.[122] Freilich gelang es ihm nicht, die deutschen Naturwissenschaftler von der Tatsächlichkeit der spiritistischen Phänomene zu überzeugen: Sie versagten ihm seinen Wunsch, auf der 56. Naturforscherversammlung, die 1883 in seinem Wohnort Freiburg stattfand, einen Vortrag über »Transcendentalphysik« zu halten.[123]

Der antiautoritäre, demokratische Impuls seiner antikirchlichen Einstellung ist nicht zu übersehen; aus diesem Grunde polemisierte er auch gegen die esoterische Theosophie, die über die Spiritisten rede wie diplomierte Ärzte über Naturheiler und Magnetiseure: »Der Himmel bewahre uns vor einer gelehrten Kirchen-Kaste, die allein glaubt, das Privilegium zu haben, die ›Weisheit‹ lehren zu dürfen.«[124]

Langsdorff war es auch, der dank seiner Sprachkenntnisse die deutschen Spiritisten über linke Tendenzen im englischen Spiritismus informierte. So nahm er, mit dem Mandat von vier deutschen Spiritistenvereinen versehen, als einziger deutscher Delegierter am Internationalen Spiritualisten-Kongreß 1898 in London teil. Dort habe er, so informiert er die Leser daheim[125], einen anderen deutschen Zuhörer getroffen, der den deutschen Spiritisten in seiner Entwicklung weit voraus gewesen sei und deren meist noch christlich-kirchliche Orientierung getadelt habe. Ausführlich berichtet er dann, wie begeistert Alfred Russel Wallace vom Kongreß-Publikum empfangen worden sei: »Er sprach bemerkenswerte Worte zu Gunsten des Sozialismus, indem er behauptete, daß die Spiritualisten der Gesellschaft gegenüber große Verpflichtungen haben. Sie müßten mächtig dahin arbeiten, daß alle Menschen ein glückliches Leben zu führen, nicht bloß eine armselige Existenz zu fristen hätten. Millionen kommen zu frühzeitig ins Geisterreich infolge von Krankheiten, Unglücksfällen und Bedingungen eines sorgenvollen Lebens. Er beanspruchte – [den Dichter Alfred] Tennyson als Autorität anführend – für die Masse des Volkes gleiche Moral und eine gleiche Erziehung. Die Gesellschaft ist es, welche die Unglücklichen zu dem gemacht hat, was sie sind. Die Masse würde sich gegen den Spiritualismus erheben, wenn dieser sich nicht mit radikalen Reformen zu Gunsten der Unterdrückten erheben würde. Palliative Mittel führen zu keinem richtigen Zweck. Die Mildtätigkeit hat wohl zugenommen, aber das Elend nicht verringert. Nun ist die Zeit gekommen, Gerechtigkeit zu üben, indem man dafür sorgt, daß jedes Menschenkind die Gelegenheit findet, richtig ernährt und richtig erzogen zu werden. Dr. Wallace sah hierin das einzige Mittel aus dem heutigen Sumpfe zu kommen und verlangte deshalb, daß die Spiritualisten es sich zur Pflicht machen sollten, die öffentliche Meinung nach dieser Richtung zu lenken. Die Mildtätigkeit hat sich nur mit den Symptomen der Wirkungen abgegeben, aber nicht mit der Ursache des Übels. Unser Mahnruf muß aber heißen: ›Nicht nur Mildtätigkeit, sondern Gerechtigkeit.‹«

Für die deutsche Spiritistenszene der Wilhelminischen Ära und des erst vor wenigen Jahren aufgehobenen Sozialisten-Gesetzes waren das starke Worte – und sie fanden keinerlei positiven Widerhall. Vielmehr wurde Langsdorff in der »Spiritistischen Rundschau«[126] in einem Artikel zu seinem 80. Geburtstag bescheinigt, daß er mit seinen Anschauungen in der deutschen Spiritistenszene allein dastand, indem er durch seinen langjährigen Aufenthalt in Amerika unter den Einfluß des dortigen »spiritistischen Materialismus« geraten sei: »Der so sehr im Praktischen, im Materiellen wurzelnde Sinn des Amerikaners zeigt sich auch in seiner Philosophie in einem oft an das Banale grenzenden und aller Tiefe entbehrenden Realismus«, und der sei eben auch bei Langsdorff festzustellen: »Wir Deutschen haben [...] dem spiritistischen Materialismus der Stock-Amerikaner, wenn ich mich so ausdrücken darf, keinen rechten Geschmack abzugewinnen vermocht.« »Die Art und Weise, wie er [Langsdorff] den Spiritismus theoretisch vertritt und ihn als Lehre ausbaut«, heißt es in dem Artikel weiter, »zeigt eine stark amerikanische, nach A. J. Davis gravitierende Färbung.«

Als alter Mann noch, so erfahren wir aus seinen »Erinnerungen«, eckte er als Pfründner des »Evangelischen Stifts« in Freiburg bei der Leitung an, weil er die anderen Bewohner dieses Altenheims zum Spiritismus zu bekehren suchte und »sozialdemokratische« Ansichten äußerte – er hatte auf einer im Leseraum des Stifts ausliegenden Missionszeitung, die ihre Schäflein um Geld anbettelte, die Randnotiz gemacht, man solle zu solchem Zwecke besser bei den Millionären anklopfen. Eine Ausquartierung konnte der aufmüpfige 80jährige nur verhindern, indem er schriftlich künftiges Wohlverhalten versprach. Er tat es auf seine Weise, indem er versicherte, nunmehr über den Spiritualismus zu schweigen, sofern auch er »von allen zugesandten Schriften und Zumutungen von Seiten der frommen Einwohner des Stifts verschont bleibe [...] Hinsichtlich der ›sozialistischen Anschauungen‹ bemerke ich, daß ich Demokrat bin.«

Angelockt von den betrügerischen Versprechungen eines Peter Braun, der sich »Großmeister vom Grals-Orden« nannte und in Mountain Home, Arkansas, eine »Deutsche Spiritualistische Colonie« zu gründen versprach, wanderte der rüstige 83jährige, der glaubte, auf Erden noch eine »Mission« erfüllen zu müssen, 1905 nochmals mit seiner neuen Lebensgefährtin, der »Pflegetochter« Ida Sesse, nach Amerika aus, und die beiden schlugen sich dort, er als Sprachlehrer, sie als Heilpraktikerin, bis Mexiko durch, ehe sie 1910 wieder nach Freiburg zurückkehrten, wo man im Stift schon lange die zurückgelassenen schriftlichen Besitztümer Langsdorffs vernichtet hatte. Der 90jährige ehemalige Revolutionär und Staatsfeind hatte 1912 die Genugtuung, in der Festschrift des Freiburger Turnvereins sein Bildnis neben dem des badischen Großherzogs zu finden und mit ihm während des Festakts eine lange Unterredung führen zu können – für ihn ein Sieg des »Geist[es] des Fortschritts«.

Als er um 1913 in Erwartung des Todes (er sollte tatsächlich noch bis 1921 leben und so fast 100 Jahre alt werden) seine »Erinnerungen« niederschreibt, fragt er im Vorwort: »Die Vorsehung, Gottheit, Weltgeschichte, Zeitgeist, Fortschrittsgesetz, oder wie man es nennen mag, weiß es besser als wir (unsere noch in der Kindheit befindliche Menschheit), welche Mittel notwendig sind, um uns Menschen zu immer größeren und reiferen Erkenntnissen zu bringen, warum wir unsere Existenz auf dieser Welt erhalten haben. Ja, warum? Zu welchem Zweck habe ich meine Existenz erhalten?« Und er gibt die Antwort mit seinem Lebensmotto: »Wir sind ein Teil des Ganzen und deshalb verpflichtet für das Ganze zu sorgen.«

Bisher ungeklärt ist Langsdorffs Rolle bei der Gründung spiritistischer »Vereine für Harmonische Philosophie« in Deutschland, ja es ist völlig offen, wann und wie solche organisatorischen Vorreiter Fourier/Davisscher Gesellschaftsutopien in Deutschland überhaupt entstanden sind und wie sie sich sozial zusammensetzten. 1901 jedenfalls gab es – ausweislich des Versammlungskalenders der »Zeitschrift für Spiritismus«[127] – diese »Vereine für Harmonische Philosophie« in Clettwitz-Annahütte, Debschwitz, Glauchau, Kunzendorf (Kreis Neurode in Schlesien), Limbach (Sachsen), Meuselwitz (Sachsen-Altenburg), Mülsen, Muskau, Senftenberg (Niederlausitz) und Weißwasser; eine »Harmonische Gesellschaft« in Hamburg und in Oberaltstadt (bei Trautenau in Böhmen). Es könnte sich jedenfalls bei einem Teil dieser Vereine um die Gründungen von Arbeitern gehandelt haben, und es ist vielleicht doch mehr als ein Zufall, daß Langsdorff zwei dieser nun eindeutig proletarischen Vereinigungen auf einer 1901 unternommenen vierzehntägigen Vortragsreise, die den 79jährigen zu insgesamt acht Vereinen führte, aufsuchte.[128] In Meuselwitz sprach er vor einem kleinen Publikum von Kohlenminen-Arbeitern über die Frage »Warum hat der Spiritualismus kommen müssen«; besonders lobte er die finanzielle Opferbereitschaft der nur von einem kargen Lohn lebenden Vereinsmitglieder. Auch in Weißwasser, einer kleinen, aufblühenden Stadt mit Glaswarenindustrie, hielt er seinen Vortrag und bemerkte: »Die Spiritualisten sind ziemlich alle der Arbeiterklasse angehörend, und Herr Mader ist der sehr aufopfernde Leiter des Vereins. In seinem angebauten, noch leeren Magazin-Raum im Hinterhause kommen die einfachen Leute zusammen, um wöchentlich in ihrer Art einen wahren spiritualistischen Gottesdienst zu halten.« Dies weist auf dieselbe (ersatz-)religiöse Entwicklung der Gruppe hin, die sich ja auch in den progressiven spiritistischen Vereinigungen Englands ereignet hatte. Eine Versammlung klassenkämpferischer Proletarier war dies aber wohl kaum.

Hierzu paßt dann auch, daß der Text einer »Spiritisten-Marseillaise«[129] – »als Kampf- und Trutzlied für Versammlungs-Schlüsse und antimaterialistische Demonstrationen« – »der ew'gen Wahrheit Harmonie« besingt:

> »Der Bruderkriege blut'ges Ringen
> Kennzeichnet uns'rer Gegner Spur;
> Des Geistes Kämpferschar will nur
> Der ganzen Welt den Frieden bringen!«

Vielleicht war Georg von Langsdorff tatsächlich der einzige radikale, (sozial)demokratische Spiritist im deutschen Kaiserreich.

Zweiter Teil:
Weißenberg,
der »Göttliche Meister«
aus Deutschland

Werdegang eines Propheten und Heilers

Weißenbergs Originalität hält sich in Grenzen. Dies liegt unter anderem daran, daß es einen soziologischen Typus des »Propheten« (das gleiche gilt für »Prophetinnen«) gibt: Er ist meist ein ungebildeter Laie, der außerhalb der etablierten religiösen Strukturen steht, eine persönliche Berufung erfährt und durch seine Anhänger als charismatischer Führer dank seiner übernatürlichen Gnadenzeichen – etwa die Gaben der Vorhersage, der Krankenheilung und Totenerweckung – Anerkennung findet und nach dem eingetretenen Konflikt mit der bestehenden politischen bzw. kirchlichen Ordnung Verfolgung erleidet.[130]

Ein konkreter europäischer Vergleichsfall zu Joseph Weißenberg (1855–1941) mag solche erstaunlichen Parallelen noch mehr verdeutlichen:[131] Der polnische Endzeitprophet Eliasz Klimowicz (1862–1939) wurde ein Jahr nach der Aufhebung der Leibeigenschaft im heutigen Ostpolen an der Grenze zu Weißrußland geboren und nach dem Propheten Elia getauft. Dem christlich-orthodoxen Bauernbuben erschien die Jungfrau Maria und trug ihm auf, für sie eine Kirche zu bauen. Als er erwachsen war, begann der Ziegenhirte Eliasz das Werk im Dorf Grzybowszczyzna; er verkaufte zu dem Zweck Haus und Hof und zog in einen Hühnerstall. Der Erste Weltkrieg unterbrach seinen Bau, und er flüchtete nach Rußland, wo das neue Jahrhundert als Zeitalter der Wanderprediger, Welterlöser und Wunderheiler begonnen hatte. Eliasz, der kaum lesen und schreiben konnte, schloß sich dem Wunderheiler Johannes von Kronstadt an und trat in seine Fußstapfen. Er kehrte nach Kriegsende in das völlig verarmte Heimatgebiet zurück und begann seine eigentliche Karriere als ungeweihter Bauernprediger: »In jedem Dorf erzählte man vom Prediger mit dem Stallgeruch. Seine Sendschreiben hingen an Kirchentoren und Bäumen. Er spendete an Waisenhäuser, zahlte sackweise Schmiergelder an den Woiwoden und präsidierte vaterländische Komitees. Und er baute seine Kirche fertig [...] Tausende kamen, um sich von Eliasz mit Spucke betupfen und heilen zu lassen. Die Menschen [...] knieten vor ihm nieder und küßten seine Schuhe. Sie trugen die Erde, die seine Füße berührt hatten, in Tüchern nach Hause. Selbst sein Waschwasser leckten sie von der Straße. Eliasz predigte wider die orthodoxen Prediger und deren Gebührensätze. Er selbst verlangte kein Geld. Er sagte den Bauern: Wählt einen von euch zum Popen, spart die Gebühren für Hochzeit und Taufe und Tod.«

Es kam darüber zum Konflikt mit seinen Kirchenobern und zum Bruch mit ihnen. Er gründete als zum zweitenmal auf die Erde herabgestiegener Gottessohn seine eigene Sekte. Er verkaufte sein Kirchengebäude und begann, in einer Waldlichtung den Ort Wieszalin als sein »Neues Jerusalem« zu bauen. Seine Anhänger rissen ihre Bauernhöfe ab und folgten ihm. Manchen rettete er aus Suff und Hurerei. Blockhäuser entstanden so und auch eine Armenküche; eine Eiche galt als der heilige Mittelpunkt des Universums. Eliasz ernannte seine »Heiligen Jungfrauen« und »Erzengel«, die Jünger Petrus und Paulus, und seine Muttergottes, die »Königin des Südens«. Die Pilger kamen scharenweise angezogen. Gestützt auf die Johannes-Apokalypse predigte Eliasz den Weltuntergang. Anfang der 30er Jahre wurden seine »Predigten wilder, seine Träume düsterer. Er schreit seine Visionen heraus, spricht von stählernen Vögeln, aus deren Schnäbeln Feuer herniederfällt und deren Krallen die Äcker verwüsten. Er sieht Meere, die über die Ufer treten und herabstürzende Himmel. Der siebente Engel würde seine Posaune blasen, und er, Eliasz, sei es, der solches gehört und gesehen habe.« Und tatsächlich, 1939 – der Stern des Eliasz war damals bereits im Sinken, und nur ein kleiner Kreis hielt ihm noch die Treue – begann der Zweite Weltkrieg. Die Rote Armee marschierte in Ostpolen ein; zwei Tage zuvor wurde der Prophet als »Ausbeuterknecht« von weißrussischen Kommunisten liquidiert. Die allerletzten Anhänger warten bis heute auf seine Wiederkunft auf jener Waldlichtung, die einmal Hauptstadt der Welt war; denn er hatte ihnen versprochen zurückzukehren, solange sie noch im Fleische waren.

Eliasz war sozusagen die Bauern-Version von Weißenberg: ohne dessen spiritistische Totenbeschwörung, aber versehen mit allen Ausstattungsstücken des Wunderheilers und Welterlösers, predigte er in einer ländlich-rückständigen Gegend östlich von Warschau, wo heute noch die Sandpisten in den Wäldern versickern. Weißenberg aber wirkte in der europäischen Großstadt Berlin und rekrutierte dort Zehntausende von Anhängern. Er war kein Bauernprophet geblieben, wenn auch seine Herkunft in dieses Milieu verweist, sondern zum vergöttlichten Retter der plebejischen Industriestädter aufgestiegen. »Schäfer, die besprechen, Handel mit Amuletten, Hexenverfolgungen, das alles ist wenige Kilometer von der Weltstadt Hamburg in Schwung«, schrieb 1932 Rudolf Olden[132] und charakterisierte damit nochmals die eigentümliche Durchdringung von Moderne und Traditionalismus in einem europäischen Industriestaat. Auch Weißenberg heilte mit den erprobten Hausmitteln eines Schäfers aus dem Riesengebirge – und er erbaute eine moderne Genossenschaftssiedlung für Minderbemittelte in Großstadtnähe, eine ortsgemäße Variante der dörflichen Armenküche des Eliasz. Es scheint, daß der polnische Prophet politisch ebenso national ausgerichtet war wie der deutschnationale Weißenberg.

Der »Schlesische Wunderknabe«

So muß es bei einem Welterlöser sein: Von Bethlehem nach Jerusalem führt sein Weg. Geboren wurde Weißenberg am 24. August 1855 als Sohn des armen und kinderreichen Tagelöhnerpaares Rosine (geb. Kassner) und Friedrich Wilhelm Weißenberg im zu Preußen gehörenden schlesischen Weiler Fehebeutel, der eine halbe Wegstunde von der Kreisstadt Striegau entfernt liegt. Er wurde katholisch getauft. »Aber du Bethlehem im jüdischen Lande bist mit nichten die kleinste unter den Fürsten Judas; denn aus dir soll mir kommen der Herzog, der über Mein Volk Israel ein Herr sei! [...]«, kommentiert Weißenbergs »Oberprediger« Frithjof Rohr anläßlich einer Ortserkundung im Frühjahr 1934. »Von Striegau«, so berichtet er öffentlich im »Weißen Berg« seinem »Meister«[133], »ging ich die alte Kirschenchaussee zu Deinem Geburtshause. Das mächtige Kreuz, das sich aus den mit wenigen Fichten und Laubholz bestandenen Felsen des Kreuzberges erhebt und wie ein heiliges Mahnmal das weite Tal beherrscht, in welchem Dein Dorf liegt, war mir der Wegweiser [...] Einen Blick zurück und als Silhouette zeigt sich noch einmal das Städtchen Striegau mit seinen rauchenden Fabrikschornsteinen. Dann biegt die alte Kirschenchaussee links um den Kreuzberg herum und vor dem suchenden Auge liegt unten im Tal Fehebeutel.«

Vieles habe sich dort seit der Geburt Weißenbergs geändert: »Einst waren hier weite Fichtenwälder, und auch Dein Geburtshaus, lieber Meister, lag in das dunkle Grün des Fichtentalgrundes eingebettet. Die alten Bäume aber haben der Arbeit des schlesischen Bauern geopfert werden müssen. Und heute breiten sich wohlbestellte Äcker und Wiesen bis in weite Fernen aus, wo früher die Vögel und Tiere des Waldes ihr Revier hatten.« Und auf der Dorfstraße, vor wenigen Jahren noch schmutzig und ungepflastert, fahren jetzt die schweren Lastkraftwagen auf modernem Kleinstadtpflaster. Der Weiler selbst aber hat nichts von seiner Armseligkeit verloren: »Ein kleines Dorf ist dieses Fehebeutel. Es mögen wohl fünfzehn Häuser sein, ohne den kleinen Gutshof, der gleich am Eingang des Dorfes zur Linken liegt, dort, wo die Straße nach Pilgramshain abzweigt. Ein kleines Dorf nur, ohne Gotteshaus, ohne Schule und nicht einmal ein richtiges Gut: nur ein Vorwerk mit zwei Wohnhäusern für den Inspektor und die Gutsarbeiter, einer großen Scheune und einigen Ställen! [...] Eine alte, mit Gras überwucherte Mauer, aus Bruchsteinen sorgfältig aufgebaut, umgibt den Hof [...] Vor dem großen Stallgebäude, das neben Deinem Geburtshause liegt, stehen zehn, zwölf Kälber, unter den alten Kirschbäumen des Gartens schwarzbuntes Vieh, das damals wie heute noch zum Gut gehört. Federvieh, einige Ferkel, die lustig auf dem Hof herumlaufen, dort eine Frau, die Wäsche aufhängt, einige Kinder... sonst ist es still auf dem Hof, die Männer arbeiten auf dem Felde.«

Bald nach Josephs Geburt zogen die Eltern ins benachbarte Hohenfriedeberg. Sein Vater arbeitete dort als Kutscher beim Grafen Sehertos. Der junge Joseph aber fühlte nach seinen eigenen Worten [134] bald eine besondere Begabung: »Die Kraft, Kranke heilen zu können, und zwar durch einfaches Handauflegen oder Bestreichen mit den Händen, hat sich bei mir schon von Kind auf gezeigt. Ich hatte schon damals den Trieb in mir, jemanden, von dem ich wußte, daß er krank war, mit den Händen zu bestreichen, ohne daß ich von außen her auf diese meine besondere Fähigkeit aufmerksam gemacht worden wäre.« Der spätere Spurensucher Rohr erinnert den fast 80jährigen Weißenberg an den Anfang seiner Berufung:[135] »Als kleines Kind – Du wast wohl noch nicht vier Jahre alt – bist Du, lieber Meister, in der Dunkelheit durch das Dorf gelaufen um einem Schwerkranken in einem der letzten Häuser Deine göttliche Wunderkraft zu bezeugen. Deine kleinen Hände schoben sich unter die Decke des dem Tode Geweihten. Sie berührten den kranken Leib... und das Wunder geschah: Du nahmst die Krankheit von diesem Menschen. Er stand auf und war gesund in derselben Stunde [...] Und als Du dann später in Hohenfriedeberg die ersten Geistfreunde sprechen ließest, Du warst ja immer noch ein Kind von elf Jahren, da verbreitete sich Dein Ruf als ein Wunderknabe.«

In Wirklichkeit waren die Reaktionen auf diese ersten Geisterbeschwörungen Weißenbergs wohl prosaischer: Mit seinen gleichaltrigen Schulfreunden spielte er das Pfingstfest nach, legte ihnen die Hände aufs Haupt und ließ so die Geister (»Geistfreunde« hießen sie später) aus ihnen sprechen. Als die Mutter eines Freundes Zeugin dieser Geistererweckungen wurde, warf sie die Kinder mitsamt dem Wunderknaben aus dem Haus hinaus: »Dies ist ja Teufelswerk, was der Joseph hier treibt.« Im gleichen Alter weissagte er in der Brauerei zu Hohenfriedeberg nach einer Versammlung, wenn die ganze Erde mit einem Eisenbahnnetz umspannt sei, »dann werden die Elemente sprechen [...] Ich werde es erleben, ihr aber alle nicht.« Weißenberg hatte mit 11 Jahren beide Eltern durch die Cholera verloren; er war Vollwaise. Die durch dieses Erlebnis ausgelöste tiefe Erschütterung mag eine starke Triebfeder für seinen späteren Heilerberuf, die »prophetischen« Weherufe und die Geisterseherei gewesen sein.

Vom Dorf in die Weltstadt

Der Blick der Dörfler ging aus dem schlesischen Weiler nach Westen, in die Hauptstadt, dem Ziel auch der landflüchtigen Binnenwanderung: »Aus Meiner frühesten Jugend«, schreibt Weißenberg[136], »vom sechsten Lebensjahre an weiß Ich Mich klar und deutlich zu erinnern, daß Ich, wenn Meine Eltern Briefe von Berlin bekamen, von den Verwandten, stets und ständig gesagt habe: ›Vater, Mutter, hebt die Briefe auf, wenn Ich groß bin, muß Ich nach Berlin.‹ Darauf antwortete der Vater: ›Junge, ich kann Dich nichts lernen lassen, da können nur Leute hin, die viel gelernt haben und können, sonst mußt Du in Berlin verhungern.‹ Ich sage: ›Das tut nichts, Ich fühle, Ich muß nach Berlin.‹«

Einige Stationen auf diesem Weg hat Weißenberg genannt: Nach dem frühen Tode seiner Eltern übergab die Gutsherrin, eine Gräfin Leopoldine von Seherr-Thoß auf Hohenfriedeberg, den jungen Joseph dem Schäfermeister Schellner zur Erziehung. Jahrelang hütete er für ihn das Vieh und legte die Grundlage für seine Heilkünste. »Damals war ich elf Jahre alt«, schreibt er.[137] »Da ließ Ich die Geister sprechen so wie heute. Die Gaben, die Ich hatte, waren Magnetismus, Hellsehen, Hellfühlen und Hellhören. Ich habe viele, viele Gestalten gesehen, allerhand, auch Geister, Ich hatte aber auch keine Furcht und keine Angst vor Toten.« Sein Pfarrer in Hohenfriedeberg, der Deutschnationale Karl Ferdinand Wilhelm Freiherr von Richthofen, dem er als Ministrant diente, habe seine Gaben erkannt und sei ihm ein väterlicher Freund und Helfer geworden. Bis zum 14. Lebensjahr besuchte er die Gemeindeschule. Nach der katholischen Einsegnung arbeitete er bis zu seinem 16. Lebensjahr in der Landwirtschaft. Dann lernte er das Maurerhandwerk.

Zum einschneidenden Erlebnis wurde ihm die Zeit des Militärdienstes zwischen 1876 und 1878 in Liegnitz beim II. Westpreußischen Königs-Grenadier-Regiment Nr. VII (1. Bataillon, 2. Kompanie) – wegen guter Führung wurde ihm das dritte Dienstjahr erlassen. Das patriotische Pathos der Reichsgründung hat ihn dort erfaßt – später sollte er selbst einen Kriegerbund gründen, und dort ebenso wie in seiner Kirche unter anderem durch Trance-Medien die

Geister Bismarcks und des Kapellmeisters seines Regiments, Goldschmidt, ihre politischen Ratschläge abgeben lassen.

Aber noch war Weißenberg nach seiner Militärentlassung nicht zum politischen Propheten bestimmt, sondern arbeitete wieder in seinem Maurerberuf. Da dieser nur in der warmen Jahreszeit ausgeübt wurde, hielt er sich im Winter als Hausdiener, Droschkenkutscher, Zapfer, Kellner und Straßenhändler über Wasser. Daneben ging er seiner Heiltätigkeit nach: »Ich wurde allmählich bekannt, und es kamen von allen Seiten und aus allen Ständen Kranke zu mir.« Nach seiner Hochzeit mit Auguste Lautner war er 1883 nach Seegefeld bei Spandau gezogen; 1888 kam die Tochter Klara zur Welt. Ab 1892 wohnten sie in Berlin. Weißenberg war wieder als Kellner beschäftigt, wandte sich dann der Gastwirtsbranche zu. Mehrere von ihm selbständig geführte Wirtschaften waren aber erfolglos; deshalb kehrte er schließlich wieder zu seinem erlernten Maurerberuf zurück.

1903 aber kam es zum neuerlichen Berufswechsel: Er wurde hauptberuflich – die gesetzlich garantierte Kurierfreiheit ließ dies zu – als »Heilmagnetiseur« im Geiste eines angewandten Christentums tätig. Später begründete er diesen Schritt vor Gericht folgendermaßen: »Damals [1903] erschien mir der Heiland bei der Arbeit in der Warschauerstraße auf einem Korridor, und eine Stimme sagte zu mir, ich sollte die irdische Arbeit niederlegen. Dieser Stimme gehorchte ich, und ich habe mich von da ab nur meiner Heiltätigkeit gewidmet.« Durch Handauflegen heilte er wie einst Jesus die Kranken; neben der körperlichen Heilung ermahnte er als Bußprediger die Menschen, ihr Leben zu ändern und das Christentum ernst zu nehmen.

Seine Frau freilich fand an dieser seelischen und körperlichen Erweckungsarbeit keinen Gefallen: »Sie sagte: ›Du kannst auf Maurerarbeit gehen, aber nicht Kranke heilen.‹ Sie hatte mitunter Mein Schild überhängt und darauf geschrieben: Mein Mann kann wohl Häuser bauen und mauern, aber keine Katze gesund machen. Und so entspann sich immer mehr Kreuz und Leid [...]« Sie habe ihn gezwungen, in 24 Ehejahren zweiunddreißigmal umzuziehen; als er sich weigerte, den nächsten Umzug mitzumachen, verließ sie ihn »böswillig« und prozessierte gegen ihn: »Wenn ich nicht von mitleidigen Menschen so unterstützt worden wäre, so hätte Ich das alles nicht durchführen können, die vielen Prozesse, die Mir Meine Frau aufgeladen hatte.«

1907 trennte er sich von seiner Frau. Er wohnte damals bereits in der Gleimstraße in Berlin, »eine der vielen endlosen, öden Straßen des Nordens«. Dort sollte, in einem »schmutzigen, vernachläßigten Mietshaus mit engen Treppen [...] Athmosphäre: Armeleute-Wohnung«, während der nächsten Jahrzehnte – trotz seines inzwischen gewonnenen Reichtums – sein Domizil bleiben. »In Berlin N. 58, Gleimstraße 42, steht ein grämlich-graues Proletariermietshaus wie tausend andere auch in jener Gegend. Aber unten an der Türe hängt ein blankes Porzellanschild: ›Joseph Weißenberg, Magnetopath und Heilkundiger. Sprechstunden täglich außer Mittwoch und Sonnabend von 10 bis 4 Uhr.‹ Und man steigt hinauf zur Beletage. Auf das Klingeln hin erscheint ein verhutzeltes altes Beerensammlerweibchen: ›Der göttliche Meister ist heute nicht mehr zu sprechen.‹«[138] Der Heiler und Prophet hatte seine künftige Wirkungsstätte und sein Arbeitsfeld gefunden. Ein Kindertraum war wahr geworden. Ein Dörfler war in die Weltstadt gekommen. Er hatte sich inzwischen angeblich in über 30 Berufen versucht. Jetzt fand er seine Berufung.

Der Wunderdoktor

Weißenberg verkörperte den »Mann aus dem Volke«:[139] »Weißenberg ist ein Mann von untersetzter Gestalt«, heißt es in einem Bericht von 1934, »macht trotz seines hohen Alters von 78 Jahren den Eindruck eines Menschen, der vollgepfropft ist mit Gedanken und Energie, in dem man aber immer noch den ehemaligen Schäfer und Maurer an seiner volkstümlichen Aussprache erkennt.« Noch nüchterner heißt es über einen Besuch bei ihm im Jahre 1926: »Der ›Meister‹ steht vor uns, er ist ein untersetzter Mann, etwa in seinem Aussehen wie ein biederer kleiner Gastwirt, er hat nichts Magisches an sich, nur ein Paar dunkle, tiefdunkle Augen stehen in seinem

Gesicht.« Diese »kleinen, aber schlauen Augen« fielen auch anderen auf: »Sie haben etwas Stechendes; doch vor einem ernst forschenden Blick beginnen sie unruhig ausweichend hin- und herzufahren.« 1931 wird der »Meister« so beschrieben: »Ein kleiner, untersetzter, alter Mann, gedrungene Schultern, Embonpoint, Rundkopf mit weißen Haaren, rote Wangen, die hohen Blutdruck anzeigen, starre Augen hinter schweren Lidern und mächtigen Brauen. Ein voller, hängender, weißer Schnauzbart gibt dem Gesicht einen martialischen Ausdruck. Er zählt sechsundsiebenzig Jahre, aber ist noch munter, stramm, bewegt sich energisch [...] Man merkt auch, daß er älter wird: Früher trank er immer zwei Kognaks, jetzt nur noch einen.«

Doch die gläubigen Patienten erlebten den »Heilmagnetiseur« anders. Ein von ihm Behandelter schreibt über die Strahlen der Kraft, die von ihm ausgingen: »1919 kam ich in die Gleimstraße, um mir die Hände auflegen zu lassen. Der liebe Meister rief mich in sein Zimmer und behandelte mich selbst. Während dieser heiligen Handlung sagte er: ›Schau mal auf meine Hände. Siehst du was?‹ Ich verneinte. Darauf gebot er mir, noch genauer auf seine Hände zu sehen. Jetzt öffnete er mir die Augen, und ich sah Strahlen in den wunderbarsten Farben wie etwa bei einem klaren Regenbogen bei jedem Abstreichen aus seinen Händen kommen. Diese Strahlen schlossen sich hinter seinem Körper wieder zusammen.«[140] Die Kraft, die durch ihn wirkte, nannte Weißenberg selbst den »göttlichen Od oder Magnetismus«. »Die Einwirkung beruht darauf«, erklärte Weißenberg vor Gericht, »daß ein magnetischer Strom von meinem Körper aus in den Kranken übergeht.«

Er übertrug diese Kraft durch Handauflegen, Körperbestreichen, Anpusten und »Gesundbeten«, gelegentlich auch durch Schläge oder Anschreien, ohne jegliche vorausgehende körperliche Untersuchung der Patienten, auch ohne Einsatz irgendwelcher Apparate. Die Diagnose gewann er durch »Hellsehen«. In einem Gerichtsurteil heißt es dazu: »Da der Privatkläger [Weißenberg] anatomische Kenntnisse nicht besitzt, auch keine Untersuchungen vornimmt, ist er hinsichtlich der Diagnose auf die Angaben der Kranken, auf seine Erfahrung, vom Aussehen des Patienten auf die Krankheit zu schließen, und auf intuitives Erfassen angewiesen. Darin liegt das, was der Privatkläger als seine hellseherische Gabe bezeichnet.«[141] Rudolf Olden berichtet von Weißenbergs Vorgehen bei den »Verordnungen« (Helferinnen hatten zuvor die magnetopathische Behandlung durchgeführt): »Nachdem der ›Meister‹ den Patienten eine Weile nicht beachtet, dann sehr genau gemustert hat, fragt er, was ihm fehle, ob er schon bei einem Arzt gewesen sei, was der Arzt gesagt habe. Er fragt ihn aber weder nach Namen, Herkunft noch Alter, sondern ›verordnet‹ sofort [...]«[142]

Diese Verordnungen bestanden aus einfachen Hausmitteln, jedoch kombiniert mit einer spirituellen Komponente. Da wird etwa berichtet: »Er verordnet den Kranken Kräutertees oder für den Abend eine ganz einfache Roggenmehlsuppe, sowie einige Vaterunser.« Auf die Diagnose »Nervenerschlaffung« verordnete er: »Wassersuppe, Buttermilch, zwei Vaterunser und der erste Psalm vor dem Schlafengehen.« Im einzelnen sind folgende Heilmittel und Indikationen überliefert:

– Auflegen von weißem Käse mit Salz (evtl. mit Zwiebeln): Augen- und Ohrenkrankheiten; Wunden, Karbunkel und Geschwüre; der gesalzene Quark darf dabei nicht direkt auf die erkrankte Stelle gelegt werden, sondern wird in einen mit Talg bestrichenen Leinenlappen eingewickelt,
– Umschläge mit Kamillentee: Augenkrankheiten,
– Weißer Schafgarbentee: Rheuma, Blutreinigung (ein Blutreinigungstee aus weißer Schafgarbe und Kamille, letzteres besonders für Kinder und leichte Fälle),
– Einreiben bzw. Abtupfen mit Arnika: bei äußeren Krankheiten wie Verstauchungen oder Brüchen, anzuwenden auf die schmerzende Körperstelle; Auflegen von Arnikablättern: Nierenkrankheit; Arnika mit Zucker bei Asthma und Verschleimungen, bei chronischem Nasen-Rachen-Katarrh,
– Buttermilch oder Dickmilch: bei inneren Krankheiten,
– diverse Suppen (Wassersuppe usw.); zum Beispiel bei schwerem Darmleiden, Geschwür am Zwölffingerdarm oder Gallenblasenleiden: die ersten drei Tage Mehlsuppe mit Butter, dazu Auflegen von Weißkäse bzw. mit Arnika getränkten Lappen auf die schmerzende Stelle, ab dem 4. Tag wieder alles essen; oder

Brotsuppe: bei inneren Krankheiten; Selleriewurzelsuppe: bei Zucker,

– Urinwaschungen: bei Unterleibserkrankungen von Frauen, bei Nieren- und Blasenleiden, bei Ausfluß; das Einreiben der Geschlechtsteile mit Urin wirke dabei auf den ganzen Unterleib bis zu den Nieren hinauf günstig ein. Urinwaschungen seien auch geeignet, »ansteckende Krankheiten« (Geschlechtskrankheiten?) zu heilen,

– Männliche Patienten müssen den Urin durch Zusammendrücken des Harnleiters stoßweise herauslassen und damit den Harnleiter reinigen. Weiblichen Patienten empfiehlt er bei Blasenleiden dreimal täglich die Hand in die Scheide zu stecken und dabei zu urinieren.

– Kalte Waschungen der männlichen Geschlechtsorgane: Nervenschwäche.

– Er vertrieb ferner an seine Patienten »Weißenbergs Gesundheitstee«, zum Beispiel »blutreinigend Nr. 3 [...] wird mit bestem Erfolg angewendet gegen Schwindsucht, Lungenleiden, Husten, Blutungen, Hämorrhoidalleiden, Störungen des Monatsflusses, Leberleiden, Herzfehler, Nierenkoliken, chronischen Magenkatarrh, Gicht und Rheumatismus. Bei Verdauungsstörungen, Verstopfungen und deren Folgen vermische man diesen mit einem Päckchen Weißenbergs Tee Nr. 2.«

– Die von bösen Geistern verursachten Krankheiten bekämpfte er durch Schläge und Püffe; ferner mit Hilfe der »Teufelsschnur«, einer einfach geknoteten Schnur, welche den Patienten um den Hals gelegt wurde: »Durch Beschwörungen und durch Herabgleitenlassen dieser Schnur soll [...] der in dem Kranken sitzende Teufel oder böse Geist veranlaßt werden, den Körper des Kranken zu verlassen. Beim Entweichen wird der Teufel dann [von Weißenberg], der dank seiner hellseherischen Begabung auch dieses bemerken soll, in die Schnur mit einem Knoten eingeknüpft.«

Gegen die Treffsicherheit der Diagnosen Weißenbergs[143] wurde nicht nur die Tatsache ins Feld geführt, daß er bei Testpersonen nachweislich falsche Diagnosen stellte, sondern auch die nach Feststellung des Gerichts undifferenzierte Anwendung der Medikamente: »So hat der Zeuge [...] glaubwürdig bekundet: Er habe an Rheuma gelitten und sei deshalb zu [Weißenberg] hingegangen. Mit sechs anderen Patienten, die alle verschiedene Krankheiten gehabt hätten, habe er auf vorgedruckten Zetteln Schafgarbentee verordnet bekommen. Sie hätten dies durch Vergleichen der Rezepte festgestellt.« Ferner wurde gegen die Richtigkeit seiner Diagnose auch angeführt, daß er ohne jegliche Untersuchung den Patienten weitgehende Gesundheit attestiert habe. So berichtete ein Patient: »Mit acht Damen betrat ich das Zimmer. Er sagte zu uns: ›Bei Ihnen allen ist Herz, Lunge, Leber völlig gesund. Trinken Sie abends und morgens Tee, den ich Ihnen aufschreiben werde, waschen Sie die Genitalien täglich mit Urin und beten Sie abends 2 Vaterunser: eins für die Lebenden und eins für die Toten; wenn Sie dies richtig befolgen, dann werden Sie gesund!‹«

Weißenberg selbst hat nun allerdings diese Art der summarischen Diagnose und Medikation vor Gericht als bewußte Täuschung mit suggestiver Absicht gerechtfertigt: »Wenn ich dem Patienten sage, daß Herz, Lunge und Leber gesund sind, so soll dies einen suggestiven Einfluß auf sie [sic!] ausüben; denn es ist für den betreffenden Patienten keineswegs zuträglich, wenn er weiß, daß ein bestimmtes Organ erkrankt ist; dagegen berücksichtigt meine weitere Verordnung das spezielle Leiden des Patienten. Da heutzutage weitaus die meisten Menschen mit den Nerven zu tun haben, verordne ich gewöhnlich zuerst, wenn mehrere Patienten zugegen sind, etwas gemeinsames, nämlich den Tee; dieser Tee ist an und für sich heilsam für Luftwege und Magen; das Gefühl des Patienten, daß ihm der Tee gut tue, soll aber auch im allgemeinen einen günstigen suggestiven Einfluß ausüben. Wenn einer der Patienten noch ein besonderes Leiden hat, das ich ja [...] auch ohne besondere Untersuchung zu erkennen vermag, verordne ich meist noch, was auf diesen besonderen Fall paßt.«[144]

Er heilte Krankheiten der Seele und des Körpers, so angeblich Nervenleiden und Krebs, Blindheit und Lähmung, Ausschläge und Asthma, Verbrennungen und Rheumatismus, Knochenbrüche und Fieber, Flechten und Tuberkulose, Süchte und Vereiterungen. Bedenklicherweise hat er niemals einen Ratsuchenden zurückgewiesen, weil er sich nicht kompetent fühlte. Er gab lediglich vorschriftsmäßig in seiner Praxis durch Aushang bekannt, daß er keine Befugnis habe, Geschlechtskrankheiten zu heilen. Aber ansonsten führte er ausdrücklich vor Gericht aus: »Ich für meine Person bin der Überzeugung, daß meine Heilmethode auf jeden Fall die Kranken gesund macht. Es ist hierbei vollkommen gleichgültig, um welche Krankheiten und Gebrechen es sich handelt. Sobald ich sehe, daß der Kranke an mich glaubt, rate ich ihm auch nicht, ärztliche Hilfe in Anspruch zu nehmen. Nochmals möchte ich betonen, daß ich selbst bei schwierigen Krankheiten, bei denen unbedingt operative Eingriffe erforderlich sind, davon überzeugt bin, daß meine Heilmethode die richtige ist. Glaubt allerdings ein Mensch an mich nicht, so behandle ich ihn auch nicht und schicke ihn fort.«[145]

Seine Anhänger jedenfalls trauten ihm jedes Wunder zu, und sie – allen voran der theosophische Okkultist »Professor« Martin Karpinski – bezeugten auch mehrere Auferweckungen vom Tode. Weißenberg selbst hat dies offenbar so nicht behauptet, sondern davon gesprochen, daß er in der Lage sei, durch seine Krankenbehandlung eine lebensverlängernde »Gnadenfrist« zu gewähren: »Gut, ich gebe 10 Jahre zu!« lauteten dann etwa seine Worte.

Zunächst führte er seine Heilpraxis allein. Wohl um dem Strom von Ratsuchenden gerecht werden zu können, ließ er später – unter Hinweis auf das biblische Vorbild (unter anderem werden genannt Mark. 16, 15–18; Matth. 10, 1, 1. Tim. 4, 14–15 a; Jak. 5, 14–15) – durch von ihm autorisierte Heilbeauftragte (»Werkzeuge«) die »magnetische« Behandlung durch Handauflegen vollziehen. Eine Behandlung in der Gleimstraße lief dann folgendermaßen ab: »Aus dem Wartezimmer werden mehrere Heilsuchende zusammen in ein Vorzimmer geführt, durch Gehilfen [...] werden sie dort ›magnetisiert‹, d. h. mit den Händen von oben nach unten bestrichen. Sie werden dann in das Zimmer [Weißenbergs] geführt. Dieser stellte, solange er die Heilbehandlung noch persönlich ausübte, ohne jede Untersuchung Diagnosen und gab an, wie der Heilsuchende zu behandeln sei [...] Seit einigen Jahren gibt [Weißenberg] nicht mehr selbst diese Ratschläge, sondern läßt sie durch [Franz] Kursowsky erteilen.«[146] Kursowsky, ein ehemaliger Polizeibeamter, war Weißenbergs »Sekretär« und der Herausgeber seiner religiösen

Zeitschriften – »ein vollschlanker, mit Cutaway bekleideter mittlerer [wohl: mittleren Alters] Herr«. Die Postarbeiten – auch die Anweisungen für Fernheilungen – erledigte später ein pensionierter Straßenbahnkontrolleur.

Rudolf Olden fand es auffallend, daß die magnetopathische Behandlung keinerlei hypnotisch-suggestiven Zauber kannte, sondern rein geschäftsmäßig und ohne jede innere Beteiligung der Behandelnden ablief: Der ratsuchende Patient legt Mantel und Hut ab und setzt sich auf einen Stuhl, das »Werkzeug« – in diesem Falle eine Tochter Weißenbergs – »kniet sich auf einen Schemel und streicht dem Patienten an den Armen herunter, über die Hüften, manchmal bis zu den Füßen. Das geht eilig, Tempo, Tempo. Das ›Werkzeug‹ ist dabei völlig unbeteiligt. Es ist eine Arbeit wie eine andere, beim Kartoffelpufferbacken würde sie mehr Interesse zeigen. Während der wunderbaren Behandlung unterhält sie sich weiter mit dem anderen Mädchen des gleichen Typs [Weißenbergs zweite Tochter], von dem Kranken nimmt sie keine Notiz. Es kann keine unzeremoniellere Zeremonie geben als diese. Etwa fünf Minuten dauert die Prozedur. Dann steht das Mädchen auf, wäscht sich in sehr schmutzigem Waschwasser, das in der Nähe steht, die Hände, sagt, der Kranke solle sich anziehen und auf Herrn Weißenberg warten, der ihm die ›Verordnungen‹ geben würde.«[147]

In Namen Weißenbergs übten schließlich etwa 30 Personen die Heiltätigkeit aus. Weißenberg hat vor allem Frauen als Helferinnen ausgewählt. Weißenberg dazu vor Gericht: »Zu dieser Heiltätigkeit ist nicht jeder Mensch geeignet, sondern nur derjenige, der mehr oder weniger medial veranlagt ist und dessen Befähigung in dieser Beziehung ich erkenne.« Das Ritual der Übertragung dieser Kräfte war denkbar knapp: »Du kannst Kranke behandeln, und du wirst einmal sehen, wie die Menschen gesund werden«, sagte Weißenberg zu einer von ihnen als Einführung. Einem anderen Geheilten gegenüber äußerte er, dieser habe schon als Kind die »magnetische Kraft« besessen; dann befal er ihm: »Von nun ab wirst Du Kranke heilen!« Kursowsky sagte als Zeuge vor Gericht aus, er habe zwar die »magnetische« Kraft von Weißenberg übertragen erhalten, nicht aber dessen diagnostische Fähigkeit, die

Krankheit selbst »hellseherisch« zu erkennen; nur seine beiden Töchter sollen diese göttliche Kraft des Meisters geerbt haben.

Seine »Werkzeuge« setzte Weißenberg auch auswärts ein. So heißt es in einer Erinnerung:[148] »Im Jahre 1924 oder 1925 wandte sich der Arzt Dr. Otto aus Kolberg an der Ostsee an den Meister mit der Bitte, ihm wegen seines starken Asthmaleidens einen Heilbeauftragten nach Kolberg zu senden. Der Meister schickte darauf Schwester Luise Stein, um Dr. Otto die Hände aufzulegen. Er bekam sofort Linderung. Danach schrieb Dr. Otto öfters an den Meister und bat ihn, Schwester Stein wieder nach Kolberg zu schicken, um seinen Patienten, denen er nicht helfen konnte, ebenso die Hände aufzulegen. Er stellte dafür einen Raum in seiner Praxis zur Verfügung, und Schwester Stein betreute im Auftrag des Meisters dort seine Patienten, wo sie jeweils zwei bis drei Wochen lange zu tun hatte.« Ein Heilbeauftragter berichtet, wie er im Auftrag Weißenbergs 1926 in Hamburg Kranke behandelte, nachdem er 1925 schon in Ostpreußen für ihn tätig gewesen war und dort sogar einen an Wassersucht Erkrankten geheilt habe, bei dem er selbst keine Hoffnung auf Genesung mehr gehabt habe. Zum Dank allerdings bezog er Prügel von der Frau, die bereits einen anderen Freund hatte.

Daneben griff Weißenberg auch zum Mittel der Fernheilung (meist brieflich) oder, wie er sagte, zur »geistigen Einwirkung«. So lautet die Erinnerung eines Anhängers:[149] »Ich stand 1927 im elften Lebensjahr und durfte damals schon meine Mutter zu den vierzehntäglich stattfindenden Abendandachten in unserer [Weißenberg-]Gemeinde in Schneidemühl/Westpreußen begleiten. Wir hatten einen Fußweg von einer guten Stunde. Da aber meine Mutter unter offenen Beinen litt, war der Besuch der Andachten nur unter Einsatz ihrer ganzen Kraft möglich. So kam es dann, daß ich heimlich einen Brief an unseren Meister schrieb, der – ungenügend frankiert, ebenso unvollständig adressiert – dennoch unseren Meister erreicht hat. Ich habe in diesem Brief um Hilfe für meine Mutter gebeten. Es dauerte nicht lange, da fragte mich meine Mutter, ob ich an unseren Meister in die Friedensstadt geschrieben hätte. Zögernd sagte ich ja; denn an den Brief hatte ich längst nicht mehr gedacht. Sie sagte: ›Der liebe Meister hat mir heute geschrieben. Er hat Strafporto zahlen müssen!‹ – Das war meiner Mutter offenbar furchtbar

5 Heilung durch Händeauflegen:
Weißenbergs Tochter bei einer Heilbehandlung durch
»Bestreichen« (Der Weltspiegel, 1929).

peinlich! – Weiter hieß es in dem Brief, daß der kleine Lauser aber keine Strafe erhalten sollte. Und unten stand: ›Gott zum Gruß! Ich wirke ein! Joseph Weißenberg.‹ Durch die Einwirkung unseres lieben Meisters war das kranke Bein meiner Mutter in kurzer Zeit vollkommen zugeheilt.«

Weißenberg berief sich zur Legitimation seines therapeutischen Handelns auf die Bibel. Er besaß auch eine Theorie zur Erklärung der von ihm bewirkten Heilungen: »Krankheit ist Geist, im Fleisch sich verkörpernder Geist.« Denn jeder Mensch habe eine unsterbliche Seele, »die in Verbindung mit dem Nervengeist den Körper beherrscht und eine ätherähnliche Substanz ist, die den Körper durchdringt wie Wasser den Schwamm«. Diese Seele sei es, die nur in einer sterblichen Hülle aus Fleisch und Blut lebe, welche den Menschen nicht nur gut oder böse, sondern auch gesund oder krank mache. Hinzu kämen als Faktoren die geistige Umwelt des Menschen, ferner die auf ihn einwirkenden bösen Geister (hier beruft er sich auf Eph. 6, 12).

Nach Weißenbergs Tod heißt es dazu im sogenannten »Dritten Testament« (eine noch im Entstehen begriffene Darstellung der Lehren der Weißenberg-Kirche): »Alle Erkenntnisse vom Leide, welches durch Geist heraufbeschworen wird, und das Wissen um die geistigen Belastungen im Fleische, die als Krankheit bezeichnet werden, alles das sind Erkenntnisse, die ihr erst durch euren Meister erhalten habt. Wenn ihr auch in Stunden der Not gebetet habt, so wußtet ihr doch nichts von den Geistwesen, die diese Belastungen ausmachen. Es sind alles Ströme erdgebundener, entfesselter Geister, die oft durch Jahrhunderte in ein- und derselben Familie ihr Wesen treiben, bis sie sich dann endlich, durch das Kreuz niedergedrückt, zu einem Gebet aufraffen. Wenn die Erdgeborenen durch das Leid zum Glauben kommen, dann ebnen sie Wege, dann öffnen sie Türen. Und ihr wißt, welch eine große Tür aufging, wenn der Meister erschien und den Geistern gebot auszufahren. Dann wichen die Belastungen, und die Menschen wurden frei, und die Geister erneuerten sich und gingen ein in das Heimatland der ewigen Liebe.«[150]

Der entscheidende Augenblick der Behandlung war offenbar die Überwindung des massiven seelischen Widerstandes des Kranken.

So wird von einer Wunderheilung eines jungen Mädchens, das nicht sehen konnte, weil beide Augenlider gelähmt waren, folgender Ablauf der Behandlung berichtet:[151] Als das Mädchen mit seiner Mutter in die Gleimstraße kam, legte ihr zunächst die »Heilbeauftragte« Marie Pahlow die Hände auf. Darauf habe das Mädchen »eingeschaltet«. »Dies ist ein Vorgang«, so erfahren wir im Kommentar, »bei dem unselige Geister, in diesem Falle die Geister der Krankheit, für Minuten ganz von dem Körper des Kranken Besitz ergreifen können, bis sie auf Befehl des Heilbeauftragten, durch die Kraft Gottes, den Menschen verlassen müssen.« Dann wurde der »Meister« gerufen: »Er strich ihr über die Augen und redete ihr liebevoll zu: ›Du kannst nun sehen. Öffne deine Augen!‹ – ›Ich kann nicht‹, sprach sie immer wieder. Doch nach weiterem liebevollem Zureden unseres Meisters hoben sich ihre Augenlider, und sie sah sich im Zimmer um. Mutter und Tochter dankten dem Meister innig für seine Hilfe.«

Das psychische Ringen scheint sich auch manifestiert zu haben.[152] Der Mann einer schwer Magenleidenden schreibt über seine Beobachtungen: »Auch will ich an dieser Stelle bemerken, daß seine [Weißenbergs] Tätigkeit meines Erachtens sehr schwer ist. Ich habe deutlich gesehen und wahrgenommen, daß die Krankheit meiner Frau, das heißt die Schmerzen, auf die anwesenden Werkzeuge übergingen. Auch hat sich ein Kampf mit einer geistigen Macht abgespielt, so daß ich als Laie wohl gedacht habe, die drei Werkzeuge sterben auf der Stelle. Aber Herr Weißenberg machte sie in ganz kurzer Zeit alle wieder frei.« Und von der Heilung einer Magenkranken, die auch an Erbrechen litt, wird berichtet: Das »behandelnde Werkzeug« habe sich sofort nach Betreten der Wohnung erbrochen, darauf auch die Patientin. Dann habe ihr die Heilbeauftragte die Hände aufgelegt. Da habe das Erbrechen aufgehört und sie habe sofort mit Lust gegessen. »Aber die liebe Schwester erbrach sich noch mehrmals, bis sie zum Hause des Meisters kam.« Weißenbergs Lebensgefährtin Grete Müller hat dazu vor Gericht folgende Aussage gemacht: Sie habe zunächst die Behandlung nur im Trancezustand vollführen können, erst allmählich auch im Wachbewußtsein. Jedoch habe sie dann nach einiger Zeit eine gewisse Schwere im Körper verspürt, so daß sie sich bisweilen nur mit einem

Stock fortbewegen konnte. Erleichterung habe sie erst bekommen, wenn Weißenberg »sozusagen den übernommenen Krankheitsstoff durch Handauflegen aus mir wieder herauszieht«. Ebenso erginge es den übrigen Helferinnen und Helfern, auch denen, welche nun selbständig ihre Heiltätigkeit ausübten. Die Befreiung vom Krankheitsstoff könnte in solchen Fällen auch durch andere Helfer bewirkt werden; in schweren Fällen müsse aber Weißenberg selbst gerufen werden.

Weißenberg hatte offenbar ein gutes Gespür für die seelischen Auslöser körperlicher Krankheiten. So wird von der Behandlung eines Patienten, der bereits zwei Jahre an schwerem Magen- und Darmkatarrh litt, folgender Ablauf der Behandlung berichtet:[153] »Der Meister sah ihn scharf an und sagte mit kurzem Handwinken: ›Du bist nicht krank. Essen und trinken, was schmeckt!‹ Darauf der Mann aufgeregt mit sehr tiefer Stimme: ›Erlauben Sie mal, Herr Weißenberg, ich bin schwer krank. Wenn ich bloß eine Weizenmehlsuppe esse mit etwas Butter und Salz, dann muß ich mich übergeben.‹ Darauf sagte der Meister: ›Paß mal auf! Du hast doch in Johannisthal ein Kolonialwarengeschäft, ein schönes Geschäft, und deine Frau ist sehr tüchtig. Aber du zankst dich immer mit ihr herum. Sie ist doch kein Dienstmädchen für dich. Dann verkracht ihr euch, und du gehst in die Kneipe gegenüber und besäufst dich. So schluckst du die Zornesgeister alle 'runter, und dann schmeckt kein Mittagessen. Das ist deine Krankheit. Behandle deine Frau als Frau und arbeitet friedlich zusammen. Wenn du mir versprichst, ordentlich zu werden, dann kannst du essen und trinken, was schmeckt. Du bist nicht krank.‹ Kurze Handbewegung des Meisters: ›Es wird alles gut!‹« Ebenso überliefert sind durch Weißenbergs Anhänger Zeugnisse seiner seelischen Hilfe bei Prüfungsängsten, Gerichtsprozessen und wirtschaftlichen Nöten.

Aus der psychischen Ätiologie der Krankheit hat Weißenberg offenbar die seelsorgerische Zentrierung seiner Heilertätigkeit abgeleitet, und daraus resultierte schließlich auch die religiöse Gemeindebildung der von ihm Geheilten. So berichtete bei einem Prozeß ein von Weißenberg gesund Gemachter, er habe seine Stelle bei der Polizei aufgegeben, als Weißenberg ihm sagte: »Du arbeitest von jetzt ab im Weinberg des Herrn.« Durch ihn ausgelöste und gerichtsnotorisch gewordene Fälle von religiösem Wahn und die Zerstörung von Ehen waren die Kehrseite dieser Attraktivität seiner Gemeinde für seelisch Labile und Kranke, insbesondere für Frauen.

»Mit diesen seinen Anhängern zu rechten«, schrieb ein Kritiker[154], »ist unmöglich. Er ist für sie der Meister, sie haben sich ihm gefügt, unterworfen und beten ihn an. Weißenberg hat selbst gesagt, dem, der nicht glauben will, kann er nicht helfen. Damit hat er sicherlich recht. Daß die Menschen nach ihm Bedürfnis haben, beweist der Zustrom und auch die Verteidigung derer, von denen die Ärzte behaupten, sie wären die Geschädigten.« Immer wieder wird in den Krankenberichten erzählt, wie die Patienten zunächst Arzt auf Arzt konsultiert hatten, ohne geheilt zu werden: »Ich hatte nichts unversucht gelassen. Professoren und Ärzte konnten mir nicht helfen. Jetzt bin ich gesund, dank dem großen Meister, Hirten und Propheten.«

Zahlreiche Kranke – viele von den Ärzten »aufgegeben« – schrieben im Laufe der Jahrzehnte Weißenberg die Heilung von zum Teil bösartigen Krankheiten zu und trugen so zu seinem Ruhm und seinem Reichtum bei. Zahlreiche Dankesbriefe sind in den Weißenberg-Zeitschriften abgedruckt und unaufgefordert den Gerichten anläßlich von Prozessen zugesandt worden. Stolz schreibt er selbst in seinem »Lebenslauf«:[155] »Die Leute haben mich gefragt, aus welchen Schichten Meine Patienten stammen. Darauf habe Ich geantwortet: ›Das sind Grafen, Fürsten, Exzellenzen und alle Persönlichkeiten, hoch und niedrig, alle Schichten. Von den Größten bis zu den Kleinsten sind meine Patienten.‹« »An seinem Geburtstag haben«, so erzählte man, »viele Dutzende Autos auf beiden Seiten der Straße geparkt, aus dem ganzen Reich kamen sie, von Österreich, von Frankreich, Dänemark.«

Weißenbergs eingeschworene Gegner waren die Ärzte. »So habe Ich die ganzen Jahre hindurch wieder gewirkt und geschaffen«, schreibt er in seinem »Lebenslauf«, »wo einstmals drei Kreisärzte in einer Versammlung gesagt haben, – der eine meinte, Ich wäre gemeingefährlich geisteskrank, der andere nicht ganz so, und der dritte sagte: ›Na, Grenzfall.‹ Infolgedessen habe Ich die ganze Zeit durch und durch viel gelitten.« Gemeint sind besonders die zahlreichen wegen Kurpfuscherei gegen ihn angestrengten Prozesse. Für seine Verehrer war er »der Mann, der 36 Prozesse gewann«. Er gewann sie freilich meist deshalb, weil die Gerichte nicht ausschließen konnten, daß der Tod der Patienten bzw. der Ausbruch religiösen Wahnsinns bei einigen Anhängerinnen auch ohne Weißenbergs Behandlung und Zutun eingetreten wäre und weil die Angehörigen der Geschädigten häufig alles taten, um ihren »Meister« Weißenberg zu decken.

Weißenberg gehörte auch zu den bevorzugten Zielscheiben der gegen die Kurpfuscherei »nichtapprobierter Heilpersonen« gerichteten Zeitschriften. Der unversöhnliche Ton dieser Attacken ebenso wie deren politische Wirkung mag anhand der »Zeitschrift für Volksaufklärung gegen Kurpfuscherei und Heilmittelschwindel. Zentral-Organ des ›Vereins der durch Kurpfuscherei Geschädigten‹« illustriert werden: »Unser Kampf gegen Heilschwindel und ähnliche Volksausbeuter richtet sich in erster Linie natürlich gegen die schlimmsten Elemente dieser Sorte. Zu diesen gehört ohne Zweifel der Schwindel-Prophet und angebliche Heilmagnetiseur Joseph Weißenberg [...] Wie erinnerlich, haben wir diesen Blutegel am Volkskörper, wie die Staatsanwaltschaft diese Sorte von Heilkünstlern aus anderem Anlaß einmal so treffend bezeichnete, schon öfters gehörig gegeißelt und seine verwerflichen und gemeingefährlichen Manipulationen an den Pranger gestellt. Auch der Herr Minister für Volkswohlfahrt hat kürzlich, auf eine Eingabe von unserer Seite hin, in einem öffentlichen Runderlaß auf das Treiben des entgleisten ehemaligen Maurergesellen Weißenberg, der sich heute von seinen Anhängern ›göttlicher Meister‹ und ›Prophet‹ nennen läßt, hingewiesen und alle Polizeibehörden aufgefordert, auf den Weißenbergschen Kurpfuscherbetrieb besonders zu achten [...]«[156] Verständlich, daß Weißenberg diese Zeitschrift, in Anspielung auf die Farbe ihres Einbandes, nur den »Grünen Kläffer« nannte. Die Ärzte selbst waren für ihn »Sargkutscher«, deren »Mordpraxis« er geißelte und denen er »Betrug am kranken Menschen« vorwarf.

Punktsiege gab es in diesem Kampf auf beiden Seiten. 1930 bis 1931 prozessierte Weißenberg in mehreren Instanzen gegen Werner Preuß, den Redakteur der »Zeitschrift für Volksaufklärung gegen Kurpfuscherei und Heilmittelschwindel«, wegen Beleidigung und übler Nachrede. Er verlor diesen Prozeß, und das Gericht beschei-

nigte ihm, sein Treiben als Heiler und Prophet sei allgemeingefähr-
lich und schwindelhaft. Weißenberg dagegen konnte mit Hilfe des
Begründers und Leiters des »Vereins der durch Kurpfuscher
Geschädigten (Günther Schmidt-Verein)«, der 1930 zu ihm überlief,
überzeugend zeigen, daß dieser Laienverein nur von den in der
»Deutschen Gesellschaft zur Bekämpfung des Kurpfuschertums«
(Sitz Berlin) organisierten Ärzten vorgeschoben, seine Zeitschrift
von ihnen finanziert und argumentativ munitioniert wurde, um
ärztliche Standesinteressen zu schützen (als »Stoßtrupp für die
Ärzte«, sagte Schmidt). Zu diesem Zwecke empfahl die Gesellschaft
den Verein und seine Zeitschrift auch bei allen deutschen Ärztekam-
mern und Ärztevereinen. Von Privatleuten, so sagt zumindest
Weißenberg, sei diese Zeitschrift kaum gelesen worden, nur Ärzte
hätten sie in ihrer Praxis ausgelegt, um gegen ihn Stimmung zu machen.

Hier ging es auch um Geld, und leider schweigen die Quellen über
Weißenbergs Einkünfte. Für eine Behandlung verlangte er 1930 eine
Mark, für Behandlung plus Tee 1 Mark 75 Pfennige. Bei starkem
Andrang soll er täglich 100 und mehr Patienten behandelt haben, oft
20 auf einen Schwung. In seinem Sprechzimmer, so erfahren wir
auch, »auf einem Tisch inmitten Zeitschriften und Traktätchen,
thront, imposant und den ganzen Raum beherrschend, ein großer,
hölzerner Opferkasten mit einem trinkgeldlüsternen Schlitz darin«.
Aber Weißenberg war auch nicht knickerig, und seine Hausbewoh-
ner wußten: »Er war gar nicht so wie ein Wundermensch, sagen sie.
›Wenn er sich mal eine Kleinigkeit besorgen ließ, gab es eine Mark
Trinkgeld‹, erinnert sich ein junger Mensch, ›jedes Jahr Weihnachten gab er für alle Angehörigen des ganzen Hauses eine Weihnachts-
bescherung, Geld gab es und Pfefferkuchen, kleine Geschenke für
jeden!‹« Häufig beschenkte er Bettler und half Unbemittelten.
Spätestens zu Anfang der 30er Jahre konnte er sich ein elegantes
Privatauto leisten und hatte sogar eine eigene Jagd.

Zehn, zwanzig Jahre habe er, so berichtet Weißenberg, im Geiste der Heiligen Schrift und des Katholizismus als Heilmagnetiseur gewirkt, bis er mit seiner katholischen Vergangenheit als ein neuer Luther brach. Jetzt verwies ihn sein eigener Name Weißenberg auf Wittenberg! »Ich schrieb dem Papst: Der Schwärzeste aller Schwarzen sitzt in Rom. Er nennt sich Heiliger Vater. Wie kann er heilig sein, da Gott nur allein heilig ist! Er möge die Ohrenbeichte abschaffen und die Bibel freigeben. Die Bibel ist die Richtschnur der menschlichen Daseinsstufe. Den Stuhl, auf dem er sitzt, nennt er den Heiligen Stuhl. Wie kann der Stuhl heilig sein, wenn Gott nur allein heilig ist. Dieses irdische, tote Wesen kann kein Leben haben. Der Brief war vier Seiten lang.«[157]

Sein religiöser Antiliberalismus kommt besonders deutlich in einem Schreiben an Wilhelm II. zum Ausdruck, an den er sich wandte, weil er als König von Preußen oberster Bischof der Evangelischen Landeskirche war. 1903 forderte er ihn auf, die liberalen Geistlichen von den Kanzeln und Lehrstühlen zu verjagen: »Majestät möge sich den Bußruf des Propheten nicht an den Ohren verhallen lassen. Es kommt zum Kampfe, wie es noch nie gewesen ist. Ich sehe Majestät in 15 Jahren Deutschland mit dem Bettelstab verlassen. Mit Pulver und Blei wird er in die Luft gesprengt, wenn er versuchen sollte, nach Deutschland zurückzukehren. Immer schreit er: ›Deutschlands Zukunft liegt auf dem Wasser!‹ Es liegt vielmehr im Wasser. Zur Parade läßt er Vertreter fremder Völker kommen, die wir ausbimsen mußten. Denn fremde Völker werden uns so verhauen, daß wir zehn Jahre nicht mehr sitzen können. Majestät sind Oberster Bischof der Landeskirche und damit der größte von allen Baalspfaffen, wie Harnack, Haeckel, Drews, Jatho, Traub, die da sagen, die Bibel sei ein Märchenbuch, Christus sei ein Mensch wie wir, der Mensch stamme vom Affen ab, und alles sei Natur. Gott verloren ist eben alles verloren! Majestät sollte solche Leute von der Kanzel entfernen. Majestät führt das deutsche Volk in den Abgrund.«[158]

1904 konvertierte er zum protestantischen Glauben – wie er selbst später etwas kryptisch schrieb: »Einst las ich in der ›Germania‹: Die Bibel ist freigegeben. Daraufhin wurde ich evangelisch.«

Ebenso wie der frühere »Bußruf des Propheten« scheiterte 1909 auch sein Bemühen um eine Audienz beim Kaiser. So konnte Weißenberg nur erneut brieflich im Dezember 1909 in ihn dringen: »Die von Eurer Majestät in Ihrem verantwortungsvollen Amt als Oberster Bischof der Evangelischen Kirche gegen eine total ungläubige, völlig gottwidrige liberale Geistlichkeit noch immer geübte Toleranz ist gegen Gottes Willen und kann nur Früchte des Verderbens reifen. – Niemand ist so autoritativ wie Eure Majestät kraft Ihres Oberbischofsamtes hierzu berufen, die Geißel Gottes zu schwingen, wie einst Christus der Herr im Tempel zu Jerusalem, den Tempel des Herrn, die heilige Evangelische Kirche, zu reinigen, und in heiligem Zorn diese modernen Baalspfaffen, welche die Gottheit Christi hohnlächelnd verleugnen, aus dem Tempel zu treiben, wie der Prophet Elias tat zu Gottes Ehre. Hören und beachten Eure Majestät diese Geistesmahnungen, so werden Sie zunächst seelischen Frieden wie auch den Weltfrieden erhalten.«[159]

Schon 1904 (amtsgerichtliche Eintragung 1907) hatte er seine Anhänger in einer »Christlichen Vereinigung Ernster Forscher von Diesseits nach Jenseits, wahrer Anhänger der christlichen Kirchen« zusammengefaßt. Laut ihren Statuten bezweckte die Vereinigung die Förderung des christlichen Glaubens auf der Basis der Bibel. Die »Christliche Vereinigung« sollte keine eigene Kirche sein, vielmehr forderte Weißenberg die Mitglieder auf, sich in ihren Kirchen aktiv (und im antiliberalen Sinne) am Gemeindeleben zu beteiligen. Wie der Name aber zeigt, wurden in der Vereinigung die spiritistischen Trance-Reden (»Geistesfreunde-Reden«) als Zugang zur Geisterwelt des Jenseits benutzt. Die Vereinigung war eine christlich-okkulte Gruppierung; Weißenberg schuf mit ihr einen eigentümlichen christlichen Spiritismus.

Näheres über Weißenbergs Treiben in diesen Jahren läßt sich Gerichtsprotokollen entnehmen. Danach lag 1907 das Zentrum seines Wirkens noch in Seegeberg bei Spandau, wo er von einem Rittergutsbesitzer ein Grundstück erworben hatte. Er hatte dort etwa 20 Anhänger. Ein Gutsverwalter, der damals Weißenberg kennenlernte, meinte, dieser habe als »streng gläubig auf dem Boden der

Bibel« gegolten. Weißenberg habe viel in seiner Wohnung verkehrt, und fast bei jeder Zusammenkunft, auch solchen an anderer Stelle, hätten unter seiner Leitung »spiritistische Sitzungen« stattgefunden – »fast ausschließlich ansprechende religiöse Kundgebungen«, wie der Verwalter entschuldigend hinzufügte, der wegen seiner Beziehungen zu Weißenberg im folgenden Jahr seine Stellung verlor. Dafür entdeckte Weißenberg in des Verwalters ältester Tochter ein hervorragendes Medium, und sie arbeitete jahrelang für ihn.

Berüchtigter waren in jenen Anfangsjahren die Vorkommnisse auf Weißenbergs Seegeberger Grundstück selbst, und sein dortiges Gartenhäuschen erhielt den Spitznamen »Liebeslaube«. Weißenberg nahm dort »Teufelsaustreibungen und Magnetisierungen« an Mädchen und Frauen vor, und die Anwohner wollen beobachtet haben, daß es dabei sittlich reichlich zweideutig zuging. Auch soll er die Medien (»Werkzeuge«) zum Zwecke der Teufelsaustreibung brutal und blutig geschlagen haben. Vor Gericht unterstellte man ihm damals, er sei ein »sadistischer Lüstling«.

1909 fanden dann die Versammlungen der »Christlichen Vereinigung« bereits wöchentlich in Berliner Lokalen statt. Dieses Mal geriet Weißenberg ins Schußfeld, weil ihm die Justiz gesundheitspolizeiliche Bedenken und eine Gefährdung der öffentlichen Ordnung vorhielt. Vor Gericht erklärte Weißenberg 1909 aber verharmlosend, es sei ihm bei seinen Versammlungen darum zu tun, »kraft seiner prophetischen Gabe des Hellsehens in der Vergangenheit und in der Gegenwart« die Lehre von der Gottheit Jesu Christi und von der Auferstehung der Toten zu verkündigen. In den von ihm geleiteten Versammlungen würden Gebete gesprochen und fromme Lieder gesungen; von einer altarähnlichen Einrichtung aus auch Ansprachen gehalten, teils durch ihn selbst, der dabei zum Beten und zur Buße ermahnte, teils durch seine »Werkzeuge«, aus denen die Geister Verstorbener (zum Beispiel Luthers und des Papstes Leo XIII.) sprächen. Jedenfalls, so Weißenberg, seien diese Veranstaltungen Religionsausübungen und könnten deshalb frei von ihm vollzogen werden.

Ein Gutachter, der 1909 eine dieser Versammlungen besucht hatte, berichtete dem Gericht:[160] »Vor der altarähnlichen Einrichtung sei ein Kreis von mehreren Stühlen gebildet worden, auf denen ein Mann und weibliche Personen von durchaus jugendlichem Alter Platz genommen hätten. Eine der letzteren habe schon, bevor sie sich in den Kreis begeben, mit geschlossenen Augen dagesessen und dann, wie aus einem Traume erwachend, segnende Bewegungen gemacht. In den Kreis sei der Kläger [Weißenberg] getreten; er habe die Mädchen geküßt und mit ihnen flüsternd gesprochen. Ein Mädchen habe darauf zu weinen begonnen, die Augen[lider] seien ihr niedergefallen, was auf den Eintritt eines traumhaften Zustandes habe schließen lassen. Während einige Personen predigtähnliche Ansprachen an die Versammelten gehalten und die Anwesenden ermahnt hätten, von der Sünde abzulassen – es habe aus ihnen nach der Erklärung des Klägers der Geist Verstorbener [...] gesprochen – sei eine bleiche, unterernährte Frau in einen völlig erschöpften Zustand verfallen; sie sei zusammengebrochen; der Schweiß habe ihr auf der Stirn gestanden. Ein Mädchen, anscheinend 19 bis 20 Jahre alt, habe einen Erregungszustand bekommen. Sie habe aufgeschrieen, sich auf ein anderes Mädchen gestürzt, um auf sie einzuschlagen, und dann wieder geweint. Ankläger und andere Personen hätten versucht, sie zu beruhigen. Der Kläger habe ihr einen Backenstreich gegeben und erklärt, das Mädchen habe einen bösen Geist, und es komme darauf an, ihn auszutreiben.« Ein anderer Prozeßgutachter ergänzte, Weißenberg habe die Medien durch Anblasen und Anhauchen der Stirn aus der Trance geweckt. Dann habe er nach den Trance-Reden selbst das Wort ergriffen und sich gegenüber der Verfolgung durch die Justiz damit verteidigt, »wie seine Bestrebungen staatserhaltend wären und daß die Religiosität, die er pflege, das Königtum stützen müsse«. Dann kamen die bekannten Ausfälle gegen die liberalen Pastoren.

Sein öffentliches Wirken und seine Gesuche an den Kaiser hatten auch die preußische Polizei auf ihn aufmerksam gemacht. Die Zusammenkünfte der Vereinigung wurden durch medizinische Gutachter überprüft, und 1912 verbot das Verwaltungsgericht Berlin seine Andachten. Dabei wurden die gesundheitlichen Gefahren der spiritistischen Sitzungen herausgestellt. In der Revisionsverhandlung vor dem Oberverwaltungsgericht erreichte Weißenberg, daß die Zusammenkünfte weiter zugelassen wurden, jedoch nicht mehr als öffentliche Veranstaltungen, sondern nur mit Eintrittskarte.

In seinen Veranstaltungen ließ Weißenberg seinen Weheruf über Deutschland vernehmen: »Der Meister sagte: ›Wir gehen einer schrecklichen Katastrophe der Zeit entgegen und das, weil der Glaube gestorben und die Menschheit verroht und verdorben.‹ [...] Besonders deutlich erinnere ich mich noch eines Satzes: ›Ein Streichholz wird über hundert Mark kosten.‹ – Man vergegenwärtige sich die Zeit von 1913, und man wird es verständlich finden, daß viele Menschen nur ein Kopfschütteln dafür aufbringen konnten.«[161]

Zunächst freilich war nicht der Kaiser, sondern Weißenberg das Opfer des Ersten Weltkrieges. Das Berliner Polizeipräsidium[162] sah endlich die Chance, aufgrund des Kriegszustands die Weißenberg-Vereinigung zu zerschlagen, und entwarf dazu folgenden Plan: Weißenberg sollte vom zuständigen Kreisarzt und einem Psychiater untersucht werden mit dem Ziel, ihn für gemeingefährlich geisteskrank zu erklären und in eine geschlossene Irrenanstalt zu überführen. Sollten die Ärzte aber nicht zum gewünschten Ergebnis kommen, sei Weißenberg in Schutzhaft zu nehmen und dort psychiatrisch zu untersuchen. Sei auch dann keine gemeingefährliche Geisteskrankheit nachweisbar, sollte er – in Zusammenarbeit mit dem Oberkommando in den Marken – für die Dauer des Krieges in militärische Sicherheitshaft (Schutzhaft) genommen werden. Die Details dieses Plans und seiner Durchführung wurden, nach einer Petition Weißenbergs, 1918 vor dem Deutschen Reichstag durch die Unabhängige Sozialdemokratie aufgedeckt und als Musterfall von Behördenwillkür und Gesetzeswidrigkeit unter dem Schutz des Belagerungszustandes angeprangert. Demnach gelang es im Oktober 1915 tatsächlich dem Berliner Polizeipräsidium, in Zusammenarbeit mit dem Oberkommando, Weißenberg ungesetzlich für zwei Monate in militärische Sicherheitshaft zu nehmen; die Versammlungen seiner Vereinigung wurden am 10. November 1915 vom Oberkommando für die Dauer des Kriegszustandes verboten. Bei seiner Entlassung aus dem Militärgefängnis Moabit mußte sich Weißenberg verpflichten, weder weiterhin dem Heilgewerbe nachzugehen (obwohl die geltende Gewerbeordnung die Behandlungs- und Kurierfreiheit vorsah) noch in seiner Vereinigung weiter aktiv zu sein (obwohl auch unter dem Belagerungszustand eine beschränkte

Vereins- und Versammlungsfreiheit bestand), sonst werde er für die Dauer des Krieges in Haft genommen. 1917 erreichte er wenigstens eine Aufhebung des Berufsverbots. Erst seine Petition an den Kaiser, die an den deutschen Reichstag weitergeleitet wurde, machte 1918 den im Fall Weißenberg zutage getretenen »Mißstand des Rechtsbewußtseins der Behörden« – so der ausführende Parlamentarier – der Öffentlichkeit bekannt.

Eine neuerliche Zusammenkunft seiner »Vereinigung« wurde erst nach der Novemberrevolution wieder möglich: »Nach dieser Zeit der Verfolgung kann der Meister seine Anhänger wieder um sich sammeln. Der Bußruf des Propheten, der den Herrscher und das Volk retten wollte vom gottlosen Wesen und Wege, ist an den Ohren der Menschen verhallt. Seine Worte aber sind in Erfüllung gegangen.«[163] So kam erst nach dem Weltkrieg die eigentlich »große Zeit« Weißenbergs; denn in den Nachkriegs- und Inflationsjahren hatten Leute wie er Hochkonjunktur (wenn er auch nicht die amoralische Radikalität der »Inflationsheiligen« erreichte): »Zu einer besonders ausgedehnten Wirksamkeit des Weißenberg«, so schrieb später ein Gerichtsgutachter, »mußte die Nachkriegszeit begünstigend beitragen, in welcher viele nervös veranlagte Menschen sich mit okkulten und mystischen Dingen beschäftigen und für suggestive Einflüsse äußerst empfänglich sich zeigten. Bekannt ist, daß gerade nach dem Kriege eine große Zahl von Suggestoren, Heilmagnetiseuren, Telepathen und wie sie sonst sich nannten, in der Öffentlichkeit auftraten und in geschäftsmäßig groß angelegten öffentlichen Darbietungen das Publikum auf ihre ›mystischen‹ und heilbringenden Kräfte hinwiesen.«[164] Auch Weißenbergs »Christliche Vereinigung« wuchs auf etwa 10000 Mitglieder, davon allein 6000 in Berlin (Januar 1926). Ehrenamtliche Missionshelfer reisten inzwischen für ihren »Meister« zu Fuß, mit dem Fahrrad oder der Bahn durch Nord- und Mitteldeutschland, heilten Kranke und gründeten Zweigvereinigungen der »Ernsten Forscher«. Sie lebten von dem, was ihnen die »Geschwister« freiwillig gaben, und stellten Überschüsse dem Werk ihres »Meisters« zur Verfügung.

Auch noch in den 20er Jahren erinnerten sich die Weißenberg-Anhänger[165] voller Zorn an die liberalen Theologen, die Wilhelm II.

predigen ließ. Noch immer galt der Kampf der »Vereinigung« allen liberalen Tendenzen in der evangelischen Kirche. Ihr wurde die Verfälschung der Lutherbibel vorgeworfen durch Leugnung der Wunder oder der göttlichen Schöpfungsgeschichte und das Umsichgreifen der Lehren von »Irrgeistern« durch Wilhelm Bayers Buch »Jesus und seine Wunder im Lichte der kommenden Naturwissenschaft« oder die Verbreitung der »Affenlehre« Darwins und Haeckels. Die Theologen und Pfarrer seien nicht nur Heuchler und Pharisäer, sondern Antichristen, »die Christus als gewöhnlichen Menschen ansehen und nicht als Gottmensch, es gibt welche, die als Lehrer den Kindern verkehrten Religionsunterricht erteilen, die die Bibel als Märchenbuch hinstellen [...] Auch wollen sie schlauer sein als Luther. Seine Übersetzung der Heiligen Schrift genügt ihnen nicht und sie graben selbst im Urtext herum und bedienen sich der Handbücher, wo ihnen andere Menschen die Bibel erklären.« Und den Hinterbliebenen würden sie den Trost nehmen, daß diese ihre Lieben dereinst wiedersehen.

Auch dem Papsttum galt bis zum Ende der Weimarer Republik Weißenbergs Kampf: »Rom geht mit Pech und Schwefel und Feuer unter«, prophezeite 1929 der »Weiße Berg«; ähnliche Artikel, so hieß es in einem deswegen ausgelösten Prozeß, würden von den Weißenbergern überall an den Arbeitsstellen, in Gasthäusern und bei allen sich bietenden Gelegenheiten vorgelesen. Der Redakteur Kursowsky lehnte freilich jede juristische Verantwortung dafür ab, denn diese Äußerungen seien von Medien in Trance verfaßt worden.

Neues Jerusalem

Wenn Weißenberg auch seinem Kaiser keine Träne nachweinte, hielt er doch dem Kaiserreich noch in der Weimarer Republik die Treue und Schwarz-Weiß-Rot blieben seine Farben. Realistisch schätzte er die Chancen der anwachsenden Inflation ein und brachte seine Anhänger dazu, daß sie ihm ihren Goldschmuck brachten und das dafür eingetauschte Geld ihm anvertrauten: »Alsdann sagte Ich zu Meinen Schwestern und Brüdern: ›Liebe Schwestern und Brüder, bringt Mir euer ganzes Geld, Ich will es euch erhalten. Unser Geld geht auf Null.‹ Sie habens gebracht, und Ich habe 1200 Morgen Land auf einer Stelle gekauft, auf einer anderen 400 Morgen und fing dann an, eine Siedlung zu bauen. Das Geld legte Ich an in Schienen, Feldbahnen, Maschinen, Kreissäge, Bandsäge, Mischmaschinen, und Elektrizität.«[166] Der erste Arbeitskreis der »Christlichen Arbeitsgenossenschaft Weißenberg« – eine Bezeichnung, die dann nicht genehmigt wurde, weil Namensnennungen von lebenden Personen im genossenschaftlichen Siedlungswesen nicht erlaubt waren – tagte im Februar 1920.

Dies war der Anfang der »Friedensstadt. Siedlung Waldfrieden«, eine Autostunde südlich von Berlin, an den »Glauer Bergen« zwischen Trebbin und Beelitz gelegen. Kurz vor Weihnachten 1920 wurde hier der Grundstein zum Bau des ersten Hauses gelegt; 1921 begannen dann die eigentlichen Rodungs- und Erschließungsarbeiten. Für die Weißenberg-Anhänger erfüllte sich hier die Offenbarung des Johannes (Off. 21, 1 – 8) »über das neue Jerusalem auf Erden, das mit einem neuen Namen genannt und in kümmerlicher Zeit wieder auf Hügel gebaut werden soll«. Eine Siedlerzeitung[167] lobte 1932 dieses aus privater Initiative entstandene soziale Werk als Musterfall genossenschaftlicher Selbsthilfe und meinte, nachdem sie den allgemeinen Niedergang genossenschaftlicher Siedlungsunternehmungen im Spekulantentum der Weltwirtschaftskrise angeprangert hatte: »Besonders bemerkenswert an dieser Siedlung ist die Tatsache, daß die gesamten Mittel, die zur Urbarmachung des Geländes und zum Aufbau der Siedlungsstadt erforderlich waren, von den Weißenbergern in zäher Zusammenarbeit pfennig- und markweise aufgebracht worden sind, und daß diese gesamten Beiträge äußerst geschickt genutzt werden [...] Die wirtschaftliche Struktur der Siedlung ist die einer Genossenschaft, deren Anteile die Gemeindemitglieder in bequemen Ratenzahlungen erwerben können. Mit diesen kleinen bequemen Beiträgen für die Anteile verschaffen sich die Genossen ein unveräußerliches Eigentum, da Einzelteile der Siedlung im Dauerbesitz der Genossen verbleiben. Die hier gezahlten Beiträge bilden ein Grundkapital für jeden einzelnen,

das mit der wachsenden Siedlung größer wird. Der Wert des gemein-
schaftlichen Eigentums steigt durch die zahlreichen Spenden, die
restlos der Siedlung zugeführt werden, im Verhältnis zu den gewaltigen Ansprüchen, die die Ausdehnung der Siedlung stellt. Die
treuhänderische Verwaltung der Genossenschaftsgelder liegt in
den Händen von Joseph Weißenberg selbst, von dessen geistiger
Vielseitigkeit und geschäftlicher Erfolgskonsequenz die Mehrzahl
der Genossenschaftsaufsichtsräte lernen könnte.«

So war eine Gartenstadt im Entstehen, »deren schmucke Einzel-
häuser im Landhausstil und deren geräumige Mehrfamilienhäuser
mit 4- bis 5-Zimmerwohnungen großen Wert auf bequeme und son-
nige räumliche Weitläufigkeit legen. Das geschlossene Stadtbild
wird durch einen mit allem Komfort ausgestatteten Gasthof mit
einem 1500 Personen fassenden Terrassencafé erweitert, durch eine
künstlerisch ausgestattete Festhalle und durch ein angegliedertes
Museum mit bedeutenden Kunstschätzen, in pikantem Widerspiel
zu dem ländlichen Milieu, den Großstadtansprüchen angepaßt.«[168]
Allerdings sah Weißenbergs Kritiker Olden[169] gerade die Ausstattung der beiden letztgenannten Gebäude ein wenig nüchterner:»An
der Breitseite der [Fest]halle, die sonst farblos hell ist, verdunkelt
blaues Tuch eine Art von Bühne. Vor dem Hintergrund erhebt sich
ein riesiges Kruzifix. Unter dem Standbild des Erlösers steht in einer
kleinen künstlichen Gebirgslandschaft das Bild des korpulenten
weißhaarigen Mannes [Weißenberg], mit einer schwarzweißroten
Schleife geschmückt. Rechts davon ein Altar mit elektrischen Kerzen, links absonderliche, nie vorher gesehene Aufbauten geistlichen
Charakters.«

Das Museum aber sei kitschig:»Dieses Museum ist ein Kapitel für
sich, wert, von einem Zola beschrieben zu werden. Ein ungeheures
Gebäude, sauber, wohlkonstruiert, hell und hoch, Inhalt: Rumpelkammer. Die sinnloseste, abstruseste Zusammenstellung. Sechs-
undzwanzig Bilder der ›Trancemalerin‹ Grete Müller [...] Die
Gemälde stellen Vorgänge aus dem Evangelium Johannes dar, sind
roh, kindlich, ohne Phantasie und völlig kunstlos.

Was gibt es nicht noch alles. Eine Zimmereinrichtung aus Hirsch-
geweihen. Bilder der Kaiser Wilhelm I. und Friedrich III., zwischen
ihnen das des Meisters. Einen ausgestopften Rehpinscher, den Wla-

dimirorden II. Klasse, ein Bild des Kampffliegers von Richthofen und eines Wilhelms II., Bänder aus Pferdehaar, ein Gemälde aus Pelz, ein japanisches Bild aus Seide, darstellend den Fujijama ›Der weiße Berg Japans‹, ein Altar aus Schmiedeeisen, gestiftet von einem Schmied, früher ›Präsident des Vereins der durch Kurpfuscher Geschädigten‹, der aber jetzt ein ›Bruder‹ ist, Ölbilder, Stiche, ein Standbild des Großen Kurfürsten, viele Bibeln, alte schöne und neue häßliche, aber auch weiße gemusterte Strümpfe. Eine Rumpelkammer von gigantischem Ausmaß. Das Hauptstück ist eine riesige Gruppe, aus Holz geschnitzt und weiß lackiert, links Christus, rechts Weißenberg in einem Jackettanzug, vor ihnen zwei Engel und eine aufgeschlagene Bibel, überall elektrische Birnen, die durch buntes Glas leuchten. Anderthalb Jahre haben Brüder aus Wittenberg daran gearbeitet, unter ihnen ein Drechsler, alle aber inspiriert. Der Gesamteindruck ist: furchtbarste, erschreckendste Verrohung des Geschmacks.« (Siehe Abbildung 6)

. Daneben aber existierte die modernste technische Ausstattung der »Friedensstadt«:[170] Mit einem eigenen Garagenhof, eigener Feuerlöschapparatur, ausgedehnten Handwerkstätten, einer modernen Großwäscherei und einem leistungsfähigen Wasserwerk »marschiert die ›Stadt des Friedens‹ an der Spitze der bestausgerüsteten deutschen Großsiedlungen«. Besonders herausgestellt wird das großzügig gebaute Altersheim für Mitglieder der Weißenberg-Gemeinde, das mit zentraler Küche und einer eigenen Badeanlage, mit medizinischen und Brausebädern ausgestattet war. Versorgt werde die Friedensstadt durch Berliner Warenhäuser und durch eigenen Warenverkauf. Denn der Siedlung war auch eine Landwirtschaft angeschlossen, mit Meiereien, elektrischen Melkereien und einer Gartenbaumschule. Auch eine eigene achtklassige Schule besaß die Siedlung, mit einem großen Turnsaal, Brauseanlagen, Sternwarte und »besser ausgestattet als manches Berliner Pädagogium«. Ferner hatte Weißenberg dort eine Heilquelle entdeckt und wollte deshalb ein modernes Großsanatorium errichten.

General von Kuhlwein, 2. Bundespräsident des »Kyffhäuserbundes«, bestätigte nach einem Besuch im Jahre 1934 in einem internen Bericht[171], daß Weißenbergs euphorische Utopie von »Sonne, Luft und Haus für 20 000 Weißenberger« mehr als ein Traum war:

»Schon bei der Autofahrt von Großbeeren nach den Glauer Bergen fällt es auf, in welch tadelloser Verfassung die Landstraßen, Baumbestände, Abflußgräben, Entwässerungsanlagen usw. sich befinden [...] Die Siedlung Glaue liegt unmittelbar an den Südabhängen der Glauer Berge [...] Gepflegte Straßen mit Bürgersteigen – solide gebaute Ein- und Zweifamilienhäuser mit sauber gehaltenen Gärten – an den Glauer Bergen Anpflanzungen aller möglichen Baumarten – gutgepflegte Anlagen – auf der Höhe ein architektonisch schönes Restaurant mit großer Halle, Terrasse und herrlicher Aussicht nach dem Fläming – eine Schule für 600–700 Kinder, den modernsten hygienischen Ansprüchen genügend, mit Turnhalle, physikalischen Laboratorien, Baderäumen, Parkettböden – eine Waschfabrik, peinlich sauber, in welcher die gesamte Wäsche der Siedler gewaschen wird – ein Altersheim, ebenfalls hygienisch und sauber, mit luftigen Räumen, gut möblierten Zimmern, in denen sich die alten Leute wohl fühlen – ein Gebäude für 25 junge Ehepaare – ein im Bau befindliches Gebäude, in welchem ein Musterbetrieb mit 120 Kühen und gleichzeitiger Milchverwertungsanlage untergebracht werden soll – ein großer Maschinenraum für eigene Wasserleitung, eigenes elektrisches Licht – großer Fuhrpark mit verschiedenen Lastautos, Lokomobilen, Privatautos, Personenkraftwagen – moderner Saal, 4000 Personen fassend, mit großem Restaurationsbetrieb und Restaurationsgarten – eigene Feuerwehr usw. usw.

In der Siedlung wohnen 500 Menschen, die teilweise ihren Beruf in Berlin oder Umgegend ausüben, teilweise pensioniert sind oder von Weißenberg in eigenen Betrieben beschäftigt werden [...] Alle Arbeiten innerhalb der Siedlung (Zimmererarbeiten, Maurerarbeiten usw.) werden nur von den Mitgliedern der Bewegung ausgeführt. Ebenso wird das zu den Bauten notwendige Material in den Schlosserei-, Zimmerei- usw. Betrieben der Siedlung hergestellt. – Interessant ist das Museum, in welchem alle möglichen Geschenke seltener Art aus aller Herren Länder gezeigt werden; im großen und ganzen hat man eher den Eindruck eines Armee-Museums als desjenigen einer christlichen Bewegung.«

Weißenberg selber [172] setzte auf das Wachsen der Siedlung in »frischer Luft und herrlicher Gegend. Denn dieser Ort, den Ich da erkoren habe und ausersehen, soll der größte Luftkurort Deutschlands werden. Auch ein Brunnen, welcher einen Quell hat wie Salzbrunn, soll einstmals auf der ganzen Welt auch kundgegeben werden [...]«

Der Touristenstrom sollte auch zum Pilgerstrom werden hin zum Erlösungszentrum der Welt. Ihren spirituellen Mittelpunkt hatte die »Friedensstadt« in der »Urkirche Christi Waldfrieden«. 1932 zog der inkarnierte Christus Weißenberg selbst von der Gleimstraße in seine neue Gründung. An Pfingsten und am Geburtstag des »Meisters« trafen sich in seiner Siedlung 10–20000 Anhänger – einschließlich großer Chöre und Blasorchester – zur festlichen Verehrung, und die Festhalle am »Waldfrieden« mußte eine gewaltige Versorgungsaufgabe übernehmen. Hermann Anger, der als Fleischer mitarbeitete, hat die Details in seiner Erinnerungsschrift[173] liebevoll geschildert – einschließlich der 8000 Paar Bockwürste, die für den Festschmaus produziert werden mußten, und anderer irdischer Aspekte des »Neuen Jerusalem«.

Göttlicher Meister

»Die Evangelisch-Johannische Kirche nach der Offenbarung St. Johannes. Sie soll alles, alles überbrücken, sämtliche Religionen und Gemeinschaften der ganzen Erde, daß die Offenbarung St. Johannes in Erfüllung geht: Ein Hirt und eine Herde. Das ist mein Ziel«, spricht Weißenberg.[174] Er beanspruchte die Errichtung der Urkirche Jesu Christi im Zeitalter des Heiligen Geistes: Nach der Offenbarung des Vaters in Moses, des Sohnes in Jesus war jetzt die dritte heilsgeschichtliche Periode mit der Inkarnation des Heiligen Geistes in Weißenberg angebrochen. Ausführlich heißt es in einer Werbeschrift:[175] »Die [Evangelisch-Johannische] Kirche hat die dritte Lehre, die Lehre des Heiligen Geistes, oder die Johannische Lehre nach der Offenbarung St. Johannes, Kapitel 1–3. Gepredigt wird das Wort Gottes rein und lauter von Geistfreunden des Lichts über neue Zungen nach Markus 16, Vers 15–18 und Apostelgeschichte 2, Vers 4. Das Ziel ist die Überbrückung sämtlicher Kirchen und Zurückführung aller zersplitterten Glaubensgemeinschaften zu der Urkirche Christi [...] Das Werk der Endreformation, die gewaltigste nach der Offenbarung St. Johannes, betrifft den ganzen Erdkreis, geschieht nach dem Willen Gottes durch die Kraft des heiligen Geistes und kann von keinem Menschen dieser Welt unterdrückt werden, ebensowenig wie der natürliche Mensch die über die Welt sich jetzt ergießenden Plagen, die Gewalt der Elemente und Seuchen, verhindern kann. Die Erfüllung der Schrift wird sein: ›Ein Hirt und eine Herde, ein neuer Himmel und eine neue Erde‹!«

Weißenberg war immerhin diesem Ziel so weit nahe gekommen, daß von der »Weißenberg-Bewegung« 1932 behauptet wurde[176], sie sei »heute der Öffentlichkeit nicht mehr nur als die Gefolgschaft eines der vielen Apostel, die kommen und gehen, bekannt, sondern als die größte Sekte Deutschlands mit einer Anhängerschaft von mehr als 200 000 Mitgliedern unter der Führung eines oft verkannten und doch suggestiv tatkräftigen Mannes«.

Für seine Anhänger war Weißenberg der »Prophet und Hirte Fürst Michael, Elias und Johannes«, ja der Erlöser: »In früheren Jahren soll er die Verkörperung des Erzengels Michael gewesen sein, seit einer Reihe von Jahren jedoch eine Verkörperung des Heiligen Geistes, also der dritten Person der Gottheit. Seine Anhänger, die in der genannten Evangelisch-Johannischen Gemeinde zusammengefaßt sind, glauben fest an diese Behauptung Weißenbergs, der erklärt, daß er der Erkorene sei, um das Werk von Jesus Christus zu vollenden. Die Reformation Martin Luthers sei nur ein Stückwerk gewesen, und bei den Reformationsfesten, die jedes Jahr von der Gemeinde vielerorts in überfüllten Sälen abgehalten werden, meldet sich auch gewöhnlich der Geist Martin Luthers, der durch ein Medium sprechend bekundet, daß Weißenberg der neue Heiland sei, der das wahre Christentum auf Erden verwirklichen werde.«[177]

Für seine Anhängerschar war Weißenberg der »Göttliche Meister«, ein neuer Weltenheiland, die »Ewige Majestät«: »Joseph Weißenberg«, so liest man in einer neueren Gedenkschrift[178], »war kein Hellseher im landläufigen Sinne, kein Mensch, der ab und zu Gesichte hat. Er hatte wie Jesus Christus alle Gaben des Geistes, so wie Paulus sie im 1. Korinther-Brief, Kapitel 12 aufzeichnet. Das hebt ihn aus dem Kreis aller Propheten und Seher heraus.« Für die zeitgenössischen Verehrer [179] war er der »Endprophet« oder der »Geist der Wahrheit«, »der Heilige Geist im Fleische«, der Verheißene, der Erzengel »Fürst Michael«, der »Menschensohn«, Jesus Christus und die »Majestät Gottes«. Er beherrschte nach Auffassung seiner Anhänger als fleischgewordener Heiliger Geist und damit dritte Offenbarung Gottes »Hellsehen, Hellhören, Hellfühlen«, war »allgegenwärtig«, ein »Gebieter des Wetters« und »Herr über Leben und Tod«. Letzteres bezog sich nicht nur auf Krankenheilungen und Totenerweckungen, sondern schloß auch die Androhung des Jüngsten Gerichtes und des individuellen Todes für seine Widersacher wegen »Gotteslästerung« ein: »Und so haben auch jetzt schon einzelne Persönlichkeiten, die durch den ›Weißen Berg‹ über ihren Namen von geistiger Seite vergeblich zur Umkehr ermahnt wurden, durch die allgewaltige Hand Gottes ihren Tod gefunden.«

Er selbst sprach offenbar seltener von seiner Göttlichkeit. Ja, vor Gericht hat er ausdrücklich diese Göttlichkeit geleugnet und eingeräumt, er sei ein Mensch wie jeder andere und an der Verbreitung seines göttlichen Rufes nicht beteiligt. Auch einem evangelischen Pfarrer in Berlin, der bei Weißenberg anfragte, ob er denn tatsächlich die Verkörperung des Heiligen Geistes sei, antwortete er brieflich, er sei nicht göttlich, wenn er auch ein Tröpflein heiligen Geistes mehr als die anderen Menschen habe. Trotzdem sah es das Gericht als erwiesen an, daß Weißenberg aktiv den Glauben an seine Göttlichkeit und übernatürliche Sendung verbreite: Er lasse Veröffentlichungen dieser Art – besonders Trance-Reden seiner Medien – unkorrigiert in seiner Presse publizieren. Außerdem erlaube er, daß in seinem Museum in der »Friedensstadt« die Plastik eines segnenden Christus dargestellt werde, dem zur Seite Weißenberg mit ebenfalls segnend erhobener Hand stehe; rings um die Figuren aber laufe ein Schriftband mit einem Vers des Johannesevangeliums, das so angeordnet sei, daß genau über dem Kopf von Christus wie von Weißenberg jeweils das Wort »Gott« zu stehen komme (siehe Abbildung 6).

Weißenberg hat in der Tat zugelassen, daß seine Anhänger in seiner Gegenwart predigten: »Wie haben wir es doch so gut, daß wir nicht zu trauern brauchen wie die, die keinen Glauben haben, wir haben das lebendige Haupt des göttlichen Leibes, da wir die Gott-

6 »*Der Sektierer als Bruder des Heiland. Die kolossale Holzplastik, die Herrn Weißenberg im weißen Jacket und mit Büchern unter dem Arm neben die Figur Jesu Christi stellt, wurde von Weißenbergianern geschnitzt und für das Museum der ›Friedensstadt‹ gestiftet.*« (Aus: Friedrich Mellinger, *Zeichen und Wunder*, Berlin o. J., Tafel 57.)

heit des heiligen Geistes, den Verheißenen vom Vater und vom Sohne unter uns haben [...] Du Heiliger Geist, der Du uns erleuchtest, daß unser Weg zum Himmel weist durch Dein lebendiges Vorbild unter uns. Du Geist Gottes im Fleische. Ja, wir preisen Dich [...]« 1929, so lesen wir, sei der »Oberprediger« Carl Hück von Weißenberg mit der Ausarbeitung einer Gottesdienstordnung beauftragt worden; er habe dabei mit Weißenbergs Zustimmung den Schluß des zweiten Artikels des Glaubensbekenntnisses geändert in: »[...] von dannen Er *gekommen ist* [statt: kommen wird] zu richten die Lebendigen und die Toten«.[180]

Darüber hinaus hat er direkt seine Göttlichkeit vor den Anhängern bezeugt.[181] Als einer dieser Hinweise auf sein geistiges Königtum gilt die Formulierung seines Auftrags: »Ich habe unter meiner Krone niedergelegt: Ich will aus dem Allerschlechtesten etwas Gutes machen.« Vielleicht ist er erst über die Jahre in die Christusrolle hineingewachsen. Überraschend hielt er einem weißrussischen General, der ihn besuchte, aber »ungläubig« war, seine linke Hand hin und sagte wie nebenbei: »›Als ich am Kreuz hing, hatte ich in der linken Hand die stärksten Schmerzen.‹ Noch während die Anwesenden kaum fassen können, was der Meister da soeben ausgesprochen hat, bricht der Major vor ihm auf die Knie und schreit: ›Mein Herr und mein Gott!‹ Später erklärt unser Meister: ›Das war einmal der Kriegsknecht, der bei der Kreuzigung des Heilands den Nagel durch seine linke Hand getrieben hat.‹«

Der Hauptbeweis für die neue göttliche Inkarnation, den er seinen Anhängern nicht vorenthielt (er ließ sogar ein Foto davon verbreiten), war – mit Hinweis auf Jesaias 49,16 – die besondere Formung seiner Handlinien: »Die beiden Querlinien waren zu einer Linie, der sogenannten Durchschnittslinie, vereinigt, die auf sein Prophetentum hinweist. Über dieser Prophetenlinie wird in beiden Händen ein deutlich sichtbares Kreuz von mehreren Zentimetern Länge erkennbar.«

Unklar ist aus den Berichten, ob Weißenberg auch die Stigmata Christi trug. Ein Bericht seines Predigers Frithjof Rohr[182] scheint auf diese Möglichkeit hinzudeuten: »Es war ein stiller Abend in der Wohnung des Meisters. Unser Chefredakteur und Hauptgeschäftsführer Franz Kursowsky, der Verleger unserer Kirchenzeitung Karl

Andrykowski, [ferner] ein Freund unsrer Bewegung, der unserer Kirche aber nicht angehörte, und ich saßen am Tisch des Meisters. Ich weiß heute nicht mehr, wie das Gespräch entwickelt wurde, aber wir kamen plötzlich auf die Kreuzeszeichen in den Händen des Meisters zu sprechen. Der Glaubensfreund hörte davon zum ersten Male. Da fragte ihn der Meister, ob er die Hände einmal sehen wollte. Er bejahte es. Daraufhin stand der Meister auf, ging zu ihm hin, legte ihm die Hände vor und zeigte ihm in beiden Händen das Zeichen des Kreuzes und die sogenannte Durchschnittslinie. Bruder Andrykowski sagte dabei, daß der Meister auch die Speerstichnarbe an der Seite hätte. Der Meister sah den Freund an und sagte dann: ›Ich will sie dir zeigen.‹ Der Meister ging ins Nebenzimmer, entkleidete sich dort, soweit es notwendig war, und kam wieder zurück, und auch ich sah die Speerstichnarbe. Sie lag an der rechten Seite direkt unter der untersten Rippe. Die Haut war ganz glatt, so daß von einer Operationsnarbe oder Unfallnarbe keine Rede sein kann. Die Wunde zeichnete sich vielmehr unter der Haut in der Bauchmuskulatur ab. Es sah so aus, als wenn ein handbreiter Speer von schräg unten nach oben in den Körper hineingestoßen und wieder zurückgerissen worden wäre. Der Muskel war an dieser Stelle also unter der Haut durchschnitten und so nach außen gestülpt, daß der Schnitt deutlich erkennbar war. Der Meister konnte aber beide Muskelteile einzeln bewegen, so daß sich diese Wunde öffnen und schließen konnte, jedoch unter der Haut. Über dem Ganzen, das sei noch einmal betont, war die unverletzte Haut gespannt, so daß dieses Zeichen von Geburt an beim Meister war. Wer dieses Zeichen sah, konnte zu gar keinem anderen Schluß kommen, als daß es tatsächlich die Speerstichwunde Christi sei. Der Freund, dem der Meister diese gezeigt hatte, war katholischen Glaubens. Er sprach nur die Worte: ›Ich bin erschüttert.‹ Wir aber waren es auch, und schweigend sahen wir uns an. Mir sagte der Meister noch, wenn ein Mensch irgendwo in der Welt über seine Speerstichwunde spräche, empfände er im gleichen Augenblick starke Schmerzen. Darum behielten wir diese Offenbarung in unseren Herzen.«

Eine besondere Rolle war auch für das Hauptmedium Weißenbergs, Grete Müller, vorgesehen. Er lebte mit der 1882 geborenen Tochter eines Berliner Buchhändlers und Verlegers, die durch ihn von einem Magen- und Leberleiden geheilt worden war, seit 1909 zusammen: »Eine wohlgenährte Frau in mittleren Jahren, über dem fetten Gesicht ein gerader Scheitel aus schwarzen Haaren, lange spitze Nase über dem verkniffenen Mund. Die Augen haben etwas Besonderes, etwas Stechendes, wie man sagt, abergläubische Italiener würden ihr mal occhio fürchten. Der starke untersetzte Körper ist von einem gut geschnittenen, korrekten blauen Kleid umhüllt«, schreibt Olden.[183] Sie hatten zwei Töchter, die 1911 geborene Frieda und die 1912 geborene Elisabeth Müller, beide angeblich vom Heiligen Geist und ohne Verlust der Jungfernschaft empfangen. »Schwester Gretchen« wurde von den »Weißenbergern« als »unsere Mutter Gottes Maria« verehrt, und in ihren Kindern die beiden »Zeugen« der Johannes-Apokalypse (Off. 11, 4), die »Ölzweige« (nach Ps. 128, 3) oder die »Ölkinder« (nach Sach. 4, 3. 11 – 14) gesehen. Weißenberg-Jesus/Heiliger Geist, Müller-Maria und die Kinder waren darüber hinaus wohl die verlebendigte, das heißt inkarnierte Heilige Familie.

Zur christlichen Deutung von Weißenbergs Rolle kam die theosophische. Die von Weißenberg vertretene Reinkarnationslehre – 70- bis 80mal müsse eine Seele auf die Erde kommen – zeigt, daß auch ihm theosophische Positionen nicht fremd waren. Allerdings begründete er sie biblisch mit dem angeblichen Hinweis des Heilands auf die Seelenwanderung des Propheten Elias in den Johannes (Matth. 11, 14). Die eigentliche theosophische Stilisierung seiner Person zum »Weltenlehrer« (zu dem die theosophische Gesellschaft ja ursprünglich Krishnamurti bestimmt hatte) ging aber von dem Astrologen und Theosophen »Professor« Martin Karpinski aus: »Prof. Karpinski, der nach seiner eigenen Schilderung erst nach langem Suchen und inneren Kämpfen sich als ein Jünger Weißenbergs bekannte, geht nun in seinen öffentlichen Vorträgen sehr geschickt zu Werke. Er beginnt gewöhnlich vom astrologischen Standpunkte, indem er die verflossenen Zeitalter behandelt, wie sie durch die Präzession der Äquinoktien durch die Tierkreiskonstellationen angedeutet werden, das Stier-Zeitalter, dasjenige des Widders, der Fische und daß wir jetzt in dasjenige des Wassermanns treten. Er gibt die Merkmale eines jeden Zeitalters und wie jedes derselben durch eine große geistige, von der Gottheit ausgesandte Wesenheit eingeleitet werde. Der Abgesandte für das Wassermann-Zeitalter sei nun Weißenberg, der die gleichen und höheren Kräfte besitze wie sein Vorgänger Jesus Christus.«[184]

Der bekannte Weimarer Astrologe Wilhelm Becker[185] hat Weißenbergs Horoskop untersucht, ausgehend von einer angeblichen Geburtszeit »kurz vor Mitternacht«, durch die seine Anhänger »hervorheben, daß seine Geburt um die gleiche Tages-, richtiger Nachtzeit erfolgt sei, wie diejenige des Heilandes«. Becker entnimmt dem Horoskop die übernatürlichen, »kosmischen« Fähigkeiten Weißenbergs, aber auch die Gefahr von Urteilsfehlern: »die eigene Ansicht und die Bedeutung des Ichs werden auch manchmal überschätzt«. Zur Frage, ob Weißenbergs Behauptung, daß er die Verkörperung des Heiligen Geistes sei, astrologisch begründet werden könne, meint Becker (der immerhin auch in seinem »Astrologischen Verlag« ein fremdverfaßtes »Horoskop von Jesus Christus« veröffentlicht hatte) vorsichtig: »Diese Frage wird man astrologisch nicht mit Bestimmtheit und endgültig beantworten können, aus dem einfachen Grunde, daß die Lehrbücher und Regeln sich nicht mit diesem Falle befassen und die Erfahrung hierüber keine ausreichende Erkenntnis dem einzelnen Astrologen bieten kann. Weltenlehrer werden nur in sehr langen Zeitabständen geboren, und wir besitzen keine authentischen Horoskope über sie, die uns einigen Anhalt bieten könnten. Wir sind daher auf unsere eigene Intuition angewiesen, aber wir neigen persönlich der Ansicht zu, diese Frage zu verneinen. Der Leser möge diese Ansicht jedoch nicht als maßgeblich betrachten [...]«

Katholische und evangelische Gläubige hatten wiederholt versucht, ihre Kirchen zu veranlassen, gegen Weißenberg wegen seiner Behauptung, er sei eine Inkarnation des Heiligen Geistes, Strafantrag wegen Gotteslästerung zu stellen. Doch man war hier der Meinung, dies würde Weißenberg nur zum Märtyrer machen und seine Bewegung stärken. »Man glaubt in diesen Kreisen, daß mit dem Ableben des ›Meisters‹ die ganze Bewegung eines natürlichen Todes sterben werde. Ob dem so sein wird«, fügt der vorsichtige Becker hinzu, »wird die Zukunft zeigen. [...] Über der Behauptung Weißenbergs, daß er die Verkörperung des Heiligen Geistes sei, der von vielen, von Angehörigen aller Religionen erwartete Weltenlehrer, darüber wird ein Höherer, der über Weißenberg und der übrigen Menschheit steht, das Urteil fällen und die Weltgeschichte wird es registrieren.«

Kirchengründer

Zunächst wollte Weißenberg seine Anhänger als Sauerteig in den bestehenden Kirchen wirken lassen, gemäß einem schon 1905 brieflich formulierten Auftrag: »Wie zu einer Stadt aus ihrer Umgebung verschiedene Wege führen, so hat auch Gott verschiedene Mittel und Wege zur Führung des Menschengeschlechts«; darum »Johannische Christenheit, erkenne dein Ziel in der Überbrückung der Konfessionen durch die Liebe.«

Dann aber führten Auseinandersetzungen Weißenbergs mit der evangelischen Geistlichkeit in den Jahren 1925/1926 zu seinem und seiner Anhänger Kirchenaustritt im Jahre 1926. Es ging dabei vor allem um die erfolgreiche Bemühung des evangelischen Superintendenten Kriebel in Forst/Lausitz (unterstützt von einer »Landeskirchlichen Vereinigung«), bei den Kirchenwahlen von 1925 den Wahlvorschlag der Weißenberger gemäß »Kirchlichem Gemeinde-Wahlgesetz« nachträglich zu annullieren, nachdem er zunächst vom Gemeindekirchenrat nicht beanstandet worden war und die Anhänger Weißenbergs – trotz scharfer Gegenpropaganda – einen Sitz im Kirchenrat und neun Sitze in der Gemeindevertretung gewonnen hatten. Es ist dem Superintendenten nach eigener Aussage [186] darum gegangen, einen deutlichen Trennungsstrich zwischen der Kirche und Weißenberg zu ziehen. Gegen Weißenbergs Anhänger wurde dabei – unterstützt durch den preußischen Generalsuperintendenten Otto Dibelius – vorgebracht, sie seien Sektierer, verehrten Weißenberg als Gott beziehungsweise als Inkarnation des Heiligen Geistes, glaubten an die Seelenwanderung und praktizierten bei ihren Berliner Gottesdiensten das Zungenreden. Die Weißenberger waren nicht bereit, ihrem Glauben abzuschwören; Weißenberg war aber nicht auf die Trennung erpicht, sondern suchte sich mittels der

Androhung des Kirchenaustritts und den dadurch bewirkten Ausfällen der Kirchensteuer doch noch durchzusetzen, wobei er vielleicht nicht ganz zu Unrecht darauf hinweisen konnte, daß seine Anhänger aktive, die Kirchen füllende Christen seien und so deren Musealisierung verhinderten (so mußte Kriebel zugeben, der Andrang von Neugierigen sei bei den Bibelstunden der Weißenberger groß gewesen, dagegen sei bei seinen eigenen Stunden und denen seines Kollegen nur eine geringe Teilnahme zu verzeichnen). Insbesondere sei es ihrer Geldspende und ihrem Einsatz zu verdanken, daß die neue evangelische Garnisonskirche in Berlin (Kaiser-Friedrich-Platz) nicht verkauft und das Predigerseminar und die Schloßkirche in Wittenberg nicht geschlossen wurden. »Wer wird nun [...] die [Berliner?] Dreifaltigkeitskirche, den Dom, die Nikolai- und Marienkirche retten, die der Geheime Konsistorialrat Professor D. Mahling zu Wohnungen hergeben möchte, weil, wie er sagt, die Kirchen zu spärlich besucht werden und der Unterhalt derselben unnötig Geld kostet. Und nicht zu vergessen, unsere Stadtkirche in Forst ist nebenbei schon längst ein Konzerthaus geworden [...]« Doch der Einspruch der Weißenbergschen »Vereinigung« gegen die Annullierung der Wahlergebnisse wurde vom Kreissynodalvorstand (unter Vorsitz des Superintendenten) mit einer etwas haarspalterischen Begründung zurückgewiesen, und die evangelische Kirche blieb hart, selbst als 110 Weißenberg-Anhänger in Forst – darunter auch wohlhabende Bürger (Fabrikbesitzer), welche durch die Heiltätigkeit eines »Werkzeugs« für Weißenberg gewonnen worden waren – demonstrativ aus der Kirche austraten. Darauf wurde ihnen der Kirchenacker gekündigt und ihre Kinder aus dem Konfirmandenunterricht verwiesen. Insgesamt verließen nach Kriebels Angabe in Forst zwischen 1925 und 1928 130 bis 200 Weißenberg-Anhänger die evangelische Kirche (vom »letzten Fadenleger in der Fabrik« bis zum Tuchfabrikanten selbst); die publizistische und juristische Kontroverse über den Fall zog sich noch bis 1929 hin.

Zu einem ähnlichen Konflikt kam es in Wittenberg, wo 1924/1925 die Weißenberg-Bewegung 400 bis 450 Mitglieder zählte und es ebenfalls schaffte, zwei davon in den Kirchenrat zu wählen. Auch hier wurde die korrekt durchgeführte Wahl angefochten und die beiden Gewählten nach öffentlicher Diffamierung durch einen Beschluß der obersten kirchlichen Landesleitung aus dem Kirchenrat ausgeschlossen. Dann wurden die Weißenberger vor die Alternative gestellt, sich entweder von ihrem »Meister« loszusagen oder aus der Kirche ausgeschlossen zu werden; auch hier wurden ihnen künftig kirchliche Räume als Versammlungsorte ausgeschlagen und der von ihnen gepachtete Kirchenacker gekündigt. Nachdem ihnen auch das Abendmahl verweigert worden war, das Konsistorium einen dagegen gerichteten Einspruch Weißenbergs verwarf, auf ein von ihm darauf gestelltes Ultimatum nicht reagierte und ihn auf eine erneute Beschwerde auch keiner Antwort mehr würdigte, hielt Weißenberg endlich die Zeit für eine Trennung gekommen. Ein scharfer, mit Weißenberg abrechnender Artikel in den evangelischen Kirchenzeitungen (»Die Weißenbergianer«) beschleunigte noch seinen Entschluß: Nicht mehr nur Austritt, Übertritt sollte fortan die Losung sein.

Daraufhin fand noch 1926 unter Weißenbergs Leitung die »zweite Reformation« statt, und die »Evangelisch-Johannische Kirche nach der Offenbarung St. Johannes« (erst 1946 grammatisch korrigiert in »St. Johannis«) wurde gegründet. Am Reformationstag 1926 wurde in Berlin-Steglitz der erste »Kirchentag« dieser »gereinigten Kirche« begangen. Der »Verlag des Evangelischen Preßverbandes für Deutschland zu Berlin« ließ zu diesem Anlaß eigens ein Flugblatt »Erschließt Weißenberg Wege ins Jenseits?« verteilen[187], um die evangelischen Christen vom Besuch der sechs großen Weißenberg-Versammlungen in Berlin abzuhalten.

Das Besondere dieser neuen »Kirche« kam allerdings in ihrer Satzung[188] nicht zum Ausdruck. Dort hieß es: »Zweck des Vereins ist die Verkündigung und Betätigung der christlichen Religion, insbesondere nach St. Johannes. Dieser Zweck soll auf Grundlage des Art. 137 der Verfassung des Deutschen Reiches vom 11. August 1919 [über die »Religionsgesellschaften«; Hauptziel für die Weißenberg-Kirche war dabei die Anerkennung als öffentlich-rechtliche Körperschaft mit dem Privileg der Kirchensteuer-Erhebung] sowie nach den Hauptgrundsätzen der neuen Kirchenverfassung erreicht werden, wonach die Kirche sich aus der Gemeinde aufbaut und die in dieser lebendigen Kräfte des Glaubens zusammenfassen soll, und zwar als Volkskirche mit dem Ziel einer einheitlichen christlichen Kirche.« Nichts stand in der Satzung über die herausragende Rolle Weißenbergs und seine Theologie: Weißenberg hatte als neuer Luther die dritte und letzte Kirche gegründet. Nach dem Zeitalter des Vaters und Sohnes begann damit das durch ihn verkörperte Zeitalter des Heiligen Geistes. Seine Anfälligkeit für Spekulationen eines »Dritten Reichs« sollte später gefährliche politische Folgen zeitigen.

Weißenberg hat seine Kirche bis zu seinem Tode »theokratisch« geleitet: An der Spitze stand der »Meister«, unter ihm ein »Oberkirchenrat« und ein »Konsistorium« mit zahlreichen »Obergeist-« und »Geistpredigern«. Als Hauptgeschäftsführer wirkte von 1926 bis 1935 Franz Kursowsky. Fast 400 Gemeinden hat Weißenberg bis 1935 in Deutschland gründen können, überwiegend in Berlin, in Ost- und Mitteldeutschland. Ihre Mitgliederzahl wurde meist auf zwischen 60 000 und 120 000 Gläubige geschätzt (Ende 1929 sprach Kursowskys Rechtsanwalt von mindestens 70 000 Anhängern), etwa 40 000 davon in Berlin (ihre dortige Hochburg war der Stadtbezirk Steglitz; verbreitet war die »Kirche« auch noch in den Berliner Bezirken Reinickendorf, Tegel, Borsigwalde, Hermsdorf und Spandau). Die zehn im Jahre 1934 bestehenden Kirchen-Bezirke zeigen die Schwerpunkte der Verbreitung in Deutschland: Berlin-Nord, Berlin-Süd, Eberswalde, »Friedensstadt«, Kreuz-Quartschen-Küstrin, Lausitz, Rathenow, Sachsen, Stettin und Wittenberg. Der Kirche angeschlossen waren der »Kriegerverein ›Ewiges Leben‹«, die »Evangelisch-Johannische Frauenhilfe«, Jugendverbände, Kapellen und Chöre.

Weißenbergs Anhänger stammten meist aus dem protestantischen Milieu Preußens und waren in der Mehrzahl »kleine Leute«. So berichtete ein Gerichtsgutachter [189] 1926 von einem Besuch einer Veranstaltung Weißenbergs in »Haberlands Festsälen« in Berlin (Neue Friedrichstraße), die mit mehr als 1000 Besuchern überfüllt waren: »Das Publikum hatte durchweg kleinbürgerliches Gepräge. Frauen bildeten die Mehrzahl, doch war die Zahl der männlichen Teilnehmer keineswegs klein. Auffallend war die große Zahl der Kinder und jungen Mädchen. Die meisten Frauen trugen Broschen mit Bildern des ›Propheten‹, einige Männer an der Außenseite des

Rockes ein kleines metallenes Kruzifix.« »Am Eingang des Saales«, ergänzte ein anderer Gutachter, »sind auf langen Tischen die Zeitschriften der Gemeinde und andere Druckschriften, ferner massenhaft Bilder des Propheten, seine Gesundheitstees u. a. zum Verkauf ausgelegt. Einige ›Brüder‹ und ›Schwestern‹ bedienen die sich herandrängenden Gläubigen, geben Auskunft, kassieren Beiträge ein usw. Das Ganze macht den Eindruck guter geschäftlicher Organisation.« In Berlin zumindest gingen Frauen auch von Haus zu Haus, verteilten seine Flugschriften und forderten jeden auf, »zu Weißenberg, dem Meister, Propheten, Heiland und Seelenretter zu kommen«.

Erfolgreich war Weißenbergs »Kirche« aber auf dem flachen Lande: Anläßlich eines Prozesses [190] wird aus Hohenfinow bei Falkenberg in der Mark Brandenburg berichtet, daß sich die Anhänger vor allem aus dörflichen »Häuslerfamilien« rekrutierten, die zum Rittergut der Bethmann Hollwegs gehörten – die Männer als Landarbeiter, ihre Frauen als Melkerinnen usw. Die organisatorische Struktur sah dort so aus, daß Weißenberg für Eberswalde und Umgebung einen Polizeiwachtmeister im Ruhestand als sein »Werkzeug« (gewerblich als »Heilmagnetiseur« angemeldet) eingesetzt hatte und dieser etwa alle 14 Tage Andachten in einem Gasthof in Gersdorf hielt. »Sein Anhängerkreis«, so das Gericht, »erstreckt sich auch auf fast alle umliegenden Ortschaften« einschließlich Hohenfinow. Die erfolgreiche Reklame geschah hier wie in anderen Fällen durch die »Wunderheilungen« Weißenbergs (mittels Ferneinwirkung oder durch Tagesfahrten in seine Berliner Praxis) bzw. durch das von ihm vor Ort autorisierte »Werkzeug«.

Weißenbergs konservative Ideologie half ihm bei der Mitgliederwerbung zusätzlich. Bereits zur Gründungszeit machte er den politischen Standort seiner »Kirche« durch die Wahl der Farben klar: »Schwarz-Weiß-Rot sind die Glaubensfarben, die dem auserwählten Geschlecht durch die Vorsehung Gottes gegeben wurden. Schwarz ist die Erde, weiß die Unschuld, das lichte Gewand der Gottheit! Rot ist das vergossene Blut Jesu Christi! Darum hält die Evangelisch-Johannische Christenheit das Banner ›Schwarz-Weiß-Rot‹ hoch in Ehren. Nur unter diesem Glaubensbanner, der Flagge mit den Farben der ewigen Wahrheit, wirst du erlesenes Volk, das

Geschlecht der priesterlichen Rasse, wieder hochgerichtet und zum Siege geführt werden. Wem es gegeben ist zu verstehen, der wird es verstehen. Diese Farben sind biblisch (siehe Sacharia Kap. 1 und 6 sowie Offenbarung Kap. 6).«[191]

Der Reformator Weißenberg, so lesen wir in einer späteren Darstellung über seine Kirchengründung[192], »baut auf der Bibel auf, die in der Übersetzung Martin Luthers für ihn ›Richtschnur der menschlichen Daseinsstufe‹ ist. Er erklärt und vertieft die biblische Botschaft vom Reiche Gottes und entwickelt sie weiter, so insbesondere die Lehre vom Fortleben der Seele nach dem Tode und die Lehre von der Wiedergeburt (Reinkarnation).« Achtzigmal oder mehr kommt die Seele auf die Erde zurück, um sich auf Erden zu bewähren und die hier gewonnene geistige Kraft dann ins Jenseits hinüberzunehmen. Dieses Jenseits liegt unmittelbar nahe, ist mit dem Diesseits verklammert. Im Jenseits lebende Seelen wirken dauernd auf das Denken, Fühlen und Handeln der Menschen ein, im guten wie im schlechten Sinne, versuchend und schützend. Dabei sind es besonders die noch unerlösten bösen Geistwesen, die uns mit Krankheiten belasten. Geistliches Heilen kann diese schädlichen Einflüsse brechen. Die »Engel des Lichts« wiederum sprechen in »Geistfreunde-Reden« – als Fortsetzung des Pfingstwunders und der biblischen Glossolalie (Zungenreden) – zur Weißenberg-Gemeinde mittels Trance-Medien.

So ähneln seine Gottesdienste und Versammlungen spiritistischen Sitzungen. Der Ablauf der Messe hat sich bis heute nicht geändert, wenn sie auch ihre »anarchischen« Züge inzwischen verloren hat: »In den Gottesdiensten der Johannischen Kirche sprechen Laienprediger, die vom Oberhaupt in ihr Amt gerufen werden [...] Die Prediger sprechen in den Gottesdiensten nicht nach vorbereitetem Manuskript oder vorgeschriebenem Text, sondern frei, durch Engel (Geistfreunde des Lichts) inspiriert. Dadurch gewinnt jeder Gottesdienst ein eigenes Maß an Spontaneität und Enthusiasmus, obwohl er äußerlich in festgelegter Form abläuft. Er beginnt mit der Begrüßung der Anwesenden, dem gemeinsamen Vaterunser, einem Lied des Gemeindechores und dem Gesang der Gemeinde. Es folgt die Predigt, der sich Chorlied, Gemeindegesang, Dankgebet und Segenserteilung anschließen.« Ursprünglich war es Weißenberg selbst, der in den Versammlungen die meist weiblichen Medien »einschaltete« und auch wieder »ausschaltete«, Teufel austrieb und Wunderheilungen vollbrachte.

Ein Bericht von 1926[193] gibt die Stimmung einer solchen Veranstaltung authentisch wieder: »Zehn Minuten vor acht beginnt es. ›Meister‹ weiß: alle sind da, pünktlich, niemand wird jetzt noch kommen. Man sieht nur die Rücken der Vornesitzenden.

Ein Chor singt … Jetzt … primitiv, schlicht, spricht der ›Meister‹, er nennt eine Liednummer, die Gesangbücher öffnen sich, die Verse werden abgesungen, ein verstimmtes Klavier begleitet dazu. Das Lied ist zu Ende. Die Gesangbücher werden zusammengeklappt.

Stille, Totenstille, einige haben den Kopf auf die Brust gesenkt, einige haben neugierig oder ein wenig ängstlich die Hälse gereckt. Totenstille. Großes Warten. Jetzt werden die Geister der Verstorbenen kommen … Warten … Totenstille … nur schweres Atmen …

Plötzlich unten ein Ton, wie ein Lachen. Der erste ›Geist‹ ist in einen gefahren. In eine Frau. Jetzt beginnt sie mit hoher unwirklicher verkrampfter Stimme zu predigen … Das waren die letzten Worte dieses Geistes: ›Wer aber gläubig ist, der folge mir nach.‹ Man vergaß die abwartende Ruhe, zu der man verpflichtet war, sprang auf und über einen Rücken gelehnt sah man jetzt (von der Empore aus) auch unten das Bild.

Auf dem Tisch der dreiarmige Leuchter mit den unruhig flackernden Kerzen … In der Menge im Saal, in den Stuhlreihen, die Männer und Frauen.

Das Gewimmer wird leiser, die Geister sind zum größten Teil ausgetrieben. Immer wieder befiehlt der ›Meister‹: ›Ich schalte aus! Ich schalte aus.‹ Ein Mann bedankt sich bei ihm, daß er seinen Teufel gebannt hat. Das Gewimmer wird leiser, jetzt bleibt nur noch einer. Das ist der ›Geist eines verstorbenen süddeutschen Pastors‹. Er ist in einen kleinen behäbigen Mann gefahren, der predigt …

Verschiedene Geister treten hier auf, fahren ein. Der ›Meister‹ bannt, befragt den ›Geist‹ nach Name und Art, verkündet dann, gibt dem ›Geiste‹ je nachdem Sprecherlaubnis.

[…] Der ›Meister‹ pustet und bestreicht und schlägt zu, wo der ›Geist‹ nicht weichen will. Das alles steht hier nicht zur Debatte, diese Zeilen sollen nicht mehr sein, als ein Referat von einer merkwürdigen Erscheinung der Weltstadt, von einem ›Geisterbeschwörer‹, von einer Sitzung mit ›Besessenen‹ in einem Saal, an dem während der Geisterbeschwörung von Zeit zu Zeit die Stadtbahnzüge vorüber brausen. Mit dem Donner der Technik ...«

Ähnlich schildert 1929 ein ebenso skeptischer Beobachter die Vorgänge[194], wobei deutlicher die »politischen« und »erotischen« Aspekte der Veranstaltungen sichtbar werden: »[...] dicht gedrängt, auf harten Stühlen schwitzend, harren die Gläubigen ihres Meisters, während von der Bühne her ein gehrockbekleideter Posaunenchor Schauer der Ehrfurcht und falsche Noten auf das wehrlose Publikum losbläst. Ein langer Tisch, an und vor dem die Honoratioren sitzen: Zwei ältere, grauhaarige Frauen in Reformkleidern, ein würdiger Oberkonsistorialratstyp mit melancholisch hängendem weißem Schnauzbart und zwei recht erfreulich aussehende junge Mädchen mit Schneckerln und jugendbewegten Gewändern angetan. Der Meister aber ist ein kleiner rundlicher Mann, der seinen Spitzbauch geschickt unter einer wallenden Weste versteckt.

Als erste Nummer wird der würdige Oberkonsistorialrat in Trance versetzt. Und der Geist des ollen ehrlichen Husarengenerals Ziethen aus dem Busch verkündet durch seinen Mund, daß Deutschland ein neuer Krieg aus dem Osten her droht [...] Das Medium schreit alle diese unsinnig erregten Worte mit einer heiser belfernden Stimme in den Saal. Sein buschig grauer Schnurrbart zuckt. Die grobknochigen Hände fahren krampfig in der Luft umher [...] Eine Frau im Publikum fährt schreiend in die Höhe, die Hand zum militärischen Gruß erhoben. Und in kurzen hysterischen Schrillauten entlädt sich eine furchtbar neurotische Spannung [...] ›Die Schwestern sind eingeschaltet‹, erklärt mir der Sekretär. Und nun gehen im ganzen Saale Dutzende hysterischer Frauen von ihren Stühlen hoch. Fuchtelnde Arme, verzerrte Gesichter! Ein wildes, nervenzerreißendes Hu-Geschrei in den qualvollen Tierlauten schmerzvoll Gebärender und mit dem dumpfen Angstwolluststöhnen Vergewaltigter. Eine Frau marschiert, die Beine wie eine Marionette werfend, den Mittelgang auf und ab und verlangt dringend nach dem Herrn Jesus. Der göttliche Meister aber scheucht seine entfesselten Anbeterinnen wie eine Herde gackernder Hühner zur Ruhe und dann schaltet er den General Ziethen aus, der auf die

Knie niederfällt und ihm die Hände und Rockschöße beküßt: ›O du mein Gott und Erlöser!‹ Der kleine dickliche Meister steht in diesem rasenden Geschrei einer gotteslästerlichen und pathologischen Verehrung unbeweglich und selbstverständlich.«

Aus gerichtlichen Zeugenaussagen wissen wir, daß Weißenberg in der Lage war, nicht nur den Ablauf der Veranstaltung, sondern insbesondere auch die Trance-Reden der »Werkzeuge« zu steuern: Weißenberg »schaltete« sie »ein« und auch wieder »aus« (wie es in Abbildung 7 zu sehen ist) und bestimmte damit die Länge der »Geistfreund-Reden«. Er leitete sie mit stereotypen Wendungen ein: »Mach es so, wie Du es sonst gemacht hast bei Lebzeiten, tritt fest auf, Mund auf, hör bald auf.« Die Reden wurden nur von Personen gehalten, die Weißenberg als dafür geeignet erkannt, ausgewählt und bestimmt hatte. Es waren also immer dieselben Medien, die auftraten. Ein Gerichtsgutachter meinte dazu:[195] »Die Auswahl an Geistfreunden ist offenbar nicht sehr groß, wohl weil die nicht zahlreichen brauchbaren Werkzeuge ihre Darbietungen aus intellektueller Beschränkung heraus nicht weiter variieren können. Man beschränkt sich deshalb auf jedem einfachem Gemüt bekannte Verstorbene, wie die Königin Luise, Martin Luther, Freiherrn von Richthofen, den Erzengel Gabriel, Napoleon [...] Inhaltlich ähneln sich die Mitteilungen der Geister sehr.« Diese Aussage muß insofern korrigiert werden, als sich sicher an die 50 »Geistfreunde« – in der Tat fast alles bekannte Persönlichkeiten aus der heiligen und profanen Geschichte – zu Wort meldeten. Ihre Aussagen wurden protokolliert und in den Kirchenzeitschriften Weißenbergs, in »Die Wahrheit«, »Die Johannes-Botschaft« und »Der Weiße Berg« (Auflage der letzteren zwischen 5000 und 20 000) verbreitet; zumindest in Berlin wurden diese Zeitschriften an den meisten öffentlichen Zeitungsständen verkauft. Bedeutsam ist dabei die Tatsache, daß die beschworenen Geister häufig Politiker waren – allen voran der Fürst Otto von Bismarck –, die den Gemeindemitgliedern auch politische Ratschläge gaben. Dank den überlieferten Stenogrammen dieser Reden wissen wir Genaueres von der schwarz-rot-goldenen Ausrichtung der »Geistfreunde« im Jenseits.

141

7 *Gottesdienst in der Weißenberg-Kirche:*
Weißenberg erweckt Frauen aus dem Trancezustand (Der Weltspiegel, 1929).

Der ewige Preuße

»Ich bin heute noch Soldat wie in meinen Jugendjahren«, schreibt Weißenberg 1927 im gedruckten »Lebenslauf«, und faßt seine diesbezüglichen autoritären Erfahrungen kritiklos zusammen: »Der Gemeine muß vor dem Gefreiten die Knochen zusammennehmen. Disziplin! Gehorsam! Das muß auf der Tagesordnung stehen! Und daß wieder eine gewaltige Hand das deutsche Reich regiere und führe, daß das deutsche Vaterland möge grünen und blühen, daß alle Soldaten wieder ausrufen können: *Ich bin ein Preuße, will ein Preuße sein!* Das ist Mein Wahlspruch: *Deutschland, Deutschland über alles, über alles in der Welt!*« Merkwürdig mutet freilich an, daß Weißenberg an der Rückwand seines Sprechzimmers in der Gleimstraße einen schönbunten Farbendruck hängen hatte, der den Schauspieler Max Pallenberg in seiner Glanzrolle als »Braver Soldat Schwejk« darstellte und von Weißenbergs Sekretär angeblich mit dem »Göttlichen Meister« selbst identifiziert wurde.

Doch die Soldatenspielerei nahm bei Weißenberg weit ernstere Züge an:[196] Am 1. Februar 1929 gründete er einen »Kriegerverein ›Ewiges Leben‹ E. V. Verein deutscher Männer. Sitz: Festung Spandau«. Der Name des »Männerbundes« war der dritten Strophe des Liedes »Ich hatt' einen Kameraden« entnommen (Hervorhebung durch den Verf.):

> »Will mir die Hand noch reichen,
> Derweil ich eben lad,
> Kann dir die Hand nicht geben,
> Bleib du im *ew'gen Leben*,
> Mein guter Kamerad.«

Das Vereinssymbol waren Schwert und Kreuz, umgeben von einem Eichenkranze. In der Vereinssatzung war als Zweck der Gründung genannt: »Förderung des Nationalbewußtseins, der Liebe zum deutschen Vaterlande und des Glaubens an ein einiges Deutschland auf Grund der Bibel«. Vom Mitglied wurde erwartet, daß es »bereit ist, das deutsche Vaterland in Gedanken, Wort und Tat mit seinem

Herzblut zu schützen, sei es zu Wasser, zu Lande oder in der Luft«. Voraussetzung der Mitgliedschaft war neben »deutschem Denken« die Zugehörigkeit zur »Evangelisch-Johannischen Kirche nach der Offenbarung St. Johannes«.

Unter dem »Vorstand« von Oberstleutnant Paul Hellwig als Teil der »Reichsleitung« war dieser Kriegsveteranenverein straff gegliedert in »Gaue« oder »Abschnitte« und »Ortsgruppen«, die wohl auch die geographische Verbreitung der Weißenbergschen Kirche widerspiegeln. 1933 umfaßte der Verein 10 Gaue mit 75 Ortsgruppen und etwa 3000 Mitglieder; eine detaillierte Auflistung von 1934 weist eine Zunahme auf 14 Abschnitte und 81 Ortsgruppen mit über 3100 Mitgliedern aus.

Unbekannt ist, was Weißenberg zur Gründung des Vereins veranlaßte. Vermutlich ging es ihm nicht nur um eine zusätzliche vereinsmäßige Abstützung seiner religiösen Zielsetzungen, sondern auch um politische Zwecke. Das im November 1928 von der Reichswehrleitung ausgesprochene Verbot an alle Reichswehrangehörigen, weiterhin Mitglieder in der »Evangelisch-Johannischen Kirche« zu sein, da es sich bei ihr um ein »politisches Gebilde« handle, dürfte ursächlich mitgespielt haben. In jedem Falle aber war der neue Verein eine gute Sache für die Propaganda.

Man sieht dies sehr schön bereits vor der Gründung des Kriegervereins anläßlich der Bestattung eines Majors von Santen[197] Mitte 1927 in der »Friedensstadt«. Der Major war Mitglied der Weißenberg-Kirche; bei seinem Begräbnis war auch militärische Prominenz anwesend. Dem als Werbezettel verteilten Protokoll der Trauerfeier läßt sich das Bestattungsritual entnehmen: »Unsere Kirche im Waldfrieden war ihm zu Ehren zu einer Garnisonskirche umgewandelt worden: 4 schwarz-weiß-rote Fahnen hinter dem Altar, davor der Sarg mit dem Major, zu Füßen weiter ab das Banner unserer Kirche. Der Sarg war geschmückt mit dem Helm, den Epauletten, dem Degen, und dem Kissen mit den Orden des Verblichenen. Eine Anzahl Kränze vervollständigten die Ausschmückung. Schwarz-weiß-rote Schleifen mit Inschrift zierten die Kränze der Gemeinden [...] sowie des Kriegsinvalidenbundes Berlin und der Studenten-Vereinigung. Auch die Friedensstadt stiftete einen Kranz mit weißer Schleife.« Ein »Bruder« der Weißenberg-Gemeinde hielt die Grabrede und hob dabei insbesondere auf die Tatsache ab, daß die Weißenberger dank ihres Glaubens keine Trauer verspürten, denn der inkarnierte Heilige Geist weile bereits unter ihnen. Dieser war allerdings an diesem Tage wohl etwas indisponiert, denn laut Protokoll widmete er dem Verstorbenen die als abschließender Höhepunkt der Feier gedachten Sätze: »Im Namen Gottes des Vaters, des Sohnes und des Heiligen Geistes. Du lieber Kamerad von der 3. und Ich von der 2. Kompanie Königsgrenadierregiment & westpreußisches No. 7 Liegnitz, das ewige Licht leuchte dir von Zeit bis in die Ewigkeit. Gott lasse dich schauen das Licht der Liebe der himmlischen Auen. In Christo Jesu. Amen.«

Major von Santen war nicht der einzige ehemalige Offizier im »Ewigen Leben«; 1933 gehörten dem Verein 20 bis 30 solche an. Von den etwa 3000 Mitgliedern waren 75 % ehemalige Soldaten und Frontkämpfer. Die Mitglieder waren angeblich vorher zur Hälfte katholisch, zur anderen Hälfte evangelisch gewesen. Alle regulären Mitglieder gehörten der Kirche Weißenbergs an, und Weißenberg stand auch an der Spitze dieser Organisation. Ein Unterschied zwischen Kriegerverein und Kirche ist weder in den Anschauungen noch in den Ritualen feststellbar. Lediglich eine Art Uniformierung kennzeichnete die Versammlungen des Kriegervereins: Die Männer trugen blauen Anzug und blaue Mütze (wie beim »Kyffhäuserbund«); die Jugendgruppe einen Marineanzug mit Mütze. Mit ihnen hielt Weißenberg »Paraden« ab: »[...] wenn der Meister Parade abhält, so liebt er es, rechts und links von sich Offiziere in der alten Friedensuniform zu haben, die sich sonderbar genug hier ausnimmt«.

Die innere Haltung des Kriegervereins verkündete der »Geistfreund« Otto von Bismarck 1934:[198] »Ihr steht unter der Flagge schwarz-weiß-rot, der ihr die Treue gelobt habt und als Zeichen eurer geistigen Erhebung betrachtet, sie ist die Fahne eures Glaubens, eurer geistigen Bewegung, ihr habt ihr die Treue geschworen, dieser Fahne schwarz-weiß-rot, in dem Bewußtsein: wir sind Krieger des ewigen Lebens! Und als solche werdet ihr auch stets für diese Farben des Deutschen Reiches eintreten, wie ihr auch gelobt habt, das Vaterland zu schützen und zu schirmen, und wo es heißt, dem Vaterlande zu dienen, da seid ihr gewiß, daß euer Zusammenschluß befestigt ist, um auch nach dieser Richtung hin eure Pflicht voll und ganz zu erfüllen, mit Gott für Volk und Vaterland, mit Gott des Reiches Grenzen geschützt, im Herzen die Treue für den dreieinig-starken Gott, den ihr erkannt habt in seinem Siegeszeichen, mit dem Kreuz der Allmacht in Seinen Händen [gemeint war also Weißenberg!]. Wir geloben Dir Treue bis in den Tod, wir sind bereit, Dir, unserem Führer, Treue zu halten, unser Leben dahin zu geben und, meine Freunde, es wird euch über alle Schwächen der Zeit hin-wegtragen, daß ihr euch zu dem Kriegerverein Ewiges Leben zusam-mengeschlossen habt. Ihr braucht diese geistige Stütze, die euch im Leben fest stehen heißt, denn ein jeder Mann muß in dieser jetzigen Zeit sein Bestes geben für das Volk, für das Vaterland und kann es nur im Aufblick auf die geistigen Güter, auf das hohe geistige Ziel: Jesus lebt und wir mit Ihm.«

Auch der »Geistfreund« Kapellmeister Goldschmidt von Weißen-bergs altem Regiment bekräftigte bei der gleichen Versammlung die religiös-politische Bedeutung des Vereinsnamens: »Liebe Kamera-den des Kriegervereins Ewiges Leben Gau Norden der Reichshaupt-stadt, Freunde, in diesem Norden ist die Wiege der Berliner evange-lisch-johannischen Christenheit und aus dieser Wiege ist auch der Kriegerverein Ewiges Leben hervorgegangen, um zu werden zu einem Kämpfer, der sich nicht auf Menschenkraft verläßt, sondern auf die Kraft ewigen Lebens, die aus der Höhe strahlt und den gläu-bigen Christen gegeben wird. So möget ihr Ernst machen mit eurem Seelenheil, Ernst mit eurer geistigen Einstellung, denn nur der wird eine starke Stütze des deutschen Staates sein und seines Volkes, wer sich durchdringen läßt von den Heilsströmen ewigen Lebens, nur der, der mit dem Jenseits in Verbindung steht durch die Kraft des Ge-betes. Und diese Kraft dürft ihr kennen lernen, die ihr dem großen Apell eures Meisters gefolgt seid, wenn auch der Apell nicht von Ihm selbst ausging im menschlichen Sinne, so ist Er doch euer Schutz- und Schirmherr, euer Oberhaupt, uns aber ist Er der größte Hirte und Sein Wille ist uns Befehl. Und so wirkt und waltet Er, an den Herzen der Menschenkinder zu arbeiten, daß sie nicht nur treue Stützen des Staatsganzen, nicht nur ein einig Deutsches Volk werden sollen, sondern vielmehr wiederum Kinder Gottes, die da trinken aus dem Heilbrunnen der göttlichen Kraft [...]«

Für Erbaulichkeit war also bei den vierteljährlich stattfindenden Kriegervereins-Treffen gesorgt, und die Inszenierung der Versammlungen glich ganz den Treffen der Weißenberg-Kirche, mit einigen militärischen Zugaben, wie aus einem Beobachtungsbericht des »Kyffhäuserbundes« von 1934 hervorgeht: »Unter den Klängen des alten Präsentier-Marsches wurden wir in den dichtgefüllten großen Saal geleitet und mit dem deutschen Gruß empfangen. Auffallend war die Pünktlichkeit, mit der die etwa 600 Kameraden erschienen waren und das soldatisch disziplinierte Benehmen der Versammlung. In der Mitte des Vorstandstisches, an dem wir Platz nahmen, stand das Rednerpult, geschmückt mit dem Kruzifix und 2 Wachslichtleuchtern. Davor hatten die ›Werkzeuge‹ Platz genommen, eine in schwarz gekleidete Frau und ein Mann im Talar, beide mittleren Alters. Letzterer übte später Amtshandlungen eines Pfarrers aus, wie Vorsprechen des Vaterunsers und Erteilung des Segens.« Kaum hatte der Vorsitzende die Anwesenden begrüßt und die Tagesordnung genannt, »befiel die vor dem Rednerpult sitzende Frau ein Zittern, so daß sie sich bei dem von der Versammlung laut gesprochenen Vaterunser kaum erheben konnte. Nach dem ersten Vers des Liedes: ›Ein feste Burg ist unser Gott‹, begann die Frau mit geschlossenen Augen zu sprechen, sie stützte sich dabei auf einen vor ihr stehenden Stuhl [...] Nach der Rede setzte sie sich unter mehrmaligem Stöhnen hin und schlug allmählich die Augen wieder auf.« Ihr folgte der zweite Trance-Redner. Dann wurde ein Vers von »Großer Gott wir loben Dich« gesungen, darauf das Vaterunser von der Versammlung laut gebetet und der Segen erteilt.

Dieser »geistige Teil« der Versammlungen mit langatmigen »Geistfreund«-Reden nahm offenbar den größten Teil der Zeit ein, einschließlich »Gedächtnis und Ehrung verstorbener Kameraden« und »Verpflichtung neu zu uns kommender Kameraden«; der »dienstliche« oder »geschäftliche« Teil wurde aber rasch abgehandelt, zwischendurch noch ein Lied (zum Beispiel aus dem »Michael-Liederbuch«) gesungen und dann mit dem Deutschland- und bald zusätzlich dem Horst-Wessel-Lied die Versammlung geschlossen. Ein alljährliches Kleinkaliberschießen, sonstige Schießübungen und Fahnenweihen betonten stärker den militärischen Charakter des Vereins. Auch die Messingkanonen, welche die »Friedensstadt«

zierten, verdeutlichten, daß hier nicht der Geist eines christlichen Pazifismus herrschte. Der sozialdemokratische »Vorwärts« mokierte sich über Weißenbergs »Kanonen-Kirche«; »Der Weltspiegel« titelte: »Der Mystiker in der Kanone«.[199]

Seine Ergänzung jedoch fand der Männer-Kriegerbund durch eine »Evangelisch-johannische Frauenhilfe nach der Offenbarung St. Johannes«, die 1931 gegründet worden war. Die Aufgabe der »Frauenhilfe« und ihrer »Reichsleitung« bestand darin, Weißenberg bei seinem sozialen Liebeswerk zu unterstützen. Kamen Briefe (seiner Anhänger?) an ihn, in denen von Krankheit und Not berichtet wurde, so sprang die »Frauenhilfe« ein. »Ich kann sagen«, rühmte Weißenberg zum dritten Jahrestag diese Einrichtung[200], »ich bin froh und heiter geworden. Es ist nicht so einfach, wenn ein Mann vier bis fünf Wochen eine Frau krank zu liegen hat und er weiß nicht ein noch aus; und die Kinder haben keine Versorgung [...] Die Frauenhilfe tut ihre Pflicht und Schuldigkeit.« Hilfe und Beistand, Liebe und Barmherzigkeit waren die Tugenden, welche bei der Feier von den »deutschen Frauen« verlangt wurden – von »Geistfreund«-Reden der preußischen Königin Luise, die als Schutzgeist der »Frauenhilfe« firmierte. Der Mann ein Kämpfer, die Frau eine Samariterin, so lautete Weißenbergs schlichtes preußisches Credo.

Deutschlands Erwachen

Schon die »Christliche Vereinigung« Weißenbergs trug im Kopf ihres Publikationsorgans in der Weimarer Zeit den Slogan »Mit Gott für Volk und Vaterland«. Die ihr nachfolgende Weißenberg-Kirche betonte die Einheit von geistlichem und weltlichem Bereich in einem »christlich-nationalen Staat«. Sie verkündete deshalb auch eine politische Botschaft. Ihre Kirchenfahne war »Schwarz-Weiß-Rot«, und bei den Kirchenversammlungen wurden zumeist politisch bekannte »Geistfreunde« eingeschaltet: Immer wieder der Reichskanzler Bismarck, aber auch Friedrich der Große oder Fichte, später auch Leo Schlageter und Horst Wessel, und – als reuige Sünder – etwa Stresemann, Marx, Lassalle oder Karl Liebknecht. Ihre Reden richteten sich gegen die politischen Gegner: Freimaurer, Marxisten und Bolschewiken, Juden. Der Antisemitismus der »Weißenberger« wurde religiös (Christusmörder) und ökonomisch (Ablehnung der jüdischen Warenhäuser als übermächtige Konkurrenz) begründet. Nicht mehr die Juden, das »unbekehrte, fleischliche Israel«, sondern die Deutschen sollten nun das auserwählte Volk Gottes sein: »Das Deutsche Volk ist in der Inkarnation das geistige Israel; darum muß die Endreformation vom Deutschen Volke aus über alle Lande gehen.«

Weißenberg wurde nie ein Freund der Weimarer Republik. Seine christlich-konservative Grundauffassung sprach hier ebenso dagegen wie die Enttäuschung darüber, daß seiner »Kirche« keine Privilegierung als öffentlich-rechtliche Körperschaft (nach Art. 137 der Weimarer Reichsverfassung) gewährt worden war – »Reichswehrministerium, Preußische Kultus- und Wohlfahrtsministerien als Gegner unserer Bewegung« lautete in diesem Zusammenhang ein Titel im »Weißen Berg«. Dazu kamen die zahlreichen Prozesse, welche die preußische Justiz – wenn auch meist nicht sehr erfolgreich – gegen Vorkommnisse im Zusammenhang mit der Heiltätigkeit Weißenbergs und seiner »Werkzeuge« sowie gegen seine verunglimpfende Presse führte. Außerdem hatte der preußische Wohlfahrtsminister 1928 die Behörden angewiesen, bei jeder sich bietenden Gelegenheit vor den Heilmethoden Weißenbergs dringend zu warnen.[201]

Weißenberg gab in seinen Kirchenversammlungen und in seinem Propaganda-Organ »Der Weiße Berg« deutliche politische Richtungs- und Wahlempfehlungen ab. Zur Reichstagswahl von 1928 hieß es etwa: »Schwarz-Weiß-Rot! Das ist die Wahlparole der Weißenberger zum 20. Mai [...] Nicht einer einzelnen Partei wollen wir mit dieser Parole dienen, aber die *Persönlichkeiten*, die uns bei der kommenden Wahl auf der Liste präsentiert werden, wollen wir daraufhin prüfen, *ob sie unser Wahrzeichen Schwarz-Weiß-Rot anerkennen und dafür eintreten oder nicht. Schwarz* bedeutet uns das ganze Reich der gottentfremdeten Welt mit ihrer Sünde, ihrer Feindschaft gegen das Wort der Wahrheit, ihrer Ablehnung des Gottgesandten [Weißenberg], der aus der Nacht zum *Licht* der Wahrheit führt [...] Das aber geschah durch das *rote* Blut des Gottmenschen Jesus Christus. Darum ist das Rot für uns die *heilige* Farbe. Somit gilt uns die Fahne Schwarz-Weiß-Rot als das Symbol unserer Weltanschauung. Schwarz-Weiß-Rot aber verleugnen hieße, unsere Weltanschauung, unsere Überzeugung, unsere Gesinnung verleugnen. Das also ist unsere Wahlparole: Für Schwarz-Weiß-Rot!«[202] Im gleichen Jahr hatte Weißenberg bereits in der Hasenheide bei Berlin eine »Parade« abgehalten, an welcher eine Abordnung der Deutschnationalen Volkspartei, Bezirk Kreuzberg, teilnahm. Auch der gerade zitierte Artikel war eine Wahlempfehlung für die Deutschnationale Volkspartei – die allerdings bei dieser Wahl wegen ihrer vorangegangenen Regierungsbeteiligung erheblich an Stimmen einbüßte.

Mit der Weltwirtschaftskrise nahm die apokalyptische Erregtheit in der Weißenberg-»Kirche« zu. Politische Prophezeiungen wurden bedeutsam: 1929 veröffentlichte »Der Weiße Berg« den Aufruf »An die deutsche Regierung! An das deutsche Volk! Aufruf aus den Sphären des Lichtes geistig diktiert von dem ehemaligen französischen Ministerpräsidenten Clemenceau«. Dieser »Geistfreund« bekannte hier seine heimliche Liebe zu Deutschland, tadelte die eigenen Landsleute wegen ihrer geheimen Aufrüstung gegen Deutschland und segnete schließlich die deutschen Truppen: »Frankreich wird diesen nächsten Krieg verlieren und statt des Sieges schmachvoll erliegen. Recht muß doch Recht bleiben!« Im gleichen Jahr verkündete der »Geistfreund« Bismarck im »Weißen Berg« unter dem Titel »Land, Land, Land, höre des HERRN Wort! Geologisch-politisch genau datierte Sehersprüche: Erdbeben, Pest, Krieg, Hunger. Siehe Offenbarung St. Johannes Kp. 6«, England werde vom Erdbeben vertilgt, Frankreich und Belgien durch das Meer geschädigt, Deutschland seine Reparationskosten nicht mehr bezahlen und auch ein deutsch-polnischer Krieg ausbrechen.

Für 1930 kündigten die »Geistfreunde« Otto von Bismarck und der Erzengel Gabriel das Strafgericht Gottes über Weißenbergs und Deutschlands Feinde an; die Fesseln von Versailles würden abgeworfen: »Das Strafgericht Gottes beginnt zuerst an dem deutschen Volk, weil es die Gottheit in Joseph Weißenberg, den Heiligen des Himmels, ein langes Menschenleben hindurch verhöhnt, verlacht und bekämpft hat [...] Als erstes werden Seuchen mancher Art, darunter die Pest, Deutschland heimsuchen. Ganze Familien wird der Tod in wenigen Augenblicken hinwegraffen, so daß ganze Häuser dann unbewohnt und leer stehen werden. Dann kommt Aufruhr mit Straßenkämpfen und teure Zeit (ja auch im Ausland die Hungersnot). Um viel Geld wird man dann nur ein wenig Brot bekommen.

Im Sommer 1930 kommt die Kriegserklärung an Deutschland von feindlicher Seite. Es gibt Krieg! Dank der Einwirkung des Heiligen Geistes Joseph Weißenberg wird es ein siegreicher Feldzug! Dann werden endlich die Fesseln der Kriegsschuldlüge, die Reparationskosten fortfallen [...] Höret weiter: Über England wird Anfang Mai dieses Jahres solch eine Unwetterkatastrophe kommen, daß 14 Tage lang die Windstärke 70 Meilen in der Stunde Geschwindigkeit haben wird. Der Orkan wird so toben, daß ganze Ortschaften vollständigen Trümmerhaufen gleichen werden. Hierbei werden auch London und Manchester heimgesucht. Die Küsten werden durch Springfluten derartig überschwemmt, daß ganze Landstriche vom Wasser fortgespült werden und versinken. Doch der angekündigte Untergang dieses Inselreiches bis auf einen Bruchteil des Landes ist es noch nicht, was wir jetzt kund tun. Das wird sich erst in zwei bis drei Jahren erfüllen.

Italien wird stark betroffen werden und Schaden erleiden unter heftigen Ausbrüchen des Vesuvs und des Ätnas. Ganze Ortschaften werden Trümmerhaufen werden und tausend und abertausend Menschenleben unter sich bergen. Selbst Rom und Neapel werden unter den Erdstößen zu leiden haben. Die Peterskirche wird große Risse aufweisen, selbst im Vatikan werden Schäden und einzelne Einstürze sein [...] Die große Heimsuchung Gottes kommt da auch erst ein paar Jahre später. Das sind nur die Vorläufer.

Frankreich und Belgien, Polen, die Niederlande, Rumänien, Holland, England, Italien und Amerika, alle werden sehr unter Seuchen, Mißernten und der Teuerung zu leiden haben. Frankreich und Belgien muß (sic!) in einen schmählichen Frieden einwilligen, verliert Elsaß-Lothringen und muß noch zahlen.

Polen verschwindet wieder von der Landkarte.

Deutschland wird wieder Monarchie und bekommt einen König aus Habsburgischem Geschlecht zum Regenten.

Dies alles wird sich erfüllen. Den Ungläubigen und Feinden zur Lehre, Joseph Weißenberg, der Gottheit zur Ehre [...]«[203]

Die Weißenberg-Kirche war ebenso Ausdruck wie Anpeitscher der erregten Stimmung der frühen 30er Jahre. 1930 rief der »Geistfreund« Bismarck im »Weißen Berg: »Meine Freunde, im tiefen Schlafe hat das Volk gelegen und hat sich in diesem Schlaf seine Freiheit, seinen Glauben und seine Farben nehmen lassen. *Deutsches Volk, erwache! Dein Hirte ruft dich! Auf, auf!*« Schwarz-Rot-Gold, so Bismarck weiter, werde zusammen mit dem Kreuzeszeichen bald nicht mehr nur in Deutschland, sondern auf der ganzen Erde flattern – »die ganze Erde Untertanen Seines Reiches«.

1932 kam der »Oberprediger« Frithjof Rohr auf einer Versammlung in Berlin-Lichtenberg[204] sogleich auf die wendezeitlichen Erwartungen zu sprechen: »Ihr lieben Freunde, es geht ein Ahnen durch die Welt, ein Ahnen einer großen Zeit. Sehnsuchtsvoll richten die Menschen ihre Blicke empor. Sie wollen nicht mehr im Staube verwesen, sie wollen nicht mehr sich hin und her werfen lassen vom Leben, sondern sie wollen endlich zurück zur Kraft, zurück zum Leben. Und dieses Ahnen läßt in der Menschenseele eine Sehnsucht emporsteigen, ein heiliges Sehnen nach Verstehen der Welt. Die aber noch nicht von diesem Ahnen, von dieser Sehnsucht ergriffen sind, die immer noch bei den Blättern da unten liegen, sie werden von dem Sturmwind, der unsere Zeit erfaßt hat, emporgewirbelt und sausen durch die Luft und finden nicht mehr den Ort, da sie hingehören. Treibholz!

Freunde, schauen wir hinein in die Geschichte, die uns immer wieder zeigt, wie die Menschen sich sehnen nach einem gewaltigen, großen Geschehen, nach einem heiligen Erleben; und wie dieses Geschehen geboren wird, weil die Menschen es wollen, und weil das Schicksal es fügt. –«

Und Rohr machte deutlich, wie diese »Zeit, in der wir leben«, identisch mit der »letzten Zeit« der prophetischen Bücher des Alten und Neuen Testaments sei. Insbesondere verwies er auf die Daniel- und Johannes-Apokalypse. Jetzt sei die Zeit des »letzten Propheten der Menschheit« – des »Endpropheten« – gekommen, die des »Fürsten Michael« alias Weißenberg. Von ihm aber heiße es im Buch Daniel: »In jener Zeit tritt Michael auf, der große Engelfürst, der für die Söhne deines Volkes eintritt. Dann kommt eine Zeit der Not, wie noch keine da war, seit es Völker gibt, bis zu jener Zeit. Doch dein Volk wird in jener Zeit gerettet, jeder, der im Buch verzeichnet ist« (Dan. 12, 1–4).

Morgenluft witterte Weißenberg bei den Reichspräsidentenwahlen von 1932. Er wandte sich gegen die den »gegenwärtigen demokratischen Staatsgedanken« unterstützenden Parteien, die sich hinter Hindenburg stellten, und plädierte für die Partei Hitlers und den »Schwarz-Weiß-Roten Kampfblock« als »Träger des nationalen künftigen Staatsgedankens«. Konkret sprach sich Weißenberg beim ersten Wahlgang aber nicht für Hitler, sondern für Hugenbergs Kandidaten, den Stahlhelmführer Theodor Duesterberg, aus, da er in seinem Frontkämpferbund die eigenen schwarz-weiß-roten Werte am besten verkörpert sah: »Der Stahlhelm stellt dem freigeistigen Atheismus und dem liberalen Materialismus, die bis heute fast unser ganzes öffentliches Leben beherrschen, die hohen Werte der christlichen Religion und den Idealismus deutschen Volkstums entgegen. Deshalb sind alle seine Forderungen auf dem unerschütterlichen Boden der gottgläubigen Weltanschauung und des christlichen Sittengesetzes aufgebaut. Seine kulturellen Forderungen richten sich gegen den die deutsche Volksseele zerstörenden Kultur-Bolschewismus. Aus diesem Grunde fordert er: den staatlichen Schutz der christlichen Religion, Erziehung der Jugend im christlichen sowie im nationalen Geiste, Ertüchtigung der Jugend im Sinne des Wehrgedankens, Heilighaltung der Ehe und Reinerhaltung des deutschen Lebens von Schmutz und Schund in Presse, Schrifttum und Kunst. Nur in dieser religiös-sittlichen Erneuerung sieht er die Möglichkeit, den jeden nationalen Lebenswillen und jede völkische Eigenart verwischenden und vernichtenden Internationalismus zu überwinden und den Wiederaufstieg unseres Volkes zu gewährleisten [...]

Kreuz und Schwert [die beiden Symbole des »Ewigen Lebens«!] waren einst die Symbole von Deutschlands Macht und Herrlichkeit. Im Vertrauen auf Gott, auf die um Reinheit ringende deutsche Seele und auf die Kraft unseres Volkstums tritt der Stahlhelm in den Kampf für ein neues Reich. Kreuz und Schwert sind auch dem Stahlhelm Symbol. Deshalb wird beim kommenden Entscheidungskampf für die Wiederaufrichtung eines christlich-deutschen Staates auch auf dem Stahlhelmbanner die Inschrift leuchten, die schon einmal dem Christentum den Sieg errungen hat:

›In diesem Zeichen wirst du siegen!‹« [205]

Dies war freilich ein Irrtum: Duesterberg erhielt nur 6,8 % der Stimmen, und damit zerschlug sich auch Hugenbergs Hoffnung auf die Führung der »nationalen Opposition«. Duesterberg kandidierte bekanntlich beim zweiten Wahlgang der Reichspräsidentenwahl von 1932 nicht mehr, sondern forderte zur Wahl Hindenburgs auf; Hugenberg jedoch desavouierte ihn und stellte seinen Anhängern die Entscheidung zwischen Hindenburg und Hitler frei. Nachdem ein »Geistfreund« noch vor dem zweiten Wahlgang im April 1932 verkündet hatte: »Unser Heil und unser Leben liegt im Heilsbanner schwarz-weiß-rot und im schwarzen Kreuz im weißen Feld, nicht im Hakenkreuz«, war es nun auch für Weißenberg an der Zeit, sich umzuorientieren.

1932 meldete Rudolf Olden: »Neuerdings soll er [Weißenberg] sich mit den Nationalsozialisten gut verstehen.« [206] »Der Weiße Berg« teilte im November 1933 seinen Lesern mit, daß die Weißenberg-Bewegung »bei der Machtergreifung durch (unsern großen, von Gott gegebenen Führer) Adolf Hitler sofort sich hinter ihn stellte«. Der Januar 1933 wurde deshalb von ihm zumindest nachträglich wie ein eigener Sieg gefeiert. Das »Dritte Reich« der Nationalsozialisten schien ihm mit dem Tausendjährigen Reich der Johannes-Apokalypse identisch. Der »Geistfreund« Bismarck verkündete die neue Loyalität – wobei sich freilich auch leise Zweifel an Hitler einschlichen: »Darum klammert euch an die, welche es ehrlich mit euch meinen, die für eure Meinung eintreten, wie der jetzige Führer des Deutschen Reiches, Adolf Hitler, mit seiner Person für das einmal Erkannte eintritt, und der Herr möge ihn schützen und möge ihm die geistigen Freunde zur Seite stellen, daß er die rechten Wege auch im Glauben geht, daß er dem Deutschen Volke den wahren Weg ins Gotteshaus wieder weist, denn es sind viele Wege und viele Anschauungen auf religiösem Gebiet.« [207]

Weißenberg jedenfalls beschloß, die Zweifel zu verscheuchen, und lud am 1. Mai 1933 zu einer »nationalen Feier« in die »Friedensstadt« ein:[208] »Liebe Kameraden, es ist heute der Tag, wo sich das deutsche Vaterland wieder geeinigt hat und zusammenfindet. Wir waren verschmachtet, verdurstet und verhungert. Und daher tut alle eure Pflicht und Schuldigkeit, wo wir jetzt sind schwarz-weiß-rot. Das soll werden hier auf Erden, damit wir die Ehre uns wieder zurückholen, die sie uns genommen haben. Darum wollen wir feste stehen und sicher gehen auf dem Grund und Boden, den wir uns erworben haben. Wir wollen gehen Schulter an Schulter, Auge an Auge, Zahn an Zahn, damit uns nicht ein Fuß breit von der Erde entrissen wird. Wir wollen im deutschen Vaterland zusammenhalten. Es soll werden Arbeit, Glück und Segen auf allen Wegen, damit wir werden Christen und Menschen und nicht Tiere, wo einer den andern totschlägt für 50 Pfg. hier auf Erden. Das walte Gott.« Ein dreimaliges »Deutschland Heil!« [nicht »Heil Hitler«!] beendete Weißenbergs Rede sowie das Lied »Großer Gott, wir loben Dich«. Der »Geistfreund« Bismarck, der sich danach als erster »einschaltete«, vergaß nicht, darauf hinzuweisen, daß Deutschlands Erwachen im Zeichen des Kreuzes und der Farben Schwarz-Weiß-Rot allein der Kraft des Heiligen Geistes zu verdanken sei, »der mit seines Geistes Wehen die Menschenkinder ergriffen hat, damit sie noch einmal für das Gute erwachen und dem Satan und dem Bösen den Garaus machen«.

Hitlers Sieg war also der Sieg Weißenbergs, und so verkündete es auch »Der Weiße Berg« groß auf dem Titelblatt: »Einkreisung der finstern Mächte durch des heiligen Geistes Kraft im Nationalsozialismus«. Die »Brüderlichkeit« der Weißenberg-Kirche schien nun in der NS-Volksgemeinschaft ihr Gegenstück gefunden zu haben:[209] »Der geistige Arbeiter ist nicht mehr wert wie der Handlanger, wie der Handwerker und das, was ihr seit Jahrzehnten in eurer Kirche in Bruderliebe überbrückt habt, diesen Standesunterschied, das wird jetzt zum Segen für das deutsche Vaterland! Euer Reichskanzler, dieser Mann des Volkes, hat ebenso wie euer Meister diesen hohen geistigen Wert der Arbeit und des Zusammenschlusses der Brüder ohne Wahl erkannt und auch er arbeitet, vom Geiste der Wahrheit getrieben, an diesen großen geistigen Prinzipien, um die Einigkeit des Volkes vor allen Dingen erst einmal wieder herzustellen.« Freilich sollte die »fleischliche Volksgemeinschaft« der Politik durch die von Weißenberg gestiftete und im Heiligen Geist begründete religiöse Volksgemeinschaft ergänzt und überhöht werden.

Weißenberg wollte sich auf der einen Seite loyal in den neuen Staat einordnen, verlangte jedoch gewissermaßen die Gleichrangigkeit zu Hitler – der sollte der Kaiser sein, er der Papst der neuen Endzeit-Ordnung: »Der geistige Führer der Evangelisch-Johannischen Kirche nach der Offenbarung St. Johannes, Der euer Schutz- und Schirmherr ist, Er führt Seine Kirche und ordnet sie in den großen Prozeß des Staatsganzen ein und ist daher mit eine Stütze des großen Staates, auf den sich der Staat als solcher verlassen kann; denn Stützen, die auf Ewigkeitsfesten gebaut sind, wanken und weichen nicht! Und so wird der Gefreite Adolf Hitler und der Gefreite [an anderer Stelle sagte Weißenberg allerdings, er habe es nur bis zum »Gemeinen« gebracht] Joseph Weißenberg, Beide, der Eine Führer im irdischen Gebiet, auf politischem Gebiet, der Andere Führer auf geistigem Gebiet, in seiner Kirche Führer denen, die Ihn erkannt haben.« Ähnlich formulierte es Weißenbergs Oberprediger Frithjof Rohr in dem Einleitungskapitel »Vom Sinn unserer Zeit« in seiner Schrift »Weißenberg-Heilpraktik« von 1934: In Hitler sei dem deutschen Volk der große wirtschaftliche und politische »Reorganisator« entstanden, in Weißenberg der religiöse »Reformator«. Kein Wunder, daß an Pfingsten 1933 in der »Friedensstadt« kein Denkmal Hitlers, sondern Weißenbergs in einem großen Festakt enthüllt werden sollte.

Offenbar hat Weißenberg auch gehofft, daß er nun seinen alten Kampf gegen die katholische und die evangelische Kirche von einer besseren Position aus führen könne. Denn er schrieb ihnen im »Weißen Berg« ins Stammbuch: »Keine der andern Kirchen hat sich vor dem 31. Januar 1933 zur Gefolgschaft unsers Kanzlers bekannt. Teils waren sie Gegner, teils warteten sie ab, wie alles verlaufen würde. Als Kämpfer für Adolf Hitler sind sie nirgends öffentlich in Erscheinung getreten [...]

Ganz anders unser Meister als das Oberhaupt der Evangelisch-Johannischen Kirche, der seit Anfang 1919 den Kampf mit Seiner großen Anhängerschaft gegen den Marxismus für Adolf Hitler mit allen erdenklichen Mitteln führte. Joseph Weißenberg rief alle Seine Anhänger öffentlich auf, mit Ihm den Kampf für den Nationalsozialismus zu führen. Welches Oberhaupt einer andern Kirche hat es gewagt, zu einem Kampf für die nationalsozialistische Idee herauszufordern? In welcher Kirche waren die deutschen Farben schwarzweißrot zu sehen bis vor dem 31. Januar 1933? In keiner! In der Friedensstadt wehten diese Farben, in den Andachten lagen sie über dem Altartisch. Durch die Farben schwarzweißrot bekundete jeder Anhänger der Evangelisch-Johannischen Kirche, getragen als Schleife am Knopfloch, seine Treue zu ihr.«[210]

Freilich schwangen hier auch Ängste mit, versuchte sich Weißenberg gegenüber dem neuen Staat abzusichern. Nach dem Januar 1933 wurden die Hohenzollernbilder in der »Friedensstadt« durch Hitlerbilder ergänzt, wehten Schwarz-Weiß-Rot und die Hakenkreuzfahne nebeneinander, wurden die Versammlungen des »Ewigen Lebens« mit Deutschland- und Horst-Wessel-Lied beendet. Und in der »Friedensstadt« entstand im Juni 1933 eine NS-Ortsgruppe in Anwesenheit Weißenbergs. Loyalitätsbekundungen sollten Übergriffe verhindern.

Demonstrativ forderten der »Geistfreund« Bismarck und Weißenberg selbst in einer Versammlung des »Ewigen Lebens« vom 12. August 1934 dazu auf, bei der Volksabstimmung am 19. August 1934 mit »Ja« zu stimmen. Bei der Volksabstimmung vom 12. November 1934 stimmten 389 von 400 stimmberechtigten Siedlern in Glau für Hitler. »Der Gemeine muß vor dem Gefreiten die Knochen zusammennehmen«, sagte Weißenberg vielleicht nicht zufällig zum »Geistfreund« Goldschmidt. Es blieb wohl auch Weißenberg auf Dauer nicht verborgen, daß der Heilige Geist wenig Macht gegenüber Hitler besaß. Aber noch beschwichtigte der »Geistfreund« Martin Luther in der »Johannesbotschaft« 1934 die Ängste: »Er [Weißenberg] ist nicht mehr gekommen, um Sich noch einmal eine Dornenkrone auf das Haupt setzen zu lassen, Er ist nicht gekommen, um sich noch einmal kreuzigen zu lassen, sondern Er ist gekommen als ein Richter des Erdbodens, nicht nur einzelner weniger Nationen und Völker, sondern des Erdbodens!«

Freiwillige Gleichschaltung

In den Jahren 1933 und 1934 verfolgte der Weißenbergsche Kriegerverein »Ewiges Leben«[211] zwei vorrangige politische Ziele, die vermutlich auch der politischen Absicherung der »Evangelisch-Johannischen Kirche« dienen sollten: Anschluß an den »Deutschen Reichskriegerbund Kyffhäuser« (»Kyffhäuserbund«) und Beitritt zur SA. Individuell waren bereits bis 1933 zahlreiche »Kameraden« Mitglieder im »Stahlhelm«, im »Kyffhäuserbund« – an ihn wurden sie insbesondere auch wegen Renten- und Versorgungsansprüchen verwiesen –, in der SA oder der SS geworden. Nachdem Hitler Reichskanzler geworden war, betrieb Weißenberg darüber hinaus den korporativen Beitritt des »Ewigen Lebens« in den »Kyffhäuserbund«.

Dieser lehnte das entsprechende Ersuchen aber bereits am 7. Mai 1933 ab, da sich das »Ewige Leben« zwar zu den Farben Schwarz-Weiß-Rot bekenne, aber ansonsten eine »verzerrte religiöse Sekte« sei, die sich keiner religiösen Neutralität befleißige, sondern sich mit religiösen Streitfragen beschäftige. Den in der gleichen Sitzung gefaßten Beschluß des »Kyffhäuserbundes«, sich der Führung des Reichskanzlers Hitler zu unterstellen, nahm das »Ewige Leben« zum Anlaß, erneut um den korporativen Anschluß zu ersuchen. Obwohl der »Kyffhäuserbund« dem »Ewigen Leben« bestätigte, der Kriegerverein »sei vollkommen national eingestellt«, lehnte er aus den oben genannten Gründen das Ersuchen wiederum ab.

Erneut umwarb dann das »Ewige Leben« den »Kyffhäuserbund« im Jahre 1934. Anlaß war die nationalsozialistische Werbung zum Beitritt von Kriegsveteranen zur SA-Reserve II. In ihr wurden die Angehörigen der Veteranen- und Regimentsvereine und die über 45jährigen Mitglieder des gleichgeschalteten deutschnationalen »Stahlhelms« zusammengefaßt. Weißenberg befahl im August 1934 geradezu den noch zögernden Mitgliedern des »Ewigen Lebens«, in die SA-Reserve II einzutreten, nachdem zu diesem Zeitpunkt angeblich schon 80 % der Mitglieder diesen Schritt vollzogen hatten. Gleichzeitig drängten nun die Ortsgruppen des »Ewigen Lebens« auch in den »Kyffhäuserbund«, da dessen Bundesführung im Juni

1934 eine Verfügung erlassen hatte, durch die Vereine, welche Meldungen zur SA-Reserve II abgegeben hatten, dazu aufgefordert wurden, auch dem »Kyffhäuserbund« beizutreten, der von der obersten SA-Führung mit der Organisation der SA-Reserve II beauftragt worden war. Der Landesverband Thüringen des »Kyffhäuserbundes« lehnte dabei erneut den Antrag der Ortsgruppe Gera des »Ewigen Lebens« auf Beitritt ab mit der Begründung, es handle sich bei dem Kriegerverein Weißenbergs »wohl mehr um eine Schutztruppe einer geistigen Sekte, die in einem Bund alter Soldaten wohl nichts zu suchen hat«; sogar eine Auflösung des »Ewigen Lebens« wurde dem Bundesamt des »Kyffhäuserbundes« angeraten.

Dieses Bundesamt hatte sich schon im April 1934 entschlossen, das »Ewige Leben« persönlich durch einen Besuch seines 2. Bundespräsidenten, des Generalmajors Kuhlwein, in Augenschein zu nehmen. Kuhlweins Bericht fiel nach seiner Erkundung im Mai 1934 günstiger als das bisherige Urteil aus: Die »Friedensstadt« hatte ihn als soziale Tat ebenso beeindruckt wie die angeblich über 100 000 Anhänger Weißenbergs, »die man durchaus ernst nehmen muß«. Er rühmte Weißenbergs nationale Gesinnung und hatte sich von ihm überzeugen lassen, daß gerade deswegen die jüdischen und marxistischen Kreise gegen ihn arbeiteten. Zwar bleibe in religiöser Beziehung manches Gesehene unverständlich, aber schließlich müsse jeder nach seiner eigenen Façon selig werden. Am entscheidendsten aber war für Kuhlwein: Es handle sich hier um ca. 3000 »ordentliche alte Soldaten«, und denen solle man einen Anschluß an den »Kyffhäuserbund« nicht verwehren. Allerdings müsse der Beitritt nicht korporativ erfolgen, sondern höchstens als Einzelanschluß von Ortsgruppen.

Der Wandel der Einstellung des »Kyffhäuserbundes« zum »Ewigen Leben« beruhte vor allem auf einer positiven Stellungnahme des Oberpräsidenten der Provinz Brandenburg und Berlin, Staatsrat Wilhelm Kube, vom April 1934. Dieser bescheinigte der Weißenberg-Bewegung, daß sie dem nationalsozialistischen Staat treu und loyal ergeben sei. Darüber hinaus könne Weißenberg das große Verdienst für sich in Anspruch nehmen, schon in den Zeiten der Weimarer »Schandrepublik« national eingestellt gewesen zu sein und sich ab 1932 zu Hitler bekannt zu haben. Er schließt: »Jedenfalls handelt es sich bei seinen Anhängern um national wertvolle Menschen, die aus innerstem Herzen und aus tiefer Religiosität zum Vaterlande stehen.«

Sehr viel reservierter war dagegen eine Stellungnahme des Geheimen Staatspolizeiamtes vom Juni 1934, in welcher der religiös-sektenhafte Charakter des »Ewigen Lebens« herausgestellt und abgestritten wurde, daß es sich hier um einen militärischen Kriegerverein handle. Nach diesem deutlichen Wink von oben und nach einer erneuten mündlichen Rücksprache bei der Gestapo besuchte Kuhlwein im August 1934 nochmals eine Versammlung des »Ewigen Lebens«. Erwartungsgemäß betonte er jetzt in seinem Rundschreiben an die Landesverbände ebenfalls die »eigenartigen religiösen Gebräuche« und leitete aus ihnen ab, daß eine Aufnahme sowohl des Vereins wie seiner Untergliederungen in den »Kyffhäuserbund« »durchaus unerwünscht« sei. Noch deutlicher hieß es im Bericht an die Gestapo, eine Aufnahme des »Ewigen Lebens« in den »Kyffhäuserbund« komme nicht in Frage: »Es ist zwar nicht zu verkennen, daß die Bestrebungen des Vereins streng national und auf eine Förderung des nationalsozialistischen Staates gerichtet sind. Die Veranstaltungen des Vereins jedoch, die teils verzerrt-religiös[en], teils sogar spiritistischen Charakter tragen, sind so abweichend von den Gebräuchen eines Militärvereins, daß bei einer Aufnahme dieses Vereins oder seiner Ortsgruppen in den Kyffhäuserbund Konflikte unvermeidlich wären.

Wegen der streng vaterländischen Bestrebungen halte ich zwar eine Auflösung des Vereins nicht für angebracht. Ich wäre jedoch dankbar, wenn dem Verein und seinen Untergliederungen die Führung des Namens ›Kriegerverein‹ untersagt würde, da das ganze Wesen des Vereins, dem was man in Deutschland unter Kriegerverein versteht, in keiner Weise entspricht.«

Eine etwas abgemilderte Fassung dieser ablehnenden Beurteilung wurde vom Bundesamt des »Kyffhäuserbundes« am 23. August 1934 auch dem »Ewigen Leben« zur Kenntnis gebracht. Aus den Anweisungen des »Kyffhäuserbundes« an seine Landesführer geht hervor, daß jedoch eine Auflösung der Ortsgruppen des »Ewigen Lebens« nicht beabsichtigt war. Ferner bestanden keine Bedenken dagegen, Männer in die SA-Reserve II aufzunehmen, die von den Ortsgruppen des »Ewigen Lebens« angemeldet wurden; sie sollten sogar den verringerten Beitrag leisten, den Mitglieder militärischer Vereine entrichten mußten. Das »Ewige Leben« seinerseits richtete von seiner Jahreshauptversammlung im Dezember 1934 an den »Kyffhäuserbund« »ehrerbietigste und kameradschaftliche Grüße«.

Aber schon im Dezember 1934 ersuchte die Gestapo, gestützt auf die Beurteilung des »Kyffhäuserbundes«, das »Ewige Leben« um Abänderung der Bezeichnung »Kriegerverein«. Nach einer Rücksprache bei der Gestapo wurde jedoch dem »Ewigen Leben« erlaubt, den Titel unter der Bedingung weiterzuführen, daß der »Kyffhäuserbund« keine Einwände dagegen habe. So schrieb Hellwig, der Vorstand des »Ewigen Lebens«, erneut an den »Kyffhäuserbund«:

»Seit 7 Jahren führt der Verein diese Bezeichnung, selbst von einer marxistischen Regierung unangetastet, und kämpft für ein nationales und wehrfähiges Deutschland. Eine Titeländerung in heutiger Zeit würde eine moralische und seelische Depression von unübersehbarer Tragweite bei allen Kameraden des Vereins auslösen, ganz abgesehen von den sehr erheblichen Kosten, die der Verein gar nicht tragen könne.« Außerdem sei zu befürchten, daß eine solche Namensänderung dem Verein, der seit einem Jahr in die SA-Reserve II eingegliedert sei, eine weitere Zugehörigkeit unmöglich mache. Deshalb bitte er den »Kyffhäuserbund« um Erlaubnis zur Weiterführung des Titels; die Gestapo habe ihm eine Frist bis zum 1. Januar 1935 gewährt.

Anfang Februar 1935 erhielt Hellwig endlich die Antwort: Sie erübrige sich durch die im Januar 1935 erfolgte Auflösung der Weißenberg-Kirche einschließlich ihres Kriegervereins. Die Mitglieder des »Ewigen Lebens«, die in die SA-Reserve II eingetreten seien, könnten jetzt entweder dort ausscheiden oder sich – ohne die bisherige Beitragsreduzierung für die SA-Reserve II – einzeln dem »Kyffhäuserbund« anschließen.

Doch damit war die Sache noch nicht zu Ende: Ab April 1935 übten die Oberste SA-Führung – Führungsamt – in München und die Staatspolizeistelle für den Landespolizeibezirk Berlin Druck auf den »Kyffhäuserbund« aus, weil sich in Berlin-Kreuzberg eine

Gruppe des »Ewigen Lebens« als geschlossener Trupp der SA-Reserve II angeschlossen hatte und angeblich zu befürchten stand, »daß sie unter diesem Deckmantel ihre Weißenberg-Tagungen fortsetzen und die Truppenabende hierzu mißbrauchen«. Deshalb sei diese Truppe aufzulösen. Während der »Kyffhäuserbund« aber auch künftig keine Einwände gegen eine individuelle Zugehörigkeit der ehemaligen Mitglieder des »Ewigen Lebens« zur SA-Reserve II – inzwischen in SA-Landsturm umbenannt – hatte, schloß die Oberste SA-Führung eine weitere individuelle Zugehörigkeit kategorisch aus, »da sich die Weltanschauung und Gesinnung der ehemaligen Mitglieder dieser ›Sekte‹ auch nach Auflösung ihres Vereins sicherlich nicht geändert hat«. Der »Kyffhäuserbund« suchte diese Beurteilung im Juni 1935 dahingehend abzumildern, daß er der Obersten SA-Führung den Ausschluß nur für solche Mitglieder des ehemaligen »Ewigen Lebens« vorschlug, die als nicht unbedingt zuverlässig galten. Denn:

»Was jedoch die nationale und staatspolitische Gesinnung wie überhaupt das innere Verhältnis zu Volk und Staat, insbesondere zur jetzigen nationalsozialistischen Regierung anbetrifft, so habe ich trotz eingehender Ermittlungen meiner Sachbearbeiter selbst an Ort und Stelle, z. B. in der Siedlung Glaue bei Trebbin und in den Versammlungen des Vereins, nichts Nachteiliges feststellen können [...] Die Mitglieder bedienen sich neben der Begrüßungsformel ›Gott zum Gruß‹ auch des Deutschen Grußes, sangen neben dem Deutschlandlied auch das Horst-Wessel-Lied und äußerten Zeichen der Liebe und Verehrung für unseren Führer und Reichskanzler Adolf Hitler.« Es handele sich ja außerdem auch um Parteimitglieder der NSDAP!

Die Stoßrichtung dieses Einspruchs wird insbesondere in einem aus dem Entwurf dieses Schreibens dann wieder getilgten Satz sichtbar: Wenn sogar frühere Kommunisten und Marxisten in den »Kyffhäuserbund« und den SA-Landsturm aufgenommen werden, düfte dies um so mehr für die Mitglieder einer noch vor kurzem als national anerkannten Bewegung gelten. Zudem könne die große Masse der Anhänger Weißenbergs nicht ohne weiteres für dessen Verfehlungen mitverantwortlich gemacht werden. Bis zu einer endgültigen Klärung durch die Oberste SA-Führung würden jedenfalls

diese Leute weiterhin der SA angehören und die Mitglieder des auf-
gelösten Trupps Berlin-Kreuzberg auf andere SA-Trupps verteilt
werden. Eine Antwort der Obersten SA-Führung hat sich nicht erhalten.

Deutlich ist jedenfalls, daß die Weißenberg-Anhänger nicht von
den national-revolutionären Kräften des neuen Staates, sondern
von den deutschnationalen, konservativen Mitwirkern als mögliche
Verbündete betrachtet wurden.

Verbot und Verfolgung

Höhepunkt der scheinbaren Eintracht von Weißenberg-»Kirche«
und NS-Staat war die Reformationsfeier der »Weißenberger« im
November 1933.[212] Weißenberg gab dabei der Erwartung Ausdruck,
daß seine sämtlichen Anhänger bei der bevorstehenden Reichstagswahl »im Sinne Adolf Hitlers mit ›Ja‹ stimmen«, und der »Oberprediger« Rohr jubelte über die Rettung der Bewegung durch
Gleichschaltung: »Gottes Gnade schenkte uns einen Führer Adolf
Hitler, der uns eingliederte in das neue deutsche Leben. Die Heilbehandlung unseres Meisters und Sein herrliches Siedlungswerk
sind von den Reichsbehörden anerkannt. Die heilenden Werkzeuge
des Meisters sind in die erste Linie der deutschen Arbeitsfront eingegliedert«, und das johannische Denken sei nichts anderes als »eine
Parallele zum nationalsozialistischen Denken« und »wahrhaft
arisch-christliches Leben«.

Der Grund für die Siegesgewißheit von Weißenberg und Rohr lag
vor allem darin[213], daß im November 1933 Weißenbergs Heils-
bestrebungen insofern die offizielle Anerkennung der NSDAP
fanden, als »der Reichskommissar der NSDAP, Erich Heinisch,
Reichsleitung München, Abteilung Heilpraktiker«, den Weißen-
berg-Prediger Rohr »zu seinem persönlichen Fachberater für die
Weißenberger Heilpraktiker Deutschlands« ernannte. Die Heil-
magnetiseure Weißenbergscher Richtung, seine »Werkzeuge«, wurden damit erstmals in den »Heilpraktikerbund Deutschland,

Reichsverband e. V. Sitz München« eingegliedert und ihnen damit auch die für Heilpraktiker üblichen Honorarsätze genehmigt. Die Aufwertung wurde noch bedeutsamer durch den Umstand, daß die Heilpraktiker sich von Hitler eine Gleichstellung mit den Ärzten erwarteten, einschließlich der Zulassung zu den Krankenkassen. So erhofften sich die Heiler um Weißenberg, auf dem »Gebiet der Volksgesundheit [...] an [dem] großen Aufbauwerk« mitzuwirken. Auch Weißenbergs Sekretär Kursowsky sah große Zukunftsperspektiven: »Schon vor vielen Jahren hat unser Meister davon gesprochen, daß für die Heilpraktiker und auch für des Meisters Behandlung Lehrstühle an den Universitäten eingerichtet werden müssen. Jetzt ist es so weit.«

Bald darauf begann die Katastrophe für die Weißenberger. Sie wurde vermutlich ausgelöst durch einen (von Goebbels inspirierten?) Artikel der »Deutschen Wochenschau«[214] über ein Fest im Mai 1934 in der »Friedensstadt«. Besonders moniert wurde, daß dabei die Weißenberger auch Hakenkreuzbinden zum Festanzug getragen hätten; peinlich berühre es auch Nationalsozialisten, »wenn SA-Männer und Arbeitsdienstler in dienstlicher Haltung, Hand an Koppel, den Arm zum Gruß erhoben, an dem ›fleischgewordenen Johannes‹, alias Joseph Weißenberg, vorbeidefilieren«. Die Nationalsozialisten[215] schlossen sich dieser Stellungnahme an und tadelten bei den »Weißenbergern« nicht nur den »religiösen Unsinn«, sondern besonders den »Mißbrauch des Braunhemdes«. Solange diese Leute kein öffentliches Ärgernis erregten, könne man sie ja mit Rücksicht auf ihre nationale Linie in Ruhe lassen. Aber es sei schärfster Protest dagegen einzulegen, »daß den Veranstaltungen dieser religiösen Schwarmgeister ein nationalsozialistisches Gepräge gegeben wird«. Es sei nötig geworden, einen solchen Trennungsstrich zu ziehen aufgrund der Anweisung Röhms, die SA habe sich aus dem kirchlichen Dogmenstreit herauszuhalten.

Im Sommer oder Herbst 1934 wurde auch die Gestapo auf die »Weißenberg-Sekte« aufmerksam und kam sogar durch das Hineindrängen von Weißenbergs Kriegerverein in die SA-Reserve und in den »Kyffhäuserbund« in einen gewissen Handlungsdruck. Im September 1934 forderte das Geheime Staatspolizeiamt Berlin bei der Staatspolizeistelle Potsdam einen ersten Bericht über die Siedlung

»Friedensstadt« an.[216] Das Antwortschreiben von Mitte November war für die Siedler nicht ungünstig: Die Anhänger der Sekte sowie ihr Oberhaupt seien fast durchweg Mitglieder der NSDAP oder ihr nahestehend. Positiv zu werten seien auch die umfangreichen Arbeitsbeschaffungsmaßnahmen durch die Siedlung (Bodenkultur, Wasserversorgung, Straßen- und Schulbau – sie waren durch den freiwilligen Arbeitsdienst durchgeführt worden) und ihr sozial-karitatives Wirken.

Ende 1934, so erfahren wir aus der späteren Darstellung der Weißenberg-Anhänger[217], habe die Gestapo Weißenberg und die Evangelisch-Johannische Kirche aufgefordert, das jüdische Alte Testament und die »Geistfreund-Reden« aus ihrem Ritual zu verbannen. Der »Meister« habe aber unerschrocken dagegen gepredigt, jedoch im Anschluß an einen Gottesdienst zu einem »Bruder« geäußert: »Alles, was ich durchgemacht habe, muß ich noch einmal durchmachen. Es ist sehr ernst und diesmal noch viel schwerer.«

Und wirklich konnte die »Deutsche Wochenschau« am 31. Januar 1935 triumphierend in der Überschrift melden: »Das Ende eines religiösen Hochstaplers. Verbot der Weißberg-Sekte durch die Geheime Staatspolizei. Die Veröffentlichungen der ›Deutschen Wochenschau‹ hatten Erfolg.« »Durch die Initiative von Hermann Göring«, so der Artikel selbst, »ist mit dem Weißenberg-Unfug endlich ein für allemal Schluß gemacht worden.« Tatsächlich hatte die Staatspolizeistelle für den Landespolizeibezirk Berlin, gestützt auf die Verordnung des Reichspräsidenten zum Schutz von Volk und Staat von 1933, am 17. Januar 1935 die »Evangelisch-Johannische Kirche«, deren Untergliederungen und den Kriegerverein »Ewiges Leben« verboten, sie aufgelöst und ihr Vermögen mit der Begründung beschlagnahmt: »Das Verbot ist erfolgt, weil die ›Weißenberg-Sekte‹ unter dem Deckmantel religiöser Betätigung spiritistische Sitzungen abhält, in denen unter Verwendung von Medien die Geister großer Männer und Nationalhelden zitiert werden, um so für die Sekte und den ›Meister‹ Johannes Weißenberg Propaganda zu machen und darüber hinaus versucht, die Verdienste der heutigen Regierung für sich in Anspruch zu nehmen. Derartige Veranstaltungen können infolge des spiritistischen Unfugs nur als Entweihung des Gottesdienstes angesehen werden, ganz abgesehen davon, daß die aufpeitschenden und religiös-fanatischen Geisterreden auf die seelische Verfassung der Versammlungsteilnehmer, zu denen auch schulpflichtige Kinder gehören, einen unheilvollen Einfluß ausüben. Durch den Einfluß Weißenbergs sind bereits einzelne Personen dem religiösen Wahnsinn verfallen. Die Gemeingefährlichkeit dieser Umtriebe der Weißenberg-Sekte wird dadurch gesteigert, daß diese ihre Veranstaltungen seit der nationalsozialistischen Erhebung mit dem Ideengut der nationalsozialistischen Revolution zu verbrämen versucht und damit das nationalsozialistische Gedankengut schamlos herabwürdigt.«[218]

Glaubwürdig ist nur diese letztere Begründung, insbesondere wenn man sie im Zusammenhang mit einer Veröffentlichung des »Völkischen Beobachters«[219] über das Verbot sieht, in welchem es abschließend heißt: »Isidor Weiß, Berlins Polizeipräsident in der Zeit des Weimarer Systems, hat einmal erklärt, er dächte gar nicht daran, gegen den Weißenberg-Rummel einzuschreiten, da die nationalistische Drapierung dieser Leute nur geeignet sei, die wirklich nationalistischen Kreise lächerlich zu machen.« Auch andere Zeitungen suchten nun Ende Januar 1935 in einer offenbar gelenkten Aktion Weißenberg persönlich zu verunglimpfen (luxuriöser Lebenswandel, Alkoholismus) und selbst sein bisher stets positiv gewürdigtes soziales Werk in der »Friedensstadt« als rein geschäftliches Unternehmen zu diskreditieren.

Dagegen waren die Verwaltungsbehörden[220] mit dem Verbot ganz und gar nicht einverstanden. Das Regierungspräsidium Potsdam schrieb Anfang Februar 1935 an den Reichs- und Preußischen Minister des Innern einen geharnischten Brief: Nach Aussage des NSDAP-Kreisleiters handle es sich bei den Siedlern um »die stärkste und ruhigste Ortsgruppe seines Kreises«; nach dem Bericht des Landrats fielen sie dadurch auf, daß sie »überdurchschnittlich glücklich und zufrieden« seien und ihre »ohne jeden Zweifel sehr anzuerkennenden positiven sozialen Leistungen [...] die religiösen Sonderbarkeiten bei weitem überwiegen«. Es bestünde zwar für das Regierungspräsidium kein Anlaß, die »Sekte« mit ihren eigenartigen religiösen Übungen als solche in Schutz zu nehmen und ihr Verbot zu tadeln, doch die praktischen Auswirkungen dieses Verbots für die Siedlung in Glau seien verheerend. Das uneingeschränkte

Verbot, das allein durch die Einwirkung der Gestapo in Zusammenarbeit mit dem Reichsminister des Innern erfolgt sei, ohne Mitsprachemöglichkeit des Oberpräsidenten, des Landrats oder der Potsdamer Staatspolizeistelle (die erst durch die Presse und den Rundfunk vom Verbot erfahren habe), sei technisch im Falle der Glauer Siedlung mit ihren zahlreichen wirtschaftlichen Einrichtungen (unter anderem Belieferung von Wirtschaftsbetrieben außerhalb der Siedlung) und ihrem Schulbetrieb gar nicht durchführbar. In deutlicher Sprache fuhr das Schreiben fort: »Es kann dem Ansehen der Reichs- und Staatsverwaltung nicht dienlich sein, wenn zunächst ein uneingeschränktes Verbot öffentlich mit großen Pressekommentaren erlassen wird, das nachher in seiner Durchführung eingeschränkt werden muß.« Das Regierungspräsidium machte abschließend die Angelegenheit sogar zum Präzedenzfall: »Ich wäre dankbar, wenn dieser Verbotsfall zum Anlaß genommen würde, um grundsätzlich anzuerkennen, daß der Regierungspräsident in solchen Fällen von allem Anfang an ausreichend beteiligt werden muß.«

Trotzdem wurde das Verbot von Weißenbergs Organisationen im Februar 1935 auf das ganze Reich ausgedehnt.[221] Darauf schrieb Weißenberg am 17. Februar eigenhändig an Hitler einen ersten Brief[222], in welchem es hieß: »Deutschland ist für viele Deutsche – und das waren nie die schlechtesten – kein rein diesseitiger Begriff, sondern vielmehr der Begriff für ein geistiges Sein, das nicht mit dem Tode endet und nicht auf das Diesseits beschränkt werden kann [...] Seit 1900 kämpfe ich unermüdlich für eine religiöse Erneuerung des christlichen Glaubens auf Grund der Luther-Bibel, und auf Grund der religiösen Kräfte, die mir von Gott als Aufgabe und Berufung gegeben werden [wurden?], kämpfe gegen Liberalismus, Marxismus, Ungläubigkeit und Sittenlosigkeit, kämpfe für ein Deutschland des reinen felsenfesten Glaubens, kämpfe für ein Mannestum, das – wie die Helden der Freiheitskriege – Gebet und Kampf, Gebet und Wirken für die heiligsten Güter zum Leitmotiv meines Lebens erhebt.« Weißenberg erinnerte ferner an sein opferwilliges Aufbauwerk in Glau, an die geltende Religions- und Glaubensfreiheit und an ein Hitler-Wort aus »Mein Kampf«: »Die Aufgabe der Bewegung ist nicht die einer religiösen Reformation, sondern die einer politischen Reorganisation.«

Zudem erschien Weißenberg Ende Februar 1935 freiwillig bei der Staatspolizeistelle Potsdam und versprach, um eine Rücknahme des Verbots zu erreichen, folgendes künftig zu beachten: Während der Gottesdienste sollten nicht mehr die Geister nationaler Helden sprechen; Kinder würden nicht mehr an den Erwachsenengottesdiensten teilnehmen, sondern es würden für sie eigene Kindergottesdienste abgehalten werden; Personen, die während der Gottesdienste in Verzückung gerieten (»eingeschaltet werden«), dürften sechs Wochen an keinem Gottesdienst mehr teilnehmen. »Ich will«, so Weißenberg, »als guter Nationalsozialist in jeder Weise den Anordnungen der Regierung Folge leisten und gebe der Hoffnung Ausdruck, daß durch diese meine Zugeständnisse die Aufhebung des Verbots meiner Gemeinde beschleunigt wird.«

Am 1. März 1935 schrieb Weißenberg an Hitler einen weiteren Brief:

»Mein Glaube ist, daß ich siege.
Mein Glaube ist, daß Jesus lebt!
Mein Glaube ist die Auferstehung
aus der Schwachheit zur Kraft. Amen!
Um dieses meines Glaubens willen muß ich als Geächteter im deutschen Vaterlande dastehen. Ein Schandbild, vor dem die Leute ausspeien, bin ich geworden! Ein Lichtstrahl ist mir geblieben. Heller denn je leuchtet mir das Kreuz von Golgatha!
Mein Führer, auch Sie haben einst darunter gestanden. Erinnern Sie sich der seligen Stunde, und geben Sie einem deutschen Mann seine Freiheit des Glaubens wieder. Ich habe nicht mehr zu bitten als das eine: Auge um Auge, Zahn um Zahn. Wie mein Führer kundgetan hat, so lege ich es ihm in seine aufrichtigen Hände und befehle meinem himmlischen Vater meinen Geist, denn ich weiß, daß mein himmlischer Vater auch Ihr Vater ist, und wo sein Geist die Wahrheit fördert, so wird Wahrheit Wahrheit bleiben.
Zum Schluß muß ich gestehen, alles konnte ich überwinden, aber diesen Schandfleck, am Vaterlande zum Verbrecher geworden zu sein, überlebe ich als Greis von 80 Jahren nicht mehr. Dann komme Fluch über die Verleumder meines ehrlichen Namens
Weißenberg.«[223]

Am 15. Mai 1935 bestätigte aber der Reichs- und Preußische Minister des Innern das Verbot mit der Begründung, die »Weißenberg-Sekte«, ihre Untergliederungen und der Kriegerverein »Ewiges Leben« seien »volks- und staatsfeindlich«.

Am 18. Mai 1935 wurde Weißenberg verhaftet:[224] Gestapo-Gefängnis Berlin in der Prinz-Albrecht-Straße, Untersuchungsgefängnis in Moabit, Staatskrankenhaus. Mitte Juli wurde vom Geheimen Staatspolizeiamt Berlin gegenüber Weißenberg ein Aufenthaltsverbot für die Regierungsbezirke Potsdam und Frankfurt/Oder ausgesprochen und ihm Berlin als Wohnsitz zugewiesen. Dann folgte die Anklage unter dem Vorwand angeblicher Sittlichkeitsverbrechen, die er im Rahmen des »Jungmädchenbundes« seiner Kirche begangen haben sollte. In der Verhandlung am 13. August 1935 vor dem Landgericht in Berlin-Moabit wurde er des fortgesetzten Sittlichkeitsverbrechens an einem 12jährigen Mädchen und weiterer Verbrechen an zwei anderen, gleichfalls noch minderjährigen Mädchen im Alter von 16 und 20 Jahren, die er als Erzieher zu betreuen hatte, beschuldigt. Außerdem wurde er als massiver Alkoholiker verleumdet, der seine »Geisterbeschwörungen« zu »wüsten Orgien« mit den zuvor durch Alkohol gefügig gemachten minderjährigen Mädchen benützt habe. Die Verführten hätten sich erst nach dem Sektenverbot geoffenbart. Ein minderjähriger Zeuge, wohnhaft in der Siedlung »Waldfrieden«, bestätigte die unzüchtigen Handlungen während der unter Ausschluß der Öffentlichkeit geführten Beweisaufnahme. Weißenberg erklärte dagegen in seinem Schlußwort: »Ich bin unschuldig. Tun Sie mich erschießen. Ich alter Mann halte es in der Zelle nicht mehr aus.« Er wurde zu eineinhalb Jahren Zuchthaus und fünf Jahren Ehrverlust verurteilt.

Schon am 21. Oktober 1935 folgte vor dem Sondergericht I in Berlin ein zweiter Prozeß gegen Weißenberg und zehn seiner engsten Anhänger – u. a. Grete Müller, Franz Kursowsky und Frithjof Rohr – wegen Vergehens gegen die Verordnung zum Schutz von Volk und Staat. Sie hätten gegen das im Januar ergangene Verbot ihrer »Sekte« durch deren Weiterführung verstoßen. So habe Kursowsky auch nach dem Verbot noch Rundschreiben an die Mitglieder versandt und darin in verdeckter Form um Kirchenbeiträge gebeten. Ferner habe man »Bausteine« vertrieben, die angeblich der

Ausgestaltung der »Friedensstadt« dienten, tatsächlich aber Weissenberg zugute kommen oder zur Besoldung der Prediger und »Werkzeuge« verwendet werden sollten. Ferner seien noch als Heilpraktikertreffen getarnte Versammlungen abgehalten und dort – unter Anwesenheit von Weißenberg und Grete Müller – Kirchenbeiträge eingefordert und Gelder gesammelt worden. Auch bei diesen Versammlungen seien die »Geistfreunde« »eingeschaltet« worden, und Bismarck und Horst Wessel hätten die Aufhebung des Verbots der Weißenberg-»Kirche« gefordert. Stenogramme dieser Reden seien als Flugblätter verbreitet worden. Weißenberg wurde zu einem Jahr Gefängnis verurteilt.

Dann begann, so lesen wir in der späteren Würdigung durch seine Anhänger, »der Leidensweg des Meisters durch die Zuchthäuser Hitler-Deutschlands«. Denn die Gestapo habe die Aufhebung des Gesetzes erwirkt, wonach Gefängnis- und Zuchthausstrafen an Personen über 80 Jahren nicht mehr vollzogen werden durften. Vom Zuchthaus Brandenburg-Görden kam er ins Zuchthaus Sonnenburg, dann Anfang 1937 ins Gefängnis von Frankfurt/Oder. Wegen Haftunfähigkeit wurde er von dort in ein Krankenhaus eingeliefert und am 11. April 1937 in die »Friedensstadt« entlassen. Am Pfingstsonnabend, dem 5. Juni 1937, wurde er erneut verhaftet und ins Zuchthaus Luckau verbracht. Nach der Strafverbüßung hielt er sich vom 4. September 1937 bis 6. Februar 1938 wieder in der »Friedensstadt« auf und nahm aktiven Anteil an ihrem Leben. Er ließ unter anderem einen Traum verlesen, nach dem ein Prediger der Gemeinde, in ein weißes Gewand gehüllt, im alten Bethaus der Sekte die Spreu vom Weizen trennte. Darauf wurde Weißenberg in Glau (zusammen mit dem von ihm erwähnten Prediger) inhaftiert, dann wieder entlassen, aber mit Ortsverbot für die Siedlung belegt, »damit endgültig dem Weißenbergspuk in Glau ein Ende bereitet ist« (so die Gestapo). Dann wurde er in eine Heilanstalt für Geisteskranke in Herrnprotsch in Schlesien eingeliefert und ihm schließlich Bad Obernigk in Schlesien als Zwangsaufenthalt zugewiesen, wo er im Haus von Anhängern wohnen konnte und von seiner Tochter Frieda Müller betreut wurde, aber unter Gestapo-Aufsicht stand.

Nicht nur Weißenberg sollte aber vernichtet werden, sondern auch sein soziales Werk, die »Christliche Siedlungsgenossenschaft

Waldfrieden« (»Friedensstadt«).[225] Mitglieder des Vorstands und Aufsichtsrats wurden im Herbst 1935 in »Schutzhaft« genommen, da sie sich als überzeugte Weißenberger weiter illegal für die »Evangelisch-Johannische« Kirche betätigt hätten; die Siedlung wurde unter Zwangsverwaltung gestellt und die Leitung einem überzeugten Nationalsozialisten anvertraut. Außerdem kritisierte die Gestapo: »Auch sind alle Einwohner der Siedlung heute noch überzeugte Anhänger des Weißenberg. Bei einer Besichtigung der Siedlung am 21. 8. d. Js. [1935] wurde festgestellt, daß über den Eingängen der meisten Wohnungen Weißenbergbilder und der eingerahmte Weißenberggruß ›Gott zum Gruß‹ angebracht waren. Im Altersheim stand auf dem Flur des 1. Stockwerks eine Kopie des Weißenbergdenkmals aus Gips. Die Siedler und auch die Mitglieder des Vorstandes und des Aufsichtsrats der Siedlungsgenossenschaft machten gar kein Hehl daraus, daß sie nach wie vor von der Richtigkeit der Lehre des Weißenberg überzeugt sind. Die sittlichen Verfehlungen des Weißenberg werden trotz seiner gerichtlichen Verurteilung weder vom Vorstand noch von seinen Anhängern anerkannt. Seine Haft wird vielmehr als Leidenszeit im göttlichen Sinne betrachtet.« Die Gestapo beantragte deshalb, im Nachtrag zu den vorausgegangenen Verboten, festzustellen, daß auch das Vermögen der Siedlungsgenossenschaft staatsfeindlichen Zwecken diene; damit sollte die Möglichkeit gegeben werden, dieses Vermögen zugunsten des Landes Preußen (nach dem Gesetz über die Einziehung kommunistischen Vermögens vom 26. Mai 1933) einzuziehen.

Das Regierungspräsidium freilich blieb bei seinen Bedenken gegen eine Auflösung der Siedlung: Wirtschaftlich übernehme damit der Staat auch die Schulden der Genossenschaft; politisch würden die Siedler für das Scheitern der Unternehmung dann nicht Weißenberg, sondern den Staat verantwortlich machen. Deshalb solle das Vermögen nicht eingezogen, sondern die zivile Liquidation betrieben werden. Zu diesem Zwecke sei der mit der Leitung betraute und unfähige Nationalsozialist durch Fachleute zu ersetzen. Tatsächlich änderte darauf die Gestapo im April/Mai 1936 grundlegend ihre Meinung: Die staatspolizeiliche Überwachung der Siedlung sei überflüssig, Versammlungen der Weißenberger zur Erörterung der Genossenschaftsfragen könnten dort abgehalten werden, der Nazi-

Leiter werde abberufen und von den Weißenbergern selbst ein neuer Vorstand und Aufsichtsrat gewählt und – das war das Wesentlichste – die Siedlungsgenossenschaft falle nicht unter das Verbot der »Weißenberg-Sekte«. Wirtschaftliche Überlegungen der Verwaltung hatten nun also Vorrang vor ideologischen Vorgaben der Gestapo.

Es gelang, die zunächst akute Gefahr eines Konkurses wegen Zahlungsunfähigkeit – war doch die Siedlung immer ein Zuschußbetrieb geblieben, abhängig von den Spendengeldern der Weißenberger – abzuwenden, unter anderem durch den Verkauf von Schienen- und Lorenmaterial. Die Siedler selbst waren in ihrer Zuversicht ungebrochen, daß Weißenberg bald wieder die Leitung der Genossenschaft übernehme, wie die Gestapo berichtete: »Mit der Aufhebung des Verbotes der Sekte zu gegebener Zeit wurde allseitig gerechnet. Zur Unterstützung wurde hierbei eine Bibelstelle aus der Offenbarung Johannes herangezogen, wonach die Herrschaft des Teufels 42 Monde währe, welche Zeit die Weißenberger vom 17. Januar 1935 an rechneten. Aus Glau wurden Gerüchte über die bevorstehende Hungers- und Wassernot in Deutschland und anderen Ländern bekannt, die dazu führten, daß bereits Konserven auf Vorrat eingekauft wurden und man aus dem Parterre in das 1. Stockwerk zog, da die kommende Flut nur bis zum Sockel des Denkmals des ›Göttlichen Meisters‹ gehen würde.«

Ab 1938 erholte sich die Siedlung wirtschaftlich und konnte an die Hypothekenrückzahlung gehen; 1939 machte sie sogar Gewinne. Diese Erfolge kamen vor allem durch die Vermietung von Gebäuden zustande: Formationen der »Leibstandarte ›Adolf Hitler‹« wurden einquartiert und versorgt, die große Festhalle an die »Reichsstelle für Getreide« zur Einlagerung von 18 000 Zentnern indischen Weizens zur Verfügung gestellt, das Museumsgebäude zum »Gefolgschaftsheim« für eine in der Nähe liegende Munitionsfabrik umgewandelt, 1940 schließlich Wolyniendeutsche untergebracht.

Denn auch der Kriegsausbruch brachte zunächst nicht den Verkauf der Siedlung und die endgültige Liquidation, sondern eine Fortsetzung der einträglichen Vermietungspraxis. Die Genossenschaftsvertreter waren Ende 1939 noch ganz auf Weißenbergs Seite und wurden deswegen im Dezember 1939 erneut vorübergehend in Schutzhaft genommen (die anschließend vorgesehene Einweisung in ein KZ wurde aber widerrufen). Anlaß war ein Schreiben der Genossenschaftsleitung, die staatlich eingesetzten Liquidatoren wegen Unfähigkeit abzusetzen und den kompetenten Weißenberg wieder an die Spitze seiner Gründung zu stellen. In Glau ging das Gerücht, daß der Zeitpunkt einer Rückkehr Weißenbergs in seine Siedlung nicht mehr ferne sei. Dann änderte aber der Kriegsbedarf doch alles: 1940 wurde das Gelände an das Deutsche Reich, vertreten durch den Reichsführer SS und Chef der deutschen Polizei im Reichsministerium des Innern, verkauft und dort ein Truppenübungsplatz der Waffen-SS eingerichtet.

Am 6. März 1941 starb Weißenberg in Bad Obernigk. Seine Anhänger aber erinnerten sich in den kommenden Jahren an seine Prophezeiungen:[225] Ein zweiter schrecklicher Krieg und eine Zeit der Not würden kommen, Berlin und Potsdam in Trümmer sinken und die Russen dort einmarschieren, Deutschland verkleinert und geteilt werden usw. Eine seiner Anhängerinnen berichtet, ihr Mann habe 1937 mit Weißenberg in der »Friedensstadt« gesprochen und der »Meister« habe ihm geraten, sich eine andere Wohnung zu suchen: »Aus der Ecke mußt du raus. Da geht doch alles kaputt und Tote gibts auch.« Sie seien umgezogen, und tatsächlich sei ihr altes Wohnhaus dann gegen Kriegsende total ausgebombt worden und ausgebrannt, wobei einige Tote zu beklagen waren. Die geschaute Apokalypse wurde im Krieg Wirklichkeit.

Auferstanden

Als vorausschauend[226] erwies sich auch, daß Weißenberg bereits im April 1932 seine Tochter Frieda Müller zur Nachfolgerin eingesetzt hatte. Nach dem Verbot der Kirche 1935 bildete sie zusammen mit dem Prediger Frithjof Rohr und dem Diplomingenieur Kurt Locklair (beide aus Berlin) den Vorstand des illegal weiterbestehenden Vereins: »Trotz des Verbots durch die Gestapo haben in den zwischen 1935 bis 1945 gelegenen Jahren ständig geheime Zusammenkünfte stattgefunden und wurden auch vereinzelt Amtshandlungen wie Taufen, Trauungen, Beerdigungen usw. durchgeführt, so daß das Vereinsleben, wenn auch unter Schwierigkeiten doch ständig aufrecht erhalten werden konnte.«

Die erste legale Mitgliederversammlung fand aber erst wieder im August 1946 statt. In diesem Jahr wurde auch eine neue »Kirchenverfassung« vom Vorstand der Weißenberg-Kirche beschlossen, die allerdings bei den Abschnitten über Heilbehandlung durch alle Prediger der Kirche und die vorgesehene Errichtung von Heilinstituten (»Das hygienische Werk«) auf staatlichen Einspruch stieß und rechtlich unwirksam blieb. Denn aufgrund der noch gültigen Reichsärzteordnung vom Dezember 1935 und den Bestimmungen des Heilpraktikergesetzes vom Februar 1939 durften nur approbierte Ärzte und Heilpraktiker eine Heilbehandlung durchführen. Auch die undemokratische »theokratische Ordnung«, die weder eine Mitgliederversammlung noch eine Vorstandswahl vorsah, stieß auf die Kritik staatlicher Organe. Darüber hinaus protestierte die evangelische Kirche gegen die Weiterführung der Bezeichnung »Evangelisch-Johannische Kirche« und gegen die Benützung der Begriffe »Konsistorium« und »Oberkirchenrat«.

Die Weißenberger konnten sich gegen alle diese Einwände durchsetzen; so wurde ihnen 1951 gerichtlich bestätigt, es könne »von einer Religionsgemeinschaft aufgrund ihrer besonderen verfassungsmäßig gewährleisteten Stellung innerhalb des Staates [Art. 137 der Weimarer Reichsverfassung von 1919 war nach Art. 140 des Grundgesetzes ein Bestandteil des Grundgesetzes] eine satzungsmäßig festgelegte demokratische Willensbildung nicht verlangt werden, da dies einen entscheidenden Eingriff in das innerste Wesen der [Religions-]Gesellschaft bedeuten würde«. 1953/1954 legte der Vorstand einen neuen Satzungsentwurf vor: Die Kirche wurde nun als »Johannische Lebensgemeinschaft« bezeichnet: »Diese Lebensgemeinschaft strebt eine theokratische Ordnung an, der sich jeder freiwillig unterordnet.« Zur »theokratischen Ordnung« gehöre auch, daß das Oberhaupt jeweils den Nachfolger ernenne. Man könne dies allerdings, so der Hinweis gegenüber dem Westberliner Vereins-Gericht, nicht in die »Kirchenverfassung« selbst aufnehmen mit Rücksicht auf die DDR, »in der nur sogenannte demokratische Organisationen zugelassen sind«.

Im anderen Teil Deutschlands lag ja die »Friedensstadt«, und es gab größere Gruppen von Anhängern in Glau, Wittenberg, Jena und Leipzig. Die sowjetische Militäradministration hatte bald nach Kriegsende die Weißenberg-Kirche wieder zugelassen, das erste von Weißenberg für die künftige »Friedensstadt« erworbene Gelände »Waldfrieden« und die Festhalle für Gottesdienste (von der Waffen-SS schließlich zur Panzerwerkstatt umfunktioniert) freigegeben; andere Teile des Glauer Geländes waren aber unter die Bodenreform oder unter staatliche Verwaltung gefallen oder von der sowjetischen Besatzungsarmee als Truppenübungsplatz in Benutzung genommen worden. Ein neuer Satzungsentwurf von 1955 wurde jedenfalls 1956 nach einer Abstimmung in den einzelnen Gemeinden in der Bundesrepublik und in der DDR (zusammen gab es damals noch knapp 5000 stimmberechtigte Mitglieder in den beiden deutschen Staaten) nur für West-Berlin und die Bundesrepublik in Kraft gesetzt, für die DDR und Ost-Berlin dagegen nicht zugelassen. Dort wurde eine eigene »Grundordnung« veröffentlicht, und es entstand eine eigene Kirchenleitung mit dem Zentrum im »Waldfrieden« in Blankensee bei Glau.

Die Weißenberg-Kirche, die ab 1975 den Namen »Johannische Kirche« annahm (seit 1990 Körperschaft des öffentlichen Rechts) und deren Zentrum das »St. Michaelsheim« (ehemals Palais Mendelssohn) in West-Berlin (Grunewald) als Sitz des Oberhaupts ist (1974 hatte Frieda Müller für den Fall ihres Todes ihre uneheliche Tochter Josephine Müller als Nachfolgerin eingesetzt und damit den Charakter eines Familienunternehmens gewahrt), entwickelte unter Frieda Müllers Leitung besonders die nach außen gerichteten sozialen Aktivitäten weiter, die heute im »Johannischen Sozialwerk« zusammengefaßt sind und Frieda Müller 1976 das Bundesverdienstkreuz I. Klasse einbrachten. Der Endzeitprophetismus zeigt sich abgeschwächt vor allem im ökologischen Gewande. In der Fränkischen Schweiz wurde ein Hof erworben und nach ökologischen Gesichtspunkten bewirtschaftet, verbunden mit dem Gedanken einer natürlichen Heil- und Lebensweise. »Geistfreunde«- und Trance-Reden sind auf die großen Festtage des Kirchenkalenders beschränkt und nur unter Leitung und Anwesenheit des kirchlichen Oberhaupts möglich. Das »Sakrament der geistigen Heilung« durch Handauflegen wird von den Kirchenangehörigen regelmäßig einmal monatlich empfangen. Die deutschnationale Ausrichtung scheint verschwunden; gegenüber anderen Religionsgemeinschaften wird Toleranz geübt.

Die deutsche Wiedervereinigung und der Abzug der Roten Armee brachten für die »Friedensstadt« starke Impulse. Im Dezember 1993 war der brandenburgische Ministerpräsident dort zu Besuch, im Sommer darauf fand ein »Fest der Begegnung« statt, und inzwischen sind die von der Sowjetarmee verlassenen Gebäude an die Kirche zurückerstattet worden und durch freiwillige Arbeit der Weißenberg-Anhänger in Sanierung begriffen. Die erneuerte »Friedensstadt« hofft, unter anderem zur wirtschaftlichen Belebung des Gebietes – nicht zuletzt über Angebote des Nahtourismus und durch Sozialarbeit – beitragen zu können.

Würdigung

Joseph Weißenberg wird in einer neueren Darstellung der Apostel und Propheten des 19. und 20. Jahrhunderts als »zweifellos die farbigste, aber auch problematischste Persönlichkeit unter den Gründern deutschsprachiger Religionsgemeinschaften des 20. Jahrhunderts« gewürdigt.[228] Seine Zeitgenossen dagegen betonten, daß er kaum Originalität im üblichen Sinne besitze: »Ein ungebildeter alter Mann ohne Ideen, ohne Hilfsmittel, ohne Theorie, auch ohne Rednergabe versammelt eine große, sehr große Gemeinde um sich, hält ›Kirchenversammlungen‹ mit vielen hundert Delegierten ab, Paraden von Tausenden, baut Häuser, erhält Arme, heilt Kranke oder heilt sie nicht, aber läßt sie gewiß glauben, daß er sie heilt«.[229] Gerade in diesen seinen Wirkungen wird er für den Historiker interessant; denn er bringt Tendenzen seiner Zeit überdeutlich zum Ausdruck. Die Beschäftigung der Gesellschaft mit Krankheit und Tod oder soziale Protesthaltungen gegen Kirche und Staat finden hier ihre konzentrierte Darstellung. Und Weißenberg wird zum Schöpfer eines eigentlich deutschen, und das heißt hier völkisch-nationalen Spiritismus. Ein radikaldemokratischer, sozialreformerischer Spiritismus in der Tradition der »Harmonischen Philosophie« eines Fourier oder Davis hatte dagegen, wie die beschriebene Isolation eines Georg von Langsdorff erweist, in Deutschland keinen Nährboden. Eine konservativ-revolutionäre »völkische Religiosität« jedoch stößt seit der Gründung des deutschen Nationalstaates und verstärkt durch das nationale Trauma seiner Niederlage im Ersten Weltkrieg auf wachsende Resonanz.[229a] Weißenberg ist wirklich »Werkzeug« im medialen Sinne. Aber er kanalisiert diese Strömungen auch und organisiert sie, so daß er die angeblich zahlenmäßig stärkste christliche Sekte Deutschlands in den 20er Jahren zusammenbringt und in den Glauer Bergen in der Mark Brandenburg die größte genossenschaftliche Privatsiedlung im Reich verwirklicht. In diesem Sinne ist er zumindest repräsentativ für seine Zeit und sein Land – wenn er auch die Zeitströmungen nicht immer auf orthodoxe Weise artikuliert.

Heiler

Nach einer Erhebung des Reichsgesundheitsamtes vom Dezember 1928 wirkten in Deutschland 12 098 Laienbehandler, davon 2803 weibliche. Diese Angaben, so wurde vermutet, blieben weit hinter der Wirklichkeit zurück. Vielmehr liege die Zahl derer, die – von Notfällen, Operationen und dergleichen abgesehen – der Schulmedizin kein Vertrauen schenkten, bei 50 % der Bevölkerung. Nur die Tatsache, daß die deutschen Ärzte in der Krankenversicherung, die zwei Drittel des deutschen Volkes erfasse, ein absolutes Monopol besäßen, habe die Zahl der Laienbehandler nicht noch weiter ansteigen lassen, meinte Erwin Liek 1940.[230] Tendenziell aber, so urteilte er, sei parallel zum Aufstieg der wissenschaftlichen Heilkunde eine ebenso unerhörte Zunahme der Laienbehandlung zu verzeichnen.

Liek, selbst approbierter Arzt, wies auch darauf hin, daß diese zunehmende »Kurpfuscherei« und ihr Anklang bei den Patienten nicht einfach nach dem Modell »Verführer« und »Verführte« abzuqualifizieren seien. Natürlich treibe unter den »Kurpfuschern« eine Unzahl von Betrügern, Geschäftemachern und Verrückten ihr Unwesen, aber: »Neben Gesindel gibt es sittlich einwandfreie und durchaus ernst zu nehmende Laien, die auf Grund reicher Erfahrung behaupten, mehr zu können als wir Ärzte. Eine Behauptung, die noch schärfer und lauter von den Behandelten ausgesprochen wird. Man muß Prinzhorn durchaus beipflichten, wenn er schreibt: ›In dieser Frage entscheiden nicht ärztliche Standesinteressen, sondern die Leistungen.‹«

Heute sehen wir, daß die Abqualifizierung der Vertreter der Volksheilkunde zu »Kurpfuschern« selbst eine Strategie der Ärzte im Zuge ihrer Professionalisierung im 19. und beginnenden 20. Jahrhundert war. Als zentrales Ziel der Professionalisierungsprojekte galt es, »ein – gesetzlich geschütztes – Berufsmonopol auf dem jeweiligen Markt professioneller Dienstleistungen zu erreichen«.[231] Die Aufwertung der »gelehrten Medizin« – etwa durch Betonung der formalen Ausbildung – ging Hand in Hand mit einer Abschließung nach unten, zur Volksmedizin, zu den »Kurpfuschern«. Weißenberg selbst konnte ein Lied von der Unerbittlichkeit dieser Auseinandersetzung singen. Sie endete schließlich damit, daß die Volksmedizin ihren zentralen Ort verlor und nur noch eine komplementäre Bedeutung zur naturwissenschaftlich fundierten und sich zunehmend spezialisierenden Medizin erhielt. Überflüssig jedenfalls wurde sie keineswegs, und es ist von großem Interesse, daß gerade in den Großstädten, Orten der Modernität also, für die Laienbehandler ein günstiger Nährboden vorhanden war. Für das Berlin der 20er und 30er Jahre zum Beispiel wird von einer Insiderin berichtet[232], daß es hier etwa 15 bis 20 hervorragende Heilmagnetopathen gab – ohne Angabe von Gründen ist Weißenberg in ihrer Liste nicht aufgeführt.

Eine Aufwertung der Heilpraktiker fand erst unter dem Nationalsozialismus statt.[233] Absicht seiner Gesundheitspolitik war es nämlich, die wissenschaftliche Medizin mit Elementen volkstümlicher, »naturgemäßer« Heilverfahren zu ergänzen. Zur Verwirklichung dieses Ziels bildete sich im Sommer 1933 der »Heilpraktikerbund Deutschlands« als die von NS-Staat und NSDAP anerkannte Einheitsorganisation der »Naturheiler«. Wie wir gesehen haben, profitierten auch Weißenberg und seine »Werkzeuge« von dieser Maßnahme einer staatlichen Anerkennung.

Die großstädtischen Heiler des 20. Jahrhunderts müssen als späte Vertreter der Volksmedizin betrachtet werden. Weißenberg selbst gab vor Gericht an, er sei bereits als Junge mit der Anwendung verschiedener Hausmittel gegen einfache Krankheiten vertraut gewesen: »Gelernt habe ich dieses von dem Schäfer, bei dem ich jahrelang tätig war.« (Ein berühmter damaliger Naturheiler war zum Beispiel der Schäfer Ast in Radbruch.) Darüber hinaus hat der Autodidakt Weißenberg in sein therapeutisches Selbstverständnis einige »okkulte« Begriffe wie die Od-Lehre des Karl Freiherr von Reichenbach, die Magnetismus-Vorstellungen Franz A. Mesmers, die Äther-Lehre der Theosophen oder spiritistische Konzepte aufgenommen. Überraschenderweise war er aber kein Anhänger der Lebensreform, insbesondere nicht des Vegetarismus und Antialkoholismus; vielmehr spielten Tabak und Alkohol bei seinen Séancen im kleineren Kreis eine gerichtsbekannte Rolle.

Weißenberg hat im wesentlichen die Methoden einer bäuerlichen, volkstümlichen Erfahrungsheilkunde einem großstädtischen Patientenpublikum vermittelt. Die Anwendung von weißem Käse, von seinen ärztlichen Gegnern besonders häufig verlacht, wurzelte gewiß in einer uralten Volksheilkunde, welche dem Käse apotropäische, heilzauberische und medizinische Wirkung zuschrieb.[234] Die »Biologische Heilkunst«[235] machte in einem Verteidigungsartikel zugunsten Weißenbergs ausdrücklich geltend, daß weißer Käse in der Volksmedizin mit Erfolg gegen Geschwüre angewendet werde. Auch Weißenbergs sonstige Naturheilmittel – Arnika, Kamille, Sellerie und Schafgarbe, aber auch Milch und Harn – dürften dieser Erfahrungsmedizin entstammen, in der solche Heilmittel ebenso für den Heilzauber wie als sympathetische Medizin eingesetzt wurden.[236] »Die Heilkraft der [weißen] Schafgarbe ist mir von meinem Schäferberuf bekannt, ich habe sie schon im Jahre 1866 verordnet«, bestätigte er vor Gericht. Zumindest die Heilpflanze Arnika fand ihren Weg auch in die homöopathische Alternativmedizin.[237]

Allerdings wird auch deutlich, daß bloßer Traditionalismus im 20. Jahrhundert bei großstädtischen Heilern eine unzureichende Legitimationsgrundlage war. Auffällig ist, daß sie teilweise zusätzlich auf esoterische und okkulte Weltbilder zurückgriffen. So wissen wir durch die Erinnerungen einer Berliner Heilerin an die Weimarer Zeit[238], daß an den Berufsabenden der Heilmagnetopathen ein Kollege Zillmann teilnahm: »Für ihn war der Mensch ein rein kosmisches Wesen und er lehrte uns bereitwillig allerlei über Wünschelruten, Strahlen, Erdstrahlen, Biorythmen, Handlinien, Flies'sche Gedankengänge und vieles mehr. Er war sehr bekannt in Berlin.« Es handelte sich gewiß um den Theosophen Paul Zillmann[239], wohnhaft in Groß-Lichterfelde bei Berlin, den Gründer eines okkultistischen Verlagshauses und der »Metaphysischen Rundschau« (später »Neue Metaphysische Rundschau«), der Arbeiten über Yoga, Phrenologie, Astrologie, tierischen Magnetismus, Hypnose, Mystiker und Rosenkreuzer usw. veröffentlichte und selbst in der »Zeitschrift für Spiritismus«[240] für die Errichtung einer »deutschen Hochschule für Magnetismus« warb. Ebenso auffällig ist, daß auch in Weißenbergs Umfeld ein theosophischer Astrologe wie Martin Karpinski sich bewegte (»Ist ein Prophet heute kosmisch möglich?« lautete sein Vortragsthema über Weißenberg 1927) und der bekannte Astrologe Wilhelm Becker[241] eine Broschüre über Weißenbergs Horoskop publizierte. In der Großstadt verband sich also die Praxis der traditionellen Volksmedizin mit »okkulten« gedanklichen Zutaten zu einer ganz spezifischen Form von Alternativmedizin. Auch Weißenbergs angebliche Fähigkeit des Hellsehens, -hörens und -fühlens könnte in diesen Zusammenhang gehören; denn in einer neuen Untersuchung zur Theosophie – bei welcher der Glaube an Hellsehen weit verbreitet gewesen sei – heißt es: »Hellsehen und Hellhören galten als Kennzeichen für den Fortschritt auf dem okkulten Weg.«[242]

Der Vorzug der Volksmedizin gegenüber einer sich spezialisierenden und Körper und Seele aufspaltenden Schulmedizin lag und liegt in ihrem »ganzheitlichen« Ansatz. Dies bedeutet nach Martina Bühring[243] vor allem die Fähigkeit, mit den Patienten in eine intensive verbale, aber vor allem auch nonverbale Kommunikation zu treten und damit die Patienten einfühlend zu verstehen und zu verändern. Bei dieser Kommunikation komme es darauf an, die körperlichen, psychischen, sozialen, kulturellen, spirituellen Signale eines Kranken in einer Art »Zusammenschau« zu erfassen, so zu einer Diagnose zu gelangen und danach auf allen diesen Ebenen auf den Patienten einzuwirken. Dies war also vermutlich gemeint, wenn bei Weißenbergs Therapie von einem »Hellsehen, Hellhören und Hellfühlen« gesprochen wurde.

Im Mittelpunkt der Heilertätigkeit von Weißenberg stand nicht die Naturmedizin, sondern das Handauflegen – zunächst von ihm selbst vollzogen, dann durch seine »Werkzeuge«. Vor Gericht führte Weißenberg dazu aus:[244] »Die Einwirkung beruht darauf, daß ein magnetischer Strom von meinem Körper aus in den Kranken übergeht. Dadurch werden ihm die Schmerzen genommen; die weitere Folge ist, daß der Kranke ein Gefühl der Zufriedenheit und Erleichterung bekommt, sodaß dadurch der Heilprozeß günstig beeinflußt wird; darauf ist es auch zurückzuführen, daß meine Behandlung nicht etwa nur bei geistigen und inneren Krankheiten hilft, sondern auch bei äußeren Erkrankungen wie bei Brüchen und dergleichen.« Bei diesem uralten, in die Volksmedizin abgedrängten Heilungsritual ging es darum, auf nonverbale Art »heilmagnetisch« auf den Patienten einzuwirken, sozusagen eine physische Übertragung vorzunehmen. In der Suggestions- und Hypnosetherapie werden bekanntlich ähnliche Wege beschritten. Berührung, Blickkontakte, Körperhaltung, Besprechen können als Mittel des Heilers eingesetzt werden, um auf die Realität des Patienten – seine kranken wie seine gesunden Seiten – psychosomatisch einzuwirken.

Dies geschieht offenkundig auch bei Fernheilungen. Sie sind für Weißenberg ebenfalls bezeugt, und er selbst sagte vor Gericht aus:[245] »Um auf einen Erkrankten einen heilsamen Einfluß ausüben zu können, ist übrigens eine persönliche Berührung durch mich nicht notwendig. Derselbe Erfolg kann auch durch Fernwirkung eintreten, wenn der Erkrankte an mich schreibt oder auch nur intensiv an mich denkt und wenn er glaubt, daß ihm auf diese Weise geholfen werden kann. Wenn nun ein Kranker an die Fernwirkung nicht glaubt und er kann selbst nicht zu mir kommen, so bin ich früher selbst zu dem Betreffenden gefahren oder ich habe auch einen Helfer geschickt [...]«

Diese Zusammenhänge waren zu Weißenbergs Zeiten nicht unbekannt; ein Gutachter führte etwa vor Gericht aus:[246] »Es ist eine alte ärztliche und allgemeine menschliche Erfahrung, daß viele Beschwerden unter der Einwirkung der Suggestion in jeder Form schlagartig verschwinden können, nachdem sie lange medikamentöser und überhaupt solcher Behandlung getrotzt haben, die die Aufmerksamkeit der Patienten auf ihre Beschwerden hinlenkt, anstatt davon abzulenken und die Hoffnung auf Gesundung ständig zu schüren. Es sind dies vor allem die Beschwerden der neurasthenischen und weichen, wehleidigen Psychopathen und Restbeschwerden nach überstandenen organischen Krankheiten, die sich psychisch fixiert haben. Gerade diese Kranken sind aber andererseits sehr empfänglich für suggestive Einflüsse, die in entgegengesetzter Richtung gehen. Hier liegen die großen Erfolge vieler Scharlatane, der Biochemiker, der Augendiagnostiker, der Wallfahrten nach Lourdes oder Kévelaer, des Heilmagnetismus, der Hypnose und der Methode der Autosuggestion (Coué). Die hilfesuchenden Kranken treten hier sofort in eine Atmosphäre, in der es heißt: ›Hier wird jeder gesund!‹ Auch die Ärzte machen durchaus von diesen Methoden Gebrauch, die Erfolge der kunstgerecht angewandten Hypnose und Wachsuggestionen, die Massenheilungen in den Lazaretten für Kriegszitterer usw. sind Beispiele dafür. Bei diesen Kranken liegen die auch wohl zu einem Teil wirklich eingetretenen ›Wunderheilungen‹ Weißenbergs [...]«

Ein weiteres, in entgegengesetzter Richtung argumentierendes historisches Dokument ist ein umfangreiches Gutachten des Magnetopathen und Weißenberg-Schülers Hans Schermutzky zugunsten der ganzheitlichen Methode seines Lehrers.[247] Darin betont er besonders die Wechselwirkungen zwischen Körper und Seele: »Führt ein Weg hin, führt ein Weg zurück. Ist Krankheit übertragbar, vorwiegend bei Furchteinstellung, ist vielleicht auch Gesundheit übertragbar, vorwiegend bei Glaubenseinstellung. Einmal genügt ein engerer körperlicher Kontakt [...] Vielleicht bildet sogar die ganze physische Behandlung eines Magnetiseurs nichts als den Ausfluß seines Heilwillens.

Auch Weißenberg will doch nur einigen, Medizin und Theologie, zum besten der von beiden behandelten Menschen, und ergreift nur darum mit seiner Rechten die Hand des Arztes und mit seiner Linken die Hand des Pfarrers, um beider Hände zusammenzubringen; sie, die beide am Menschen arbeiten, der eine am Leibe, der andere an der Seele, sollen sich ja endlich die Hand reichen und gemeinsam marschieren, nicht aber den Menschen zerreißen, an dem doch Leib und Seele eins sind wie Haut und Körper. Denn in dieser Not hat sich der Mensch an Gott gewandt, an seinen Schöpfer, der durch die Seele seinem Leibe Leben und Geist gab und dessen Geist bei dieser dauernden Zerrung Schmerz und Qual, Krankheit und Tod erleidet. Und der Mensch ruft zu Gott und sucht auf dem Wege neuer, wirklicher Religion die ihm verloren gegangene innere Einigkeit und damit sich selbst wiederzuerlangen. Darum sind immer wieder Propheten erschienen, nicht Studierte, aber Gott hatte ihnen selbst offenbart und ins menschheitsliebende Herz die höchste Erkenntnis geschrieben, daß Leib und Seele eins sind und zusammengehören wie die Wurzel zum Baum.«

Zur Suggestionskraft der Heiler hinzu kommt ihre Fähigkeit, auch ein für den Kranken überzeugendes verbales Erklärungsmuster für die Krankheit und ein therapeutisches Konzept liefern zu können. Weißenberg tat dies etwa mit seinem Satz »Krankheit ist Geist, im Fleisch sich verkörpernder Geist.« Neben den Naturheilmitteln setzte er ganz offensichtlich auf eine psychische Neuorientierung und Kräftemobilisierung der Patienten. Mit seiner Diagnose und seinen »Einwirkungen« wollte er deshalb den Kranken helfen, ein psychosomatisches Verständnis ihrer Krankheit zum Zwecke der Aktivierung ihrer Selbstheilungskräfte zu entwickeln.

Bei der verbalen wie nonverbalen Kommunikation ist es wichtig, daß Heiler und Patient in einem beiden gemeinsamen und verständlichen symbolischen und kulturellen Rahmen agieren. Bei seiner Heilung durch den Geist konnte Weißenberg etwa auf eine trotz aller Entkirchlichung immer noch vorhandene Bibelkenntnis aufbauen und auf einen gerade in Not- und Leidenszeiten reaktivierbaren Restglauben an den »Wundermann« Jesus, den »Magier« und »Heiler«, sowie auf den Glauben an die Wirksamkeit des Gebets. Schermutzky hat in seinen Ausführungen eine Erklärung für den Einsatz von Gebeten bei Weißenbergs suggestiven Heilungen gegeben: »Der psychische Heiler gerät oft in Gefahr, mißverstanden zu werden, da der nicht Gebildete, das Wesen der Suggestion verkennend, Suggestion als Versprechen auslegt. Da Gebet kein Versprechen bedeuten kann, treibt es manchen Heiler, der diese Gefahr vermeiden will, aus ehrlichem Herzen seiner Heilsuggestion die Form eines gesprochenen Gebets zu geben, wie ja der kranke Mensch selbst auf dem Wege der Religion und des Gebetes eigentlich nur seinen physischen Heilkräften die psychischen zur Hilfe bringen will.«

Ganz in diesem Sinne sieht die Weißenberg-Bewegung einen engen Zusammenhang zwischen religiösem Heil und medizinischem Heilen: »Der Geist ist es, der da den Körper beherrscht, der dem Körper den Trieb zur Heilung gibt [...] Nicht der fleischliche Körper aus sich heraus bringt das Wunder der Heilung zustande, sondern allein der Geist, dem der Leib dienen muß [...] Weißenberg-

Heilpraktik ist nicht Heilbehandlung schlechthin. Sie ist religiöser Kult, sie ist Sakrament der Evangelisch-Johannischen Kirche. Während in allen Richtungen der Heilkunst die Heilung Selbstzweck ist und einzig und allein die Gesundung des Kranken angestrebt wird, trägt die Weißenberg-Heilpraktik religiösen Inhalt und ebenso stark auch religiösen Ausdruck an sich. *Heiligen heißt Heilen im wahrsten Sinne des Wortes!* Der geheiligte Menschengeist heilt seinen Menschenleib. *Während in fast allen Konfessionen der christlichen Kirchen der Gegenwart allein die Heiligung der Menschenseele angestrebt wird, und während in allen Heilmethoden nur die Heilung verfolgt wird, verbindet die Weißenberg-Heilpraktik Heiligen und Heilen* [...] Weißenberg-Heilpraktik ist nicht Kirchenleben im gewöhnlichen Sinne und nicht Heilkunst allein. *Weißenberg-Heilpraktik ist die wahre Sorge der Kirche um Geist, Seele und Leib des Menschen!*« Oder in Weißenbergs eigenen Worten: Der »weiße Strom« der göttlichen Liebeskraft im Menschen sollte durch das »Sakrament der geistigen Heilung« gestärkt, der »schwarze Strom« des Widergöttlichen und Kranken überwunden werden.[248]

Die »Christian Science«-Bewegung hat ja offenkundig gemacht, wie massenwirksam eine solche christliche Heilkunde auch und gerade in einem naturwissenschaftlichen Zeitalter sein kann. Auch der Spiritismus war »eine Religion des Heilens«, und zwar nicht nur des Bruchs zwischen den Lebenden und Toten, sondern ebenso der Krankheiten der Lebenden selbst.[249] Dabei kamen, wie Logie Barrows Untersuchung des Spiritismus in England zeigen konnte, beim spiritistischen Geistheilen genau jene eklektischen Methoden zum Einsatz, die auch bei Weißenberg anzutreffen sind: eine Mischung aus Geisterbeschwörung und Heilmitteln der Volksmedizin, aus Hellsehen und Mesmerismus. Und selbst die für Weißenberg typische Ambivalenz zwischen göttlicher Berufung und Kommerzialisierung sowie der Weg vom dörflichen Außenseiter zum geschäftlichen Aufsteiger in der Hauptstadt hat hier im englischen spiritistischen Milieu Parallelen. Dies verweist nochmals auf den umfassenderen kulturellen Kontext der heterodoxen Heilmethoden Weißenbergs.

Geisterbeschwörer

Zu den ganz frühen Elementen der Weißenbergschen Religion gehören die »Geister«. Über seine Zeit als 11jähriger beim Schäfer im Riesengebirge erzählte er später vor Gericht:[250] »Wenn wir jungen Leute gelegentlich zusammen kamen, geschah es bereits damals, daß sich, aber nur wenn ich selbst zugegen war, Geister in die übrigen Anwesenden einschalteten und daß diese dann aufstanden und mit anderen Zungen redeten. Damals wurde mir gesagt, daß ich sehr medial veranlagt sei.« Aus dieser und ähnlichen Äußerungen könnte man entnehmen, daß Weißenberg selbst mit den »Geistern«, insbesondere wohl mit den Geistern von Verstorbenen, Kontakt aufnehmen konnte. Die Dokumente aus seinem Leben zeigen, daß er selbst dabei nicht in Trance fiel, sondern mit Hilfe von Medien die »Geister« sprechen ließ. Dieser Vorgang wurde durch Handauflegen ausgelöst und schon von dem Knaben Weißenberg als eine Wiederholung des Pfingstfestes verstanden. Er hat das hier obwaltende Mißverständnis nie korrigiert – tatsächlich bestand ja das »Zungenreden« (Glossolalie) der Urchristengemeinde während des Pfingstwunders in einem »sinnlosen« ekstatischen Gestammel und nicht in den wohlgesetzten Sätzen von Weißenbergs »Geistfreunden«. Außerdem hatten diese pfingstlichen Verzückungszustände nichts mit dem Erscheinen der Geister von Verstorbenen bei Weißenberg gemein, das viel eher an die Praktiken der Nekromantie erinnert.

Weißenberg soll Macht über die Geister gehabt haben. In diesem Zusammenhang muß bedacht werden, daß Weißenberg bei seinen Krankenheilungen eine Art Geisterbeschwörung vornahm. So sagte er vor Gericht aus:[251] »Der böse Geist, der in dem betreffenden Kranken sitzt, geht durch die Behandlung entweder auf den Behandelnden über oder er entweicht, ohne sich irgendwie störend bemerkbar zu machen. Wenn ersteres der Fall ist, so kann sich der betreffende Geist in dem Helfer oder [der] Helferin äußerst ungebärdig zeigen, sodaß die betreffende Person auf andere losgeht oder dergleichen. Wenn solche Einschaltungen schwererer Art sind, so muß *ich* den betreffenden Geist durch Handauflegen vertreiben.

Dabei kann es vorkommen, daß ich dem Medium leichte Schläge versetzen muß [...]« Auch einem Patienten erklärte er, es handele sich bei ihm nicht um körperliche Krankheitsursachen: »Es ist ein Geist, ein unglücklicher Geist, der sich in seinem [deinem?] Körper festgesetzt hat. Wir wollen ein Vaterunser für ihn beten, dann wird der Geist Ruhe und Frieden finden.«

Das Beten des Vaterunsers und des ersten Psalms vertreibt nach Weißenberg die bösen Geister und hilft bei ihrer Erlösung. Das Heilwirken (»geistige Heilung«) wird als Erlösung von den den Menschen belastenden Geistern durch Gebets-»Besprechen« verstanden. Hier verwandelt sich also die Geistervorstellung Weissenbergs in eine Art Dämonologie, und das Heilen wird zum Exorzismus. Nach Weißenbergs Tod lesen wir über das von ihm in seiner »Kirche« eingeführte »Sakrament der geistigen Heilung«, es gelte der »Erlösung der Geister« – während der Arzt durch Medikamente die Krankheitsgeister nur vertreibe, sie aber nicht erlöse und sie damit weiterhin die Menschheit belasteten.

Mit der Gründung der »Vereinigung Ernster Forscher von Diesseits nach Jenseits – wahre Anhänger der christlichen Kirchen« wird bereits im Namen der Vereinigung die Kontaktaufnahme vom Diesseits nach dem Jenseits mittels Medien zum zentralen Inhalt der Weißenbergschen Religion, und in seiner späteren »Evangelisch-Johannischen Kirche« und im Kriegerverein »Ewiges Leben« werden dann ebenfalls solche medialen Botschaften aus der Geisterwelt im Mittelpunkt der sakralen Feiern stehen. Ausdrücklich wird in »Der Weiße Berg« bestätigt:[252] »Zum Schluß möchten wir nur noch kurz bemerken, daß unser Glaube an die Echtheit und Wahrheit der ›Geistfreundreden‹ auf der Verheißung Christi begründet ist. Nach Markus 16, 15 – 18 soll als Zeichen allen jenen, die da glauben, das Wunder des Zungenredens gegeben werden. Also nicht zum 1. Pfingsten allein.« Diese Geister-Religion konnte sich auch auf das Alte Testament berufen, wo Saul den verstorbenen Samuel mittels eines Mediums herbeizitiert (1. Sam. 28).

Es ist völlig ausgeschlossen, daß diese Weißenbergsche Religion ohne Einfluß des Spiritismus entstand, der – wie die »Zeitschrift für Spiritismus« schrieb[253] – »in Berlin immer seine große Anhängerschar gehabt [hat]«. Gerade wegen ihrer starken eigenen Anleihen beim Spiritismus suchte sich die Weißenberg-Kirche von diesem abzuheben, etwa mit der späteren Überlieferung, Weißenberg habe 40 spiritistische Zirkel dadurch aufgelöst, daß er die Totengeister daran gehindert habe, durch die Medien zu sprechen. In Wirklichkeit muß die historische Weißenberg-»Kirche« als speziell deutsche Spielart des Spiritismus begriffen werden: Sie ist nicht plebejisch-demokratisch oder bürgerlich-respektabel wie der angelsächsische Spiritismus, sondern kleinbürgerlich-autoritär, nicht individualistisch, sondern völkisch-national.

Bis in das Vokabular hinein machte Weißenberg Anleihen beim Spiritismus. So stammte die Bezeichnung »Geistfreund« für die Totengeister aus dem spiritistischen Wortschatz, und »Gott zum Gruß« war die Begrüßungsformel der Spiritisten. Die »Schutz- oder Kontrollgeister«, die Weißenberg angeblich bei Kranken wahrnahm und mit deren Hilfe er die Diagnose stellte, stammten aus dem Spiritismus, ebenso die Vorstellung einer »Erforschung« des Übersinnlichen. Unklar dagegen ist, ob die Bezeichnung »Sommerland« für das jenseitige Reich der Geister erst heute oder schon unter Weißenberg in seiner »Kirche« benutzt wurde. Schließlich ist auch signifikant, daß es eine so enge Verbindung zwischen Spiritismus und Alternativmedizin gab, daß die »Zeitschrift für Spiritismus«[254] behaupten konnte: »Der Magnetismus ist die Medizin der Zukunft«, und in jeder Nummer ausführliche Verzeichnisse von deutschen Heilmagnetiseuren veröffentlichte – Weißenberg ist freilich nicht darunter.

Weißenbergs Behauptung, der Spiritismus beschwöre Tote, *er* aber trete mit »lebendigen Geistern« in Verbindung, stammt selbst aus der spiritistisch-theosophischen Szene: Franz Hartmann hatte bereits 1894 den »Spiritualismus« vom »Spiritismus« unterschieden: Der Spiritismus sei ein Umgang mit dem »Toten«, der Spiritualismus mit dem »Lebendigen«; zu letzterem gehöre Spiritualität, das heißt die »Erhebung der Seele« und die »Erhabenheit des Geistes«. Auf diese Differenzierung geht auch die Aussage im »Weißen Berg« zurück:[255] »Spiritismus ist schwarzer Strom, die Gott feindliche Macht, Spiritualismus ist weißer Strom, die Ausstrahlung des Heiligen Geistes Gottes.« Weißenbergs Oberprediger Rohr erklärte dies folgendermaßen: »Im Trancezustand wirken also Geister durch den Menschen. Sie vermögen Gutes zu schaffen, wenn sie aus dem Reiche des Lichtes zur Erde kommen. Sie versuchen Böses zu wirken, wenn sie aus dem Reiche der Tiefe in die Bewußtseinssphäre unseres Lebens aufsteigen.«[256] Im amerikanischen Ursprungsland gab es für beides nur die eine Bezeichnung *spiritualism*, die dann in der deutschen Spiritistenszene mit »Spiritualismus« oder »Spiritismus« übersetzt und mit Bedeutungsdifferenzierungen versehen wurde.

Die »Geister« Weißenbergs waren zwar manchmal auch Engel (so die Erzengel Gabriel und Raphael), in der Regel aber doch Verstorbene, so daß sich die übliche Definition des Spiritismus auf Weißenbergs »Geistfreunde« anwenden läßt, es handele sich hier um die Herbeiführung eines Verkehrs zwischen den sich kundgebenden Verstorbenen und den auf Erden Lebenden mit Hilfe von Medien oder anderen Techniken. Weißenberg hat sogar diese spiritistische Auffassung vor Gericht voll bestätigt:[257] »Geister sind meiner Ansicht nach die Seelen der Verstorbenen, die täglich um uns sind. Desgleichen bin ich der Meinung, daß diese Geister durch unsere Mitmenschen zu uns sprechen können [...] Nach meiner Ansicht ist ein Teil der Menschen besonders begabt zur Wiedergabe der Erklärungen der Geister. Diese Menschen nenne ich Medien oder Werkzeuge. Die Geister schalten sich ohne mein Zutun plötzlich bei einem Medium ein und ist ein solches dann in der Lage, die Ausdrucksweise eines längst Verstorbenen wiederzugeben [...] Ich kann nur erklären, daß sich die Geister längst Verstorbener plötzlich bei mir melden und von mir verlangen, gelegentlich einer Versammlung sprechen zu können. Die Medien haben bei der Eröffnung der Versammlung keine Ahnung, welcher Geist durch sie sprechen wird.«

Es könnte sein, daß Weißenberg diese Vorstellung mit Elementen verband, die aus der Totenversiegelung der »Neuapostolischen« stammten; zumindest sagte ein Gutachter vor Gericht[258], bei den Weißenberg-Gottesdiensten schalteten sich »offenbar die Geister sündiger verstorbener Angehöriger« ein, und Weißenbergs folgende Beschwichtigungsprozedur »soll anscheinend die Geister der Verstorbenen nachträglich läutern und ihnen ihre Seelenqualen erleichtern«.

Weißenbergs Verdammungsurteil »Spiritismus ist Gott ein Greuel!« kann jedenfalls nicht über die auffälligen Parallelen seiner eigenen Theorie und Praxis zu dieser Bewegung hinwegtäuschen. Er selbst betonte zwar immer wieder, er bekenne sich zum »Spiritualismus auf Grund der Bibel« und meine damit spiritualistische Anschauungen über »Geisteswanderung«, das Leben der Seelen nach dem Tode und »geistige Inspiration von medialer Seite«. Aber eine Durchsicht der »Zeitschrift für Spiritismus« zeigt, daß es in Deutschland um die Jahrhundertwende auch ausgesprochen christlich-spiritualistische Zirkel gab, die sich zu einem christlichen Offenbarungsspiritismus bekannten.

Weitgehend unerörtert soll hier die Frage bleiben, wie sich spiritistische Phänomene verstehen lassen – auch im Falle von Weißenberg und seinen Medien sind Erklärungen möglich, die vom Betrug bis zur Autosuggestion, Telepathie oder Persönlichkeitsabspaltung reichen. Die Trance-Medien jedenfalls wurden von Weißenberg persönlich ausgesucht. Weißenberg selbst war nie Medium. Bei der Gerichtsverhandlung gegen Weißenberg und seine Anhänger im Oktober 1935 gab eines der männlichen »Werkzeuge« Weißenbergs an, er habe im Trancezustand gepredigt, und auf die Frage, wer ihn in den medialen Zustand versetzt habe, antwortete er: »Entweder ich allein, oder aber Weißenberg legte die Hand auf meinen Kopf und dann schaltete ich ein.« Suggestion spielte dabei sicher eine Rolle: So berichtete eine Zeugin vor Gericht[259], während einer Geburtstagsfeier bei Weißenberg habe Grete Müller ihren Mund auf den der Zeugin gelegt und dabei die Worte gesprochen: »Nimm hin den Geist, ich geb' dir Kraft!« Dann sei Weißenberg hinter ihren Stuhl getreten, habe seine linke Hand auf die Stirn der Zeugin gelegt und gesagt: »Du hast Kraft empfangen, steh' auf und sprich!« Doch diese »Manipulationen« seien bei ihr ohne Wirkung geblieben, und Weißenberg sei mit den Worten von ihr weggetreten: »Bei ihr schaffe ich es nicht; ihr Schutzgeist von Gott läßt es nicht zu.« Ein anderer Zeuge dagegen berichtete von einem simplen Schwindel: Er sei aus finanziellen Gründen gezwungen gewesen, als Prediger bei Weißenberg zu arbeiten, und dieser habe ihm vor den Versammlungen gesagt, welche Geister er darzustellen und was er zu reden habe.

Trotzdem sind »echte« Trancereden bei den Weißenberg-Gottesdiensten nicht auszuschließen – was dabei vor sich ging, könnte eine Analyse des bekannten spiritistischen Blumenapport-Mediums Anna Rothe durch einen Gerichtssachverständigen[260] erläutern: Ihre Trancezustände bräuchten keine Simulation zu sein, aber sie habe den Zustand kontrollieren können. Was ihre Reden dabei betreffe, »tragen sie ganz den Charakter solcher, die in religiöser Erregung von Leuten aus dem Volke oft genug gehalten werden«. Man begegne ihnen bei der »Christlich-theosophischen Gesellschaft« (gemeint sind die Jakob-Lorber-Anhänger) ebenso wie bei der Heilsarmee oder bei der apostolischen Gemeinde. Deutlich sei im Inhalt der Stegreifreden der Rothe der Einfluß von Erbauungsbüchern, die sie offenbar gelesen habe; in einem Falle sei die Herkunft ihrer »Trancerede« aus einem alten Gesangbuch von 1839 nachgewiesen.

Schließlich ist nicht zu übersehen, daß die Trancereden auch eine legitimatorische Funktion besaßen: Sie gehörten zu den prophetischen Gaben (zu ihnen zählten die Gabe der Prophezeiung, der Weisheit, der Krankenheilung und Totenerweckung, des Zungenredens usw.), die seit den Montanisten eine Begleiterscheinung millenarischer Gruppierungen wurden, da sie eine Wiederkehr des apostolischen Zeitalters ankündigten. Montanus selbst (er begann 173 n. Chr. mit dem Prophezeien), so wird von Eusebius von Caesarea erzählt, täuschte vor, er spreche in einem Zustand der Ekstase die Worte des Heiligen Geistes; er redete in fremden Zungen und in einer Weise, die damals in der Kirche nicht mehr üblich war, und wurde exkommuniziert.

Im Gegensatz zum Spiritismus und seiner gängigen Praxis, die Séancen zumeist im engen Zirkel von Familienangehörigen und Freunden in Privathäusern vorzunehmen – daneben veranstalteten die bekannten Medien auch öffentliche Sitzungen für das neugierige und zahlungswillige Publikum –, wurde bei Weißenberg die Geisterbeschwörung bald zum zentralen Ritual der »Kirchen«-Gemeinde. Die Trancereden wurden stenographisch aufgezeichnet und als wesentlichstes Werbemittel in maschinenschriftlichen Kopien, in gedruckten Flugblättern und in den Zeitschriften der Weißenberg-Bewegung veröffentlicht. Die stereotype Einleitungsformel lautete dabei: »Fürst Otto von Bismarck durch Schwester

Grete Müller« oder »Freiherr von Richthofen durch Schwester Helga Knappert«.

Die »Geistfreunde« waren in der Regel bekannte historische Persönlichkeiten und meist Männer, allen voran der Reichsgründer Bismarck. Materialisationsphänomene (»physikalischer Mediumismus«) kamen dabei nicht vor; nur Weißenberg konnte angeblich diese Geister »hellseherisch« erkennen. Die Geister wurden von Weißenberg herbeikommandiert (»Tritt fest auf, Mund auf, hör bald auf!«) und identifiziert. Sie äußerten sich – entgegen dem Kürzegebot – in langen Reden, stereotyp eingeleitet mit »Gott zum Gruß!« und beendet mit »Gott zum Gruß! Auf Wiedersehen!« Eine inhaltliche Differenzierung und Individualisierung der Reden ist nicht feststellbar – die »Geistfreunde« verkünden vielmehr unisono die religiöse und politische Weltanschauung Weißenbergs, und vor allem preisen und legitimieren sie Weißenberg selbst als den gottgesandten Erlöser. »Prophetien«, das heißt Vorhersagen und Zukunftsdeutungen, verweisen noch unmittelbar auf die nekromantische Schicht dieser Geisterzitierungen.

Für die »Weißenberger« hatte der Tod seinen Stachel verloren; denn der »Heilige Geist« war unter ihnen Fleisch geworden, und sie konnten in jeder Versammlung mit der Geisterwelt in Kontakt treten. Um so überraschender ist dabei, daß sie nicht, wie im Spiritismus üblich, mit ihren geliebten individuellen Toten in Beziehung traten – eine Ausnahme machte wohl nur Weißenberg selbst mit den Auftritten des Kapellmeisters Goldschmidt aus seiner Militärzeit –, sondern mit geschichtlich-politischen Größen »abgespeist« wurden, die allerdings einen höheren Reklamewert besaßen. Die Frage etwa nach dem Schicksal unzähliger Söhne, Väter und Verwandter im Ersten Weltkrieg, die Suche nach Trost und Sinnstiftung angesichts des Massensterbens, verschafften dem Spiritismus überall in Europa seit 1914 ein aufnahmebereites Publikum; bei Weißenberg wurden solche zeitgenössischen Impulse nur verdeckt spürbar, zum Beispiel in sensationell aufgemachten »Geistfreunde-reden« des deutschen Fliegerasses Manfred Freiherr von Richthofen, der aus dem Jenseits Details über seine wahre Todesursache übermittelte.

Angesichts des Vordringens der Naturwissenschaften und des

Materialismus hatte jedenfalls der Beweisdruck für einen christlichen Unsterblichkeitsglauben mächtig zugenommen; der Spiritismus schien hier quasi »experimentell« diese Beweise zu liefern. Der Spiritismus – in seiner klassischen Form wie in der Weißenbergschen Spielart – konnte zeigen, daß es zur freigeistigen Vorstellung einer Engültigkeit des Todes und damit einer Unstatthaftigkeit des Ewigkeitsglaubens ebenso eine Alternative gab wie zur orthodoxen christlichen Vorstellung von Himmel und Hölle: Der Tod war nur ein Übergang in eine geistige Existenzform, die Verbindung zwischen dem Reich der Lebenden und der Toten riß nicht ab, ja beide Bereiche durchdrangen sich. Sterbende wie Hinterbliebene fanden so Tröstung und Erleichterung ihrer Todesängste in der Gewißheit, daß die Kommunikation mit den verstorbenen Nächsten nie abbrechen würde.

Weißenberg lieferte darüber hinaus noch die Gewißheit, daß die nationalen Führer ihre Deutschen nie im Stich gelassen hatten, sondern als »Geistfreunde« dem völkischen Kollektiv persönlich den Weg in eine bessere Zukunft wiesen. Kein Wunder, daß es in den politischen Krisenjahren immer wieder der »Geistfreund« Bismarck war, der sich zu Wort meldete und seinem deutschen Volke glorreiche Zeiten, den Reichsfeinden aber den Untergang weissagte. Sicher waren solche politischen Prophezeiungen nicht singulär; in Deutschland hatte sich ab der Jahrhundertwende die von den Spiritisten stark beachtete somnambule »Seherin von der Spree«, eine Madame de Ferriem, auf das Genre »Deutschlands Zukunft« spezialisiert. Trotzdem wollte der klassische Spiritismus eher die Kontinuität des Individuums, der Familie und des Freundschafts- und Gesinnungsbundes gewährleisten; Weißenberg ging es aber vor allem um die völkische Kontinuität angesichts politischer, wirtschaftlicher und sozialer Gefährdungen. Die spiritistische »anti-mourning revolt«[261] schlug bei Weißenberg um in eine Vision kollektiver Unsterblichkeit der Deutschen, ihres Volkes und Reiches.

Im Vergleich zum deutsch-völkischen Spiritismus Weißenbergs blieben die deutschen Theosophen in ihrer Mehrheit ihrem internationalen und liberalen Erbe erstaunlich stark verpflichtet.[262] Und Erscheinungen wie die Ariosophie dürfen keinesfalls dazu verleiten, vorschnell der gesamten Geschichte des deutschsprachigen

Okkultismus eine völkische beziehungsweise rassistische Tendenz zu unterstellen und ihn insgesamt als einen Wegbereiter des Nationalsozialismus zu denunzieren.[263]

Genossenschaftler

Weißenberg war nicht nur Visionär, sondern auch nüchterner Geschäftsmann. Er betätigte sich in der Weimarer Zeit als Siedlungsunternehmer, indem er 2400 Morgen Land in den Glauer Bergen bei Trebbin erwarb und darauf seine »Friedensstadt« errichten ließ – die »Stadt am Weißen Berg«, wie seine Anhänger sie auch nannten (was für sie Licht und Vollendung bedeutete). Als materielle Motive für den Bau der Siedlung müssen die starke Wohnungsnot nach dem Ersten Weltkrieg, die Suche nach einer wertbeständigen Geldanlageform in der Inflationszeit und dann während der Weltwirtschaftskrise die Bekämpfung der Erwerbslosigkeit gesehen werden. Dazu kam Weißenbergs Bestreben, seiner religiösen Gemeinde einen Gemeinschaftsmittelpunkt für ihr »geschwisterliches« Zusammenleben zu geben, eine Art kommunitäres Zentrum also (wenn auch in der Form von Familien-Einzelwirtschaften).

Die Siedlung war auf 15 000 bis 20 000 Bewohner angelegt – etwa 400 wohnten dort zu Beginn der 30er Jahre – und als »Gartenstadt« konzipiert. In diesem »Neuen Jerusalem« konnten die »Weißenberger« in unmittelbarer Nähe des verkörperten »Heiligen Geistes« in einer Industrieansiedlung oder auf der Bauernsiedlung »Lindenhof« leben, arbeiten und in der 2000 Besucher fassenden Gottesdiensthalle beten – dankbar für Weißenbergs Fürsorge und stets bereit, Hab und Gut für seine Stiftung zu opfern. Der christlich-soziale Geist der Siedlung und der solidarische Zusammenhalt der Gemeinde kamen im Bau von Gemeinschaftseinrichtungen, darunter ein Altersheim, zum Ausdruck: »Es ist meine größte Freude«, schrieb Weißenberg dazu, »alten gebrechlichen Menschen ihr Leben zu erheitern und zu erfreuen in frischer Luft und herrlicher Gegend.« Und in der Satzung hieß es, »der Zweck der Genossenschaft ist ausschließlich darauf gerichtet, Minderbemittelten gesunde und zweckmäßig eingerichtete Wohnungen in eigens erbauten Häusern zu billigen Preisen zu verschaffen« sowie »die kulturelle und sittliche Hebung ihrer Mitglieder zu pflegen«. Die Eröffnung eines Weißenberg-Museums und die Einweihung eines Weißenberg-Denkmals in der »Friedensstadt« zeigen den Personenkult um den sozialen Wohltäter.

Volksglaube und moderne Technologie gingen in der Gestaltung der Siedlung wie in ihren Einrichtungen eine Synthese ein. Es erscheint symptomatisch, daß Weißenberg eine modernste Wasserversorgungsanlage mit einer Hochleistungspumpe von 50 000 Liter Stundenleistung anschaffte – aber zum Erstaunen des sie einbauenden Ingenieurs den Ort der Brunnenbohrung zuvor »hellseherisch« ermittelt hatte. Der architektonische Traditionalismus des Gründers wird in der dörflich-kleinstädtischen »Landhaus«-Architektur der privaten Gebäude sichtbar; aber daneben stehen auffällige Neuerungen: das Schulgebäude im Hochhausstil und das über tausend Menschen fassende Versammlungsgebäude, »eine große niedrige Halle mit zwei gewölbten Dächern, eine ungewöhnliche Konstruktion, etwa einer riesigen Zwillingsgarage gleichend«. Weißenbergs Geschäftssinn zeigt sich in der Absicht, hier einen touristisch interessanten Luftkurort zu gründen, das Visionäre in der Ahnung, von der Keimzelle der »Urkirche Christi Waldfrieden« aus die Fundamente eines internationalen Welt-Kirchen-Zentrums zu legen.

Weißenberg organisierte sein Siedlungsunternehmen in der Form einer »Christlichen Genossenschaft Waldfrieden«, [264] doch hatte der Genossenschaftsgedanke bei ihm keinerlei demokratische Inhalte. Wenn auch die Satzung einen Vorstand, einen Aufsichtsrat und eine Generalversammlung vorsah und Weißenberg sowie seinen Familien- und Haushaltsmitgliedern lediglich ein dauerndes Wohnrecht zugestand, bestimmte Weißenberg allein die Politik der Genossenschaft, bis hinein in die Gestaltung der Architekturdetails. Erst 1934 machte (vor dem Hintergrund drohender Eingriffe seitens des Nationalsozialismus) eine Satzungsänderung die »theokratische« Struktur der Genossenschaft deutlicher: »Gründer und Erbauer der Friedensstadt ist Meister und Herr Joseph Weißenberg, Oberhaupt der Evangelisch-Johannischen Kirche nach der Offenbarung St. Johannes. Siedlung und Kirche gehören zusammen. Solange der Meister lebt, ist er der Generalbevollmächtigte und Treuhänder der ganzen Siedlung. Es ist Pflicht des Vorstandes, dies stets gebührend zu beachten.«

Weißenberg sei dort in der »Friedensstadt«, schrieb eine Berliner Zeitung[265], »autoritärer Selbstherrscher, Bürgermeister, Friedensrichter und oberster Geistlicher zugleich«. Auch die treuhänderische Verwaltung der Genossenschaftsgelder lag in seinen Händen, und die Genossenschaftsmitglieder setzten ihr absolutes Vertrauen in die Richtigkeit seiner finanziellen Transaktionen. Als die Nationalsozialisten die Siedlung unter Zwangsverwaltung stellten, wurde allerdings im Revisionsbericht bemängelt, daß die Genossenschaft jahrelang von Weißenberg geführt wurde, »ohne daß die Grundsätze einer ordnungsgemäßen Geschäftsführung, wie sie jedem kaufmännisch geleiteten Unternehmen, das mit fremden Geldern arbeitet, obliegt, beachtet wurden«: »So fehlte in vielen entscheidenden Geschäftsvorfällen die erforderliche rechtliche Einsicht, was sich sowohl für die Vertragspartner der Genossenschaft, wie für diese selbst, nachteilig auswirkte. Die Finanzierung, mithin die Beschaffung von Geldmitteln, erfolgte laienhaft insofern, als kurzfristige bzw. kurzfristig zu stellende Mittel in Form von Geschäftsanteilen und Darlehen aufgenommen wurden, um sie in Gebäude oder sonst langfristig anzulegen. Bei der Verwendung der aufgenommenen Geldmittel wurde nicht darauf Bedacht genommen, daß sie eine Rente, wie in jedem wirtschaftlichen Handel erforderlich, bringen mußten; die Geldverwendung erfolgte ausschließlich unter dem Gesichtspunkt der Verfolgung der Ziele der inzwischen verbotenen Sekte. Dieser Zustand wurde jahrelang verschleiert durch den hemmungslosen Zufluß reichlicher Mittel, mit denen auch die Kapitalforderung von Personen befriedigt werden konnte, die beizeiten die wirtschaftliche Brüchigkeit dieser Einrichtung erkannt hatten.«

Aber gerade diese außerökonomische Zielsetzung der Siedlung hatte ihren Vorteil: »Der Erfolg dieser Siedlung, die, wie erwähnt, in reiner Selbsthilfe geschaffen wurde, gehalten und erweitert wird, liegt in der *unbegrenzten Zusammengehörigkeit zwischen Verwal-*

tung und Genossen.« Diese Genossenschaft war eben mehr als nur ein Baukollektiv oder eine Siedlergesellschaft, bei denen über geschäftliche Dinge leicht Dissenz entstehen konnte; das Vertrauen der »Weißenberger« in ihren »Meister« war das einer religiösen Gemeinde, welche für ihre Leitungsinstanz jegliche Gewinnmotive oder Spekulationsabsichten ausschloß. Dabei meinte es der Herr gut mit den Seinen – 1935 besaß die »Friedensstadt« angeblich bereits einen Wert von 18 Millionen Mark! Allerdings sagte der Revisionsbericht aus der NS-Zeit, »daß die Genossenschaft im Zeitpunkt der Auflösung der Sekte [1935] äußerlich gesund da stand, aber innerlich morsch war, weil mit großen Mitteln für die Genossenschaft unwirtschaftliche Bauten errichtet worden waren, die heute noch mit hohen Aktivposten in der Bilanz stehen, deren hohe Bewertung jedoch [aufgrund ihrer Rendite] unbegründet ist«.

Geschaffen wurde die »Friedensstadt« ausschließlich mit den Spenden der Anhänger: »Ich erfahre vom Landratsamt«, schrieb Rudolf Olden,[266] »daß kein Pfennig öffentliche Gelder zum Bau gegeben worden ist. Wer kann heutzutage ohne Wohnbausteuerhypotheken bauen? Wer erhält die Anlage, die kein Geschäft sein kann? Wer nährt die Insassen, von denen viele Sozialrentner sind? Wer zahlt die umfänglichen Erdarbeiten, die fortgesetzt werden? Das Wunder wird hier sehr real, darum nicht weniger wunderbar.« Die Antwort darauf lautete: Es waren allein die Gelder der Weißenberg-Anhänger für den unverzinslichen Siedlungsfonds, durch welche dieses Wunder vollbracht wurde. Die Siedlungsgenossenschaft hatte im Reich 100 Inkassostellen eingerichtet, deren Leiter fast ausschließlich Gemeindeführer der »Evangelisch-Johannischen Kirche« waren; die Höhe eines Genossenschaftsanteils betrug 100 Mark, wobei jeder Genosse bis zu 300 Anteile (ab 1929: 400) erwerben konnte. Die Genossenschaft hatte ungefähr 3500 Mitglieder. Zusätzlich wurden »Bausteine« in Geldform von den Anhängern geschenkt; sie sollen 1933 90 000 Mark betragen haben.

In normalen Zeiten, also vor dem Verbot der Kirche durch die Nationalsozialisten und dem dadurch bedingten Stocken des Geldzuflusses, konnte jedenfalls die Siedlung dank einer unerhörten Opferbereitschaft der Weißenberg-Anhänger wachsen. Und selbst die Nationalsozialisten scheuten letztlich den Konkurs und eine

Zwangsversteigerung mit dem Argument, die Opfer wären Klein-rentner, Sozialrentner und Pensionäre: »Sie alle würden doch den nationalsozialistischen Staat als den Zertrümmerer ihres Vermö-gens bezeichnen.«

Hatte sich, wie wir sahen, der amerikanische Spiritualist Davis mit dem revolutionären Fourierismus verbunden und sein deutscher Anhänger Wittig die Verwirklichung solcher genossenschaftlichen Visionen in den entsprechenden Gründungen des Liberalen Schultze-Delitzsch für den Handwerkerstand gesehen, hatte sich in England der Spiritismus mit dem sozialistischen Owenschen Genos-senschaftsgedanken verbündet, so war in Deutschland tatsächlich Weißenbergs völkische Siedlungs-Genossenschaft die einzige Ver-knüpfung von spiritistischer Tradition und genossenschaftlicher Kooperation.

»Kriegs«-Veteran

Zu den merkwürdigsten Erscheinungen der Weißenberg-»Kirche« gehört die zusätzliche Gründung des Kriegervereins »Ewiges Leben«. Erinnerungen an die Soldatenzeit und die Erfahrung der »Kameradschaft« fanden in den Kriegerverbänden des Kaiserrei-ches und der Weimarer Republik [267] eine organisatorische Fort-führung und idealisierte Überhöhung. Ein durch Feiern und Rituale gefestigtes Zusammengehörigkeitsgefühl, ähnlich wie bei einer reli-giösen Gemeinde, sollte dem Individuum Halt und Geborgenheit in einer vollkommenen Gemeinschaft vermitteln und es gleichzeitig zum Dienst an dieser Gemeinschaft motivieren. »Noch einmal, Freunde«, rät deshalb der »Geistfreund« Bismarck den Mitgliedern des »Ewigen Lebens«, »reicht euch die Hände, gelobt euch die Treue aufs neue und marschiert Schulter an Schulter, den Führern dieser Zeit nach [...]«

Gegenüber der beängstigenden Dynamik und dem Wertepluralis-mus der modernen Industriegesellschaft konnten die Kriegervereine ein harmonisches Refugium anbieten, eine von Verunsicherungen freie »Volksgemeinschaft« im kleinen. Hierarchischer Aufbau, autoritäre Unterordnung und Disziplin machten ihren soldatischen Charakter aus und galten als Garanten von Sicherheit und Ordnung. Nicht individuelle Entfaltung war gefordert, sondern Pflichtbewußtsein und Gehorsam. Die Vereine betonten insbesondere auch das bürgerliche Arbeitsethos, und ganz in dieser Tradition wurde den Kameraden vom »Ewigen Leben« Weißenbergs »oberstes Gebet« eingehämmert: »Zwei Lebensstützen brechen nie: / Gebet und Arbeit heißen sie« und der Appell an sie gerichtet: »[…] ihr habt unter der Leitung des Hirten [Weißenberg] nicht nur religiöse Fragen erledigt, nein, ihr seid angehalten worden zu Disziplin und Ordnung, ihr seid in die Schule der Bürger gegangen, die das Vaterland verteidigen wollen und habt es von eurem Meister gelernt, was es heißt: Beten und Arbeiten, sich vor keiner Arbeit scheuen!«

Einheit und Einigkeit waren die Parolen, die sich real an den deutschen Einigungskriegen entzündet hatten, und in den Festen und Feiern der Kriegerverbände wurde diese Einheit immer wieder aufs neue gestiftet. »Nur um eins bitte ich Euch: Einheit! Einheit! Einheit!« sind deshalb auch die letzten Worte des »Geistfreundes« Freiherr von Richthofen an die »Weißenberger«. Und die häufige Präsenz des »Geistfreundes« Bismarck bei den Versammlungen des »Ewigen Lebens« verleiht dieser nationalen Einheitsparole noch zusätzlichen Nachdruck: »Herr, wir sind da, allezeit kampfbereit für Deines Reiches Herrlichkeit!«

Die soziale Kohäsion der Kriegerverbände hatte nach ihrer eigenen Einschätzung eine außergewöhnliche und tiefe Begründung, waren sie doch als Schicksalsgemeinschaft, wie die Weißenberger sagten, »angesiedelt in dem Grenzbereich zwischen Leben und Tod«. Freilich war hier der individuelle Tod aufgehoben in der kollektiven Unsterblichkeit des Volkes und der Nation. Kriegerverbände hatten also ganz allgemein und unabhängig von Weißenbergs Verein eine religiöse Dimension: Christlicher Glaube und nationales Denken gingen hier eine enge Verbindung ein, so daß eine politische Religion entstand. Schwert und Kreuz vermählten sich deshalb auch in Weißenbergs Kriegerverein. Treue zu Gott und nationale Stärke gehörten in diesem politischen Glauben engstens zusammen. »Christentum und Nationalismus« ist deshalb nicht zufällig ein Artikel im »Weißen Berg« überschrieben[268], in welchem die politische Nähe der Weißenberger zum »Stahlhelm, Bund der Frontsoldaten« herausgestellt wird. Aber gleichzeitig spiegelt dieser Artikel auch die berechtigten Zweifel wider, wie ernst es dem »Stahlhelm« mit diesen christlichen Werten sei – und auch heutige historische Untersuchungen nähren den Verdacht, daß sich beim »Stahlhelm« »die christliche Religion als reines Medium den politischen Zwecken unterzuordnen hatte«.[269] Weißenberg aber war das Christentum Herzensangelegenheit.

Auch andere Unterschiede zwischen den nationalen Kriegervereinen und Weißenbergs Verband sind nicht zu übersehen: Letzterer ist im engen Sinne eine Glaubensgemeinschaft der »Weißenberger«, die nationalen Verbände dagegen betonten gerade ihren überkonfessionellen Charakter. Sie lehnten sich weniger an Bibel und Kirche an, sondern suchten die Offenbarung Gottes in der deutschen Geschichte. Kriege wurden so zu Kreuzzügen. Weißenbergs Hinweis auf Deutschland als dem neuen Israel zeigt, daß er diese Verlagerung der Heilsgeschichte in die Nation hinein durchaus befürwortete. Aber der oben beschriebene Konflikt des »Kyffhäuserbundes« mit Weißenbergs Verband verdeutlicht auch, daß die nationalen Kriegerverbände eben gerade konfessionelle oder sektenhafte Bindung ablehnten, weil sie nur so zum Sammelbecken aller national-konservativen Kräfte werden konnten.

Im Zentrum von Weißenbergs Kriegerverein stand die Garantie des »Ewigen Lebens«. Die Überwindung der Todesangst des Soldaten war eine Aufgabe aller Kriegervereine. Nach Rohkrämers Untersuchung[270] war allein die Liebe zur nationalen Gemeinschaft für die Mehrheit der Deutschen kein ausreichender Grund, das Leben hinzugeben. Nur eine »Hoffnung auf Belohnung im Jenseits [...] [konnte] die Masse der Bevölkerung, d. h. die ›kleinen Leute‹, dazu bringen, die Interessen des Kollektivs über ihre eigenen Interessen zu stellen«. Der christliche Unsterblichkeitsglaube habe deshalb auch im nationalen Interesse gelegen: »Die nationalistische Version des Christentums orientierte sich in ihren Forderungen weniger an der Bibel als am ›nationalen Interesse‹. So zweifelten die Kriegervereine nicht daran, daß Gott die gesellschaftliche Hochschätzung des Heldentodes teile.« Begräbniszeremonien spielten daher für die

Kriegervereine eine bedeutsame Rolle, sie dienten auch der Selbstdarstellung des »Ewigen Lebens« und seiner todüberwindenden Botschaft. Unter der schwarz-weiß-roten Fahne konnten die »Weißenberger« der Gewißheit des »Ewigen Lebens« teilhaftig werden, wurde sie ihnen doch durch die »Geistfreunde« bestätigt und durch ihren Führer garantiert.

Es ist kein Zufall, daß sich auch die nationalen Kriegervereine auf das biblische Pfingstereignis beriefen »als Beispiel einer von Idealen beseelten Gruppe, in der die Mitglieder ohne Rücksicht auf ihr eigenes Wohl den kollektiven Zielen dienten. Die Begeisterung, die das frühe Christentum in den Menschen freisetzte, sollte nun auf säkulare Ziele übertragen werden.«[271] In Weißenbergs Kriegerverein nahm diese Verbindung von deutschnationaler Begeisterung und pfingstlicher Inbrunst exemplarische Gestalt an. Deutsche Weltgeltung und religiöse Welterlösung waren nicht mehr zu unterscheiden. Militaristische Machtpolitik und die Mission des »Göttlichen Meisters« gingen Hand in Hand.

Trotz allen Liebäugelns mit dem »Stahlhelm« blieb aber der Kriegerverein »Ewiges Leben« ein Soldatenbund und mauserte sich nicht zum politischen Wehrverband. Zwar teilte er mit den nationalen Wehrverbänden deren antirepublikanische Gesinnung und den Haß auf den Versailler Frieden, und auch ihn beflügelte die Hoffnung auf einen autoritären Führer-Staat und eine Politik der starken Hand. Sein Erscheinungsbild – die uniforme Kleidung, die Fahnen, die Schießübungen – betonte den paramilitärischen Habitus. Ein militanter Nationalismus stand hier in Opposition zum Weimarer Staat und trieb die Anhänger dem Nationalsozialismus in die Arme. Aber es fehlte dem Ganzen doch das Pathos des Fronterlebnisses und die daraus resultierende Radikalisierung des Kriegervereins zum politischen Interessenverband. Dies mag an der Tatsache gelegen haben, daß Weißenberg am Ersten Weltkrieg aus Altersgründen nicht mehr teilnehmen mußte. Das »Ewige Leben« war ein religiöser Gesinnungsverband ehemaliger Soldaten mit politischer Tönung, kein politischer Kampfbund.

Reformator

Weißenberg lebte in einer und reagierte auf eine Zeit, in welcher sich die »Religion im Umbruch« befand, um einen Buchtitel Thomas Nipperdeys zu zitieren. Aufgewachsen war er in einer dörflich-katholischen Welt, in der wohl die Religion noch zu den »normsetzende[n] Mächte[n] des individuellen wie des sozialen Lebens«[272] gehörte. Er jedenfalls war als Kind von dieser Religion ergriffen und durchdrungen.

Doch spätestens bei seinem »landflüchtigen« Umzug in die Großstadt muß dieser heile Kinderglaube erschüttert worden sein durch die Erkenntnis der religiösen Pluralität und das Vordringen areligiöser und antireligiöser Strömungen. Er selbst wollte ja diese Pluralität weitertreiben durch seinen Vorschlag einer Reformation des katholischen Glaubens: Der sollte, etwa durch die Abschaffung der Ohrenbeichte, sozusagen protestantischer werden. Gleichzeitig wollte er jedoch die reale Pluralität der protestantischen Kirche reduzieren und die evangelische Botschaft auf eine antiliberale Orthodoxie beschränken.

Der Kampf gegen den protestantischen Liberalismus stand im Zentrum seiner »Reformation«. Adolf von Harnack oder Gottfried Traub verkörperten diese Gegner. Da Kaiser Wilhelm II. der Freund Harnacks war und den protestantischen Liberalismus schützte, geriet auch er in Weißenbergs Visier. Die Bibelkritik der Theologen war Weißenberg ein Greuel; er wollte die Bibel ohne die Erkenntnisse der Geschichtswissenschaft lesen und alle ihre Aussagen – gerade auch die Wunder – als geoffenbarte und damit überzeitliche Wahrheit in die Gegenwart und Zukunft hinüberretten. Der historischen Auflösung der Heiligen Schrift widersetzte er sich mit aller Kraft, der zunehmenden Gleichgültigkeit gegenüber ihrer einst normprägenden Macht sagte er den Kampf an. In den studierten Theologen mußte er deshalb Hirten sehen, die die ihnen anvertrauten Schafe in die Irre führten. In der Tat ist wohl kein größerer Gegensatz denkbar als der zwischen einem aufgeklärten protestantischen Liberalismus und Weißenbergs spiritistischem Schwärmertum!

Die Weißenberg-»Kirche« ordnet sich mit ihrer Kirchenkritik ein in die anderen religiösen Gemeinschaften, die bereits im Kaiserreich außerhalb der protestantischen Kirche entstanden waren. Die bedeutendsten der damaligen »Endzeitsekten« waren die Adventisten und die Neuapostolischen. Auch deren »sozialer Protest« entzündete sich an der »Verweltlichung« der protestantischen Landeskirchen – eine deutliche Distanz zu den großbürgerlich-adeligen Führungsschichten der Landeskirchen wie zu den »verbeamteten« Pfarrern war die Folge – und an der liberalen theologischen Richtung und deren Ablehnung des Wunder- und Endzeitglaubens; eine wörtliche (»fundamentalistische«) Vergegenwärtigung der biblischen Weissagung wird dem entgegengestellt. Auch das Motiv der Gemeinschaftsbildung war identisch: Entgegen dem nachlassenden religiösen und geselligen Zusammenhalt der Großstadtgemeinden wurde die vertiefte Glaubensgemeinschaft, der engere soziale Zusammenhalt und die intensivierte Gemeinschaftspflege gesucht; diese Gemeinschaften »wiesen auch meist eine deutlich größere soziale Homogenität auf, welche eine Solidarität nach innen und außen erleichterte«.[273] Überall wo durch Verstädterung und Industrialisierung die moralische und soziale Bindekraft der Großkirchen nachließ – also in den Industriebezirken und Großstädten –, entstanden solche Gemeinden unter der proletarischen und kleinbürgerlichen Bevölkerung. Aus ihr rekrutierten sich Weißenbergs Anhänger im wesentlichen: »[...] Kleinbürger und Arbeiter [...], vereinzelte Bourgeois, Fabrikanten, frühere Offiziere«. Während im 19. Jahrhundert bei den Protestanten in den höheren und gebildeten Ständen neben einer Ausdifferenzierung des innerkirchlichen Spektrums selbst[274] eine »massive Entkirchlichung«[275] stattfand, also eine oft religions- oder kirchenkritisch untermauerte Abkehr von der kirchlich verwalteten Religion, wurde trotzdem die bürgerliche Mehrheit nicht atheistisch oder freireligiös; sie individualisierte vielmehr den Glauben oder wandte sich neuen Weltanschauungsbekenntnissen und -gemeinschaften zu auf der »Suche nach immer neuen Synthesen von Wissenschaft, Kultur und christlicher Tradition«. Das Kleinbürgertum der Städte aber, die Handwerker und kleinen Händler etwa, oder die ländlichen Schichten blieben dem traditionellen Leben verhaftet. Aber alle »kleinen Leute« fanden in den protestantischen Landeskirchen nicht mehr letzten Halt, sondern Minderheiten rückten – wie etwa die Apostolischen, die Adventisten[276] oder die Weißenberger – enger zusammen in Endzeitgemeinden der Auserwählten, in denen jegliche Tendenzen zur Säkularisierung abgelehnt wurden und Erweckung, Prophetie, Zungenreden, Krankenheilung, Seel-Sorge im umfassenden Sinne also, ihren zentralen Platz behielten.

Trotz ihrer Protesthaltung gegen die Landeskirchen blieben die wilhelminischen »Endzeitsekten« staatsloyal, und dies gilt auch für Weißenberg und seine Propaganda für eine Verbindung von Christentum und Nationalismus. Dies war das Erbe des Kaiserreiches, in dem der Protestantismus ganz selbstverständlich an den nationalen und dynastischen Festen, am Sedanstag oder an Kaisers Geburtstag, bei der Einweihung von Kriegerdenkmälern oder bei patriotischen Erinnerungsfeiern mitwirkte. Einen letzten Höhepunkt hatte diese Vereinigung von Glaube und Nation während des Ersten Weltkrieges gefunden: »Patriotische Pflicht und christliche Tugend, Bethlehem und Potsdam« ging in diesem »Heiligen Krieg« ineinander über.[277]

Weißenberg aber wollte an dieser nationalen Frömmigkeit gerade zu einer Zeit festhalten, als mit der Novemberrevolution und der Weimarer Republik ein Bruch zwischen Staat und Kirche sich auftat, ein entsakralisierter Staat entstand, das bisherige »Landesherrliche Kirchenregiment« rechtlich beendet und damit das Bündnis von Thron und Altar aufgelöst wurde. Hier dachte er scheinbar wenig anders als der deutsche Nationalprotestantismus, der, »tief unzufrieden mit den deutschen politischen und kirchlichen Verhältnissen, auf eine nationale Erneuerung des Luthertums und eine lutherische Erneuerung der Nation hoffte«, auf »die Vollendung der Reformation im Zeichen einer nationalen lutherischen Reichskirche«.[278]

Während aber diese Nationalprotestanten den Wegfall ihres bisherigen Rückhalts am Staat als politische, ökonomische und geistige Katastrophe erlebten, pries Weißenbergs »Chefredakteur« Kursowsky im »Weißen Berg«[279] die revolutionäre Abschaffung des Staatskirchentums durch die Weimarer Reichsverfassung (Art. 137) und lobte die nun hergestellte »Gleichwertigkeit aller dem Artikel 137 entsprechenden Religionsgesellschaften und damit die Unantastbarkeit der einen Religion durch die andere« als »eine kulturelle Großtat der Weimarer Verfassung«. Die Weißenberg-»Kirche« war sich also der verfassungsmäßigen Basis ihrer neuen Freiheit wohlbewußt, und der Hinweis im gleichen Artikel, die evangelischen Pastoren seien die religiösen Friedensstörer, zeigt deutlich, woher man die Gefahr witterte: Die evangelische Kirche hatte bereits in der Kaiserzeit den Spiritismus bekämpft; im Jahr 1900 hielt der Hofprediger a. D. Stoecker mit seiner »Christlich-Sozialen Partei« in Berlin große Versammlungen ab, »weil Tausende in unserer Berliner Bevölkerung im Begriff stehen, spiritistischen Schwindeleien zum Opfer zu fallen«.[280] Ganz konsequent kämpfte dann die evangelische Kirche in Berlin besonders nach dem Ersten Weltkrieg auch gegen die Weißenberg-Kirche und speziell gegen deren spiritistischen Jenseitsglauben. Da Weißenberg wiederum in Konkurrenz zu den Nationalprotestanten stand und selbst die Reformation vollenden wollte, wurde die Abschaffung des Summepiskopats durch die Weimarer Verfassung von ihm als Verbesserung der Chancen begrüßt. Die Enttäuschung kam erst, als der preußische Staat der »Evangelisch-Johannischen Kirche« die Privilegierung als Körperschaft des öffentlichen Rechts ausschlug. Diesen Status, und damit auch das Recht zur Einziehung von Kirchensteuern, erlangte die Weißenberg-Kirche erst 1990.

Die Ablösung der Bildungsschichten von der Kirche blieb dem schlichten Gemüt Weißenbergs immer unverständlich, die entschlossene Kritik an ihr war ihm ein Greuel. Deshalb wurde neben dem protestantischen Liberalismus der Darwinismus – insbesondere in seiner deutschen Spielart von Ernst Haeckel – zu seinem Hauptfeind. Die langsame Entchristianisierung (die Kirche wird aus einem lebensbestimmenden Zentralbereich zu einem Sonderbereich) war ihm ebenso fremd wie das Vordringen einer naturwissenschaftlichen Weltanschauung. Daß an Stelle des Wunderglaubens kausal-rationale Welterklärungen traten, verletzte seine innersten Überzeugungen. Auch sein Heiler-Konzept war deutlich antinaturwissenschaftlich ausgerichtet. Unvereinbar mit seinem Glauben an die Gottessohnschaft der Menschen war die Darwinsche Evolutionslehre; die behauptete Abstammung des Menschen vom »Affen«

schien ihm Sünde, Gottes- und Menschenverachtung. Es ist symptomatisch, daß die »Johannische Kirche« bis heute »am alten Text der Lutherbibel von 1912 mit größerer Zähigkeit fest[hält] als die Kirche der Reformation«.[281] Und doch »reformierte« auch er das Luthertum durch Übernahme spiritistischer Praktiken und theosophischer Konzepte wie der Reinkarnationslehre.[281a] Er ging dabei aber nicht so weit wie Madame Blavatsky, die zur Rettung der menschlichen Gottessohnschaft eine neue schöpferische Synthese zwischen Naturwissenschaften und Religion im Mythos anstrebte.

Apokalyptiker

Es fällt schwer, in Weißenbergs Person die existentielle Erregtheit und Radikalität des Apokalyptikers zu entdecken: »Äußerlich bot er«, so faßte Liek[282] das August-Urteil von 1935 gegen ihn zusammen, »keineswegs das Bild eines Sektierers und Schwärmers, sondern das eines für sein hohes Alter recht frischen, behaglichen Kleinbürgers, etwa eines Gastwirts oder Droschkenkutschers, der einem heiteren Lebensgenuß zuneigt, gerne selbst Schnaps und Bier trinkt und andere damit bewirtet.« Und auch Olden[283] bestätigte dieses Bild: »Asketisch ist der Meister nicht. Er und seine Anhänger sind dem mäßigen Lebensgenuß zugeneigt.«

Und doch verband sich diese kleinbürgerliche Gemütlichkeit mit einer ausgesprochen apokalyptischen religiösen Symbolik: War doch Weißenberg selbst der verkörperte Erzengel Michael – der Engel der Apokalypse (und der Deutschen!), seine Gemeinde die »johannische« nach der Johannes-Apokalypse, seine Genossenschaftssiedlung »Friedensstadt« das »Neue Jerusalem« – wenn auch mit Dampfwäscherei und Wasserwerk! Das »Dritte Reich« hielt dieser Verkünder des Tausendjährigen Reiches der Johannes-Apokalypse für seine ureigene Erfindung, und er hätte allzu gerne rächend das Weltgericht selbst an seinen Feinden exerziert. Endzeitstimmung findet sich beim selbsternannten »Endpropheten« ebenso wie messianische Welterrettung und Erlösung durch den wiedergekommenen Christus Weißenberg. Seine »Urkirche Christi« war gleichzeitig die »Kirche der Endzeit«, zu der er im Dezember 1927 tröstend sagte: »Das Jahr, die Meinen zu erlösen, ist gekommen.« Vor allem aber schöpften seine »Prophezeiungen« aus dem klassischen Repertoir apokalyptischer Untergangsvisionen – Naturkatastrophen, Hungersnöte, Kriege. Interessanterweise meinten die »Geistfreunde« im »Weißen Berg«[284], auch der Untergang der Titanic (1912) – einer der ersten Technikschocks und eine der großen apokalyptischen Schreckens»visionen« des 20. Jahrhunderts – sei von dem Fürsten der Wassergeister, dem gefallenen Erzengel »Geva« (das heiße »Der Verderbenbringende«), und nicht etwa von einem Eisberg verursacht worden. Der Wassergeister-Glaube der Volksreligion und eine moderne Technikkritik verbanden sich hier in merkwürdiger Weise mit apokalyptischer Endzeiterwartung.

Aus den Veröffentlichungen der Weißenberg-Bewegung wird sichtbar, daß Weißenberg die bekannten apokalyptischen Bibeltexte zur Grundlage seiner Untergangs- und Erlösungsphantasien machte, vor allem die Daniel- und die Johannes-Apokalypse sowie die »kleine Apokalypse« der synoptischen Evangelisten; dagegen nicht die apokryphen Apokalypsen, da seine »Kirche« auf der Lutherbibel beruhte. Doch es muß bei diesem alles andere als gebildeten Mann weitere Beeinflussungen gegeben haben, von denen wir nichts wissen, die aber zur Rezeption von Heilig-Geist-Spekulationen in der Nachfolge des Joachim von Fiore oder zur Aufnahme der deutschnationalen Apokalyptik im Stile Fichtes (er war ja auch einer der »Geistfreunde«!) – mit den Deutschen als dem neuen auserwählten Volk – führten. Schließlich ist auch nicht zu übersehen, daß der Spiritismus in den angelsächsischen Ländern ein Bündnis mit dem Millenarismus eingegangen war, so daß Weißenberg vielleicht auch von der spiritistischen Seite her angeregt worden war.

Die Katastrophenerwartung war bei Weißenberg nicht ständig gleich drängend, sondern konzentrierte sich auf die Zeit um den Ersten Weltkrieg, den Inflationshöhepunkt und die Weltwirtschaftskrise, Zeiten, in denen seine Anhängerschaft zunahm. Vor Gericht meinte ein Gutachter:[285] »Es ist eine alte Erfahrung, daß Sektengründer der Art wie Weißenberg in wirtschaftlich unsicheren oder politisch unruhigen Zeiten besonderen Zulauf gehabt haben, weil Menschen bei Verlust äußerer gesicherter Verhältnisse und bei Verlust tatsächlicher Ideale ein verstärktes Bedürfnis zu religiöser oder mystischer Betätigung und zum Zusammenschluß in dieser Richtung haben. Es ist deshalb gewiß kein Zufall, daß Weißenberg in der Nachkriegszeit so starken Einfluß auf eine immer mehr wachsende Anhängerschaft gewinnen konnte. Es werden sich darunter viele Leute befinden, die in der Kirche keine genügende Befriedigung ihrer religiösen Bedürfnisse finden konnten und solche, die an sich schon dazu neigen, jede sich bietende mystische Gedankenrichtung gierig aufzugreifen und ihr mehr oder weniger kritiklos zu folgen.« Gerade hier wird deutlich, wie »medial« Weißenbergs Krisenartikulation war.

Doch wäre es sicher nicht ausreichend, nur auf bekannte massenpsychologische Vorgänge wie die Kriegssakralisierung, das Versailles-Trauma oder die Inflations- und Deflationskrisenängste zu verweisen. Vielmehr muß zusätzlich an eigene Erfahrungen Weißenbergs gedacht werden: An die reale Verfolgung seiner Heiltätigkeit und seiner religiösen Aktivitäten durch Ärzte, Gerichte, Kirchen. Ein Wohltäter wollte er dem deutschen Volke durch »sein religiöshygienisch-soziales Werk« sein – und sah sich, zumindest seiner Meinung nach, ungerechtfertigterweise verfolgt und verachtet. Das Gefühl, total verkannt und zu Unrecht aus der Gemeinschaft ausgestoßen zu sein, kam offenbar zu einem Höhepunkt während seiner eigenen und seiner Anhänger Verfolgung durch die Nationalsozialisten. Hier setzte sich aber nur eine zentrale Erfahrung Weißenbergs aus dem wilhelminischen Kaiserreich fort: Das Versagen der obersten kirchlichen und weltlichen Gewalten als Ordnungsmächte. Einst hatte er Papst und Kaiser angeklagt, daß sie ihre glaubensschützende Funktion nicht mehr ausübten – nun war es Hitler, an den er – ebenso vergeblich – appellierte. Die seiner Meinung nach berufenen Führungsorgane hatten den wahren Glauben und seinen Verkünder nicht geschützt. Vielleicht aktivierte dieses Grunderlebnis eines ihm von oben versagten Sicherheitsschutzes – ein Bedürfnis, das in einem Frühwaisen psychisch tief verankert gewesen sein könnte – massive Ängste, die ihn in die Aggressivität apokalyptischer Phantasien von Untergang, Gericht und Errettung flüchten ließen.

Wie bereits erwähnt, stand Weißenberg mit solchen apokalyptischen Erwartungen weder im religiösen Spektrum des Okkultismus
noch des Protestantismus isoliert da. Seine »Kirche« muß insbesondere im Zusammenhang mit anderen damaligen »Endzeitsekten«
gesehen werden, von denen – wie bereits erwähnt – die bekanntesten
die Adventisten und die neuapostolischen Gemeinden waren.
Hölscher sieht die »Endzeitsekten« als Ausdruck einer politisch-
sozialen Proteststimmung der »kleinen Leute« (Weltgericht statt
Revolution!). Auch die apokalyptisch orientierte »Kirche« der
»Weißenberger« muß als soziale Protestbewegung verstanden werden. Sie wurde nicht zuletzt durch die Tatsache genährt, daß die von
ihr bekannten beiden Zentraltugenden »Gebet und Arbeit« gerade
diejenigen (klein-)bürgerlichen Werte waren, die durch Krieg, Inflation und Deflation ad absurdum geführt wurden. Die moralische
Sinnentleerung durch diese Zeitläufte, zusammen mit den sozialen
Deklassierungsängsten, dürfte die apokalyptische Katastrophenerwartung verstärkt haben.

Die Weißenberg-»Kirche« bot andererseits mit ihrer »geschwi-
sterlichen« Sozialmoral und der Praxis, Einkäufe in den Geschäften
der »Schwestern« und »Brüder« zu tätigen, ein Bollwerk gegen die
üblen Wege und Wechsel der Zeit. Hier berührt sich die Weißenberg-
»Kirche« wieder mit dem Spiritismus: In der »Zeitschrift für Spiritismus«[286] findet sich ein Aufruf: »Spiritisten! Unterstützt einander
geschäftlich [...] Kauft bei Gesinnungsgenossen. Macht euch untereinander bekannt durch Inserate, Zusammenkünfte und kräftigt
eure Überzeugung durch Zusammenhalten [...]« Solche geistigen
Solidargemeinschaften hatten also auch ihre handfeste ökonomische Verankerung.

Hölscher[287] hat darauf hingewiesen, daß bereits nach der Jahrhundertwende die »Endzeitsekten« als religiöse Auffangbecken des
politisch-sozialen Protests an Bedeutung verloren: »Die religiösen
Sekten wurden auch im proletarisch-kleinbürgerlichen Milieu an
den Rand gedrängt.« Die Kirchenaustrittsbewegung sei nun fast
ausschließlich atheistischen und freireligiösen Gemeinschaften zugute gekommen. Die von ihm angeführten Zahlen belegen diesen
Trend verstärkt für die Jahre nach dem Ersten Weltkrieg; absolut
wuchsen freilich auch dann noch die Anhängerzahlen der »Endzeit-

sekten«. Eine völlige Säkularisierung der politisch-sozialen Katastrophenängste und christlicher Endzeitvorstellungen war also nicht eingetreten. Davon profitierte auch Weißenberg. Rudolf Olden[288], der dabei wohl vor allem an Hitlers gefährliche Wirkung auf eine psychosozial labile Gesellschaft dachte, resümierte seine Beobachtungen bei einem Weißenberg-Gottesdienst 1931 in der »Friedensstadt«: »[…] welche Wirkung! Nach zwei, drei Minuten die ersten Krämpfe da und dort, Schreie, Seufzer, Schluchzen. Eine Frau, die Hände hebend, spricht laut ›in Zungen‹. Der Rausch verbreitet sich blitzschnell, steigert sich, ich kann nicht schnell genug die Augen umherschweifen lassen […] Ein immer größerer Teil der Versammlung wird ergriffen. Es ist, wie wenn die Bande der Ordnung, der Gesellschaft sich lösten, das Chaos hereinbräche. Die hohe Halle gellt, niemand sitzt mehr ruhig, überall Verkrampfte, Hinsinkende, starr Erhobene, ein grauenhaftes Bild, ein höllisches Konzert. Bis der Göttliche Meister schwieg, alles zusammensank, erstarrte, sich löste. Ich stelle fest: er sprach sechs Minuten lang. Es genügte, um Hunderte im Innersten zu erschüttern, zu verwirren, in Auflösung zu versetzen. – Draußen schien die Sommersonne auf den Biergarten.«

Schluß:
Heilssuche im
Industriezeitalter

Unsere Darstellung hat einige Stränge der Heilssuche im Industriezeitalter besonders herausgegriffen: Millenarismus, Endzeitstimmung, Geistheilung, autoritäre Heilsvermittlung mitsamt möglicher politischer Konsequenzen durch »Propheten« (nicht selten mit wirtschaftlichem Erfolg trotz oder wegen ihrer außerweltlichen Orientierung) oder Geistersprache durch Trance-Medien. Diese Tendenzen könnten leicht auch in der Gegenwart aufgespürt und aktuelle Beispiele in nächster geographischer Nähe des Autors in Süddeutschland gefunden werden – man denke etwa an Gabrielle Witteks Organisation »Universelles Leben« oder Erika Bertschingers (»Uriella«) Zirkel »Fiat Lux«. Darüber hinaus hat das Phänomen inzwischen die christlich-sektiererische Nische verlassen und extremere Formen angenommen: Um Jenseitsbotschaften kristallisieren sich nicht nur weiterhin religiös-synkretistische Bewegungen[289], sondern der Spiritismus hat sich zum »Channeling« gemausert (man denke an Jane Roberts »gechannelte« Schriften von »Seth«); Geistheiler wie der griechische Zypriote Spyros Sathi (»Daskalos«) oder der Krankheitsdiagnostiker und »Prophet« Edgar Cayce genießen größte Aufmerksamkeit, und »PSI-Heilen« wird von »medialen Operateuren« in Brasilien oder auf den Philippinen ausgeübt; autoritärer Machtmißbrauch wird (etwa von Joel Kramer und Diana Alstadt in »Die Guru Papers«) als wesentliches Kennzeichen der zeitgenössischen religiösen Gurus ausgemacht; »Profit und Prophet« scheinen weniger denn je im Widerspruch zu liegen[290]; und die Endzeitstimmung hat insbesondere in der »New Age-Bewegung« mit der Verkündigung des Anbruchs des Wassermann-Zeitalters eine eigenartige optimistische Färbung angenommen – ganz der theosophischen Wurzel des »New Age«-Begriffs bei Alice A. Bailey entsprechend, welche unmittelbar nach dem Zweiten Weltkrieg in ihrer Autobiographie die »Morgendämmerung der jetzt beginnenden, neuen Zivilisation« und einer internationalen

»Bruderschaft« verkündet hatte.[291] Das Nahen der Jahrtausendwende allerdings läßt zumindest die Massenmedien auch wieder mit dem Pfund der »Endzeit-Angst« wuchern.

Und das gegenwärtige Heilsangebot ist gewaltig[292]: Jeder Blick in die Esoterik-Abteilung einer Buchhandlung bzw. in einen entsprechenden Verkaufskatalog oder in die einschlägigen Angebote von »Workshops«, »Seminaren« und »Heilpraxen« klärt auf über die »pluralistische« Fülle des einem raschen modischen Wechsel unterworfenen therapeutischen Angebots zur »ganzheitlichen« Körperheilung und »Bewußtseinserweiterung«: Tai-chi oder Quigong, Fünf Tibeter oder Anwendung des Feng-Shui, Morphologische Methode oder Ayurveda, Rolfing oder Rebirthing, Feldenkrais oder Bioenergetik, Fasten oder Naturkost, Reinkarnation oder Astrologie, Orgon-Therapie oder Engel-Botschaften, Chakras-Therapie oder Alexander-Technik, Atem-Therapie oder Reiki, Yoga oder Shiatsu, Primär- oder Gestalt-Therapie, biodynamische oder neureichianische Massage, autogenes Training oder »spirituelle Ferien«, Akupunktur oder Akupressur, Kinesiologie oder Hakomi, Homöopathie oder Hypnotherapie, Tantra oder Tarot, Energy Channeling oder Sexual Healing, Tibetan Pulsing oder Rebalancing, Heilen durch Pyramiden, Pflanzen, Edelsteine, Kristalle, Minerale, Metalle, Pendel, Bachblüten, Aromen, Düfte, Musik, Farben und Licht, Malen, schamanistische Körper- und Energiearbeit, Meditation, Trance, körpereigene Drogen, Heilschlaf, Tanz. Wer Vergewisserung fürs Jenseits braucht, findet eine breite Literatur zur »Thanatologie«. »Sinnstiftung« ist auf dem Buchmarkt gefragt.

Weltkulturen und Weltreligionen werden nach »Rezepten« des Heils »geplündert«; Schamanen und Hexen kehren zurück; »heidnische« Stammestraditionen – von den Indianern über die Kelten und Germanen[293] – werden beschworen; und neben den alten werden neue »Kultbücher« der »Mystik« und des Okkultismus verbreitet (wie Carlos Castanedas »Don Juan«-Reihe oder James Redfields »Die Prophezeiungen von Celestine«). Diese angebliche »religiöse Revolution« mit ihren Tausenden von neuen religiösen Bewegungen erstreckt sich nicht nur auf das christliche Europa oder Amerika, sondern ist zum globalen Phänomen geworden, das von einem weltweiten Erwachen religiöser Fundamentalismen begleitet wird. Beide

Strömungen haben wiederum das bisherige Verhältnis von Religion und Staat in Frage gestellt und sind so – von Amerika bis Japan – auch zum Politikum geworden.[294]

Nicht Schritt gehalten mit dieser stürmischen neureligiösen Entwicklung seit den 60er Jahren hat unser Verständnis des Vorgangs. Bereits die Betonung des »Neuen« an den »neuen religiösen Bewegungen« wird vom Historiker angesichts der langen europäischen und amerikanischen Tradition religiöser Alternativ- und Erweckungsbewegungen[295] zu relativieren sein; selbst die abwehrende Polemik gegen solche Neureligionen ist bereits ein geschichtliches Faktum.[296] In der Regel wird zudem vergessen, daß es außerdem bereits eine historische theoretische Verarbeitung der behandelten Erscheinungen gibt, die wir insbesondere mit Blick auf Deutschland ausführlicher wiedergeben wollen:

Der Arzt Gustave Le Bon hatte nicht nur persönlichen Anteil an der Entlarvung des weltberühmten spiritistischen Mediums Eusapia Palladino als Schwindlerin, sondern zog überdies 1895 in seiner »Psychologie der Massen« anhand des Spiritismus Schlußfolgerungen über die »Beeinflußbarkeit und Leichtgläubigkeit der Massen«: Er berichtet[297] über ein psychologisches Experiment, bei dem ausgezeichneten Beobachtern, darunter Alfred Russel Wallace, alle klassischen Phänomene des Spiritismus vorgeführt wurden wie Materialisation von Geistern, Schiefertafelschrift und ähnliches. Die Beobachter gaben zu Protokoll, daß nur eine übernatürliche Erklärung für die beobachteten Erscheinungen in Frage käme – obwohl in Wirklichkeit primitive betrügerische Kniffe benützt worden waren. Le Bon sieht hier die Kraft des Hypnotiseurs am Werk, der den Hypnotisierten seinen Willen aufzwingt, und konstatiert verwundert, daß sich diese Kraft auch »auf überlegene, von vornherein mißtrauische Geister auswirkt«. Gerade dies bewies ihm, »mit welcher Leichtigkeit die gewöhnlichen Massen zu täuschen sind«. Le Bon, der Gegner des Spiritismus, ist also ein vehementer Anhänger der Betrugshypothese, die er mit einer psychologischen Erklärung der Hypnosewirkung untermauert. Dazu kommt seine Anschauung, daß die »Massenseele« nicht durch Vernunftgründe, sondern durch »das Wunderbare und das Legendäre« geleitet wird und alle Überzeugungen der Massen »religiöse« und nicht rationale

Form annehmen: »In seinem ewigen Kampf mit der Vernunft wurde das Gefühl nie besiegt.«

War im 19. Jahrhundert der Okkultismus noch eher auf das Feld der Religion konzentriert, so traten, wie James Webb meint[298], nach dem Ersten Weltkrieg Fragen der richtigen Gesellschaftsordnung in den Vordergrund. Anfang der 20er Jahre schrieb der Pädagoge Fritz Klatt, intimer Kenner der psychischen Vorgänge in der deutschen Jugendbewegung, einen Aufsatz über die »Neue Religiosität«.[299] Nach dem Ersten Weltkrieg trete eine »religiöse Bedürftigkeit«, eine Sehnsucht nach Glauben zutage, welche die Betreffenden ebenso zum Mitglied einer Weltanschauung wie einer extremen politischen Organisation werden lasse – Erlösung im Zeichen des Hakenkreuzes oder des Sowjetsterns oder durch Yoga oder Rosenkreuzertum. Klatt deutet dies als typische Erscheinung des durch Krieg und Inflation geschröpften Mittelstandes. Die ehemalige Verfügung über Eigentum werde ersetzt durch die Zugehörigkeit zu einer »Geheimwissenschaft«. Habe bei der bürgerlichen Jugend vor dem Krieg die Gefahr bestanden, daß sie am Kapital verspießere, so mache sich jetzt ein »Gläubigkeitsphilistertum« breit. Das nach-kapitalistische Gefühl des Auserwähltseins äußere sich in dem »geheimen Blick des Einverständnisses [...]: ja, du und ich, wir sind *neue* Menschen«, die den »Anbruch der neuen Zeit« erleben. Das Glaubensziel sei dabei auswechselbar und könne »Das Reich« oder »Wahrheit« oder »Freiheit« oder »Bund der Jugend« heißen: »Das Reich«: das könne sein das Deutsche Reich oder das kommunistische Weltreich; die »Wahrheit«: dies könne meinen die christliche, die von Laotse, die von Dostojewski; der »Bund der Jugend« könne eine bestimmte Lebensweise oder auch eine rein politische Angelegenheit sein. Je schlimmer die Verarmung des Mittelstandes sei, der die bürgerliche Jugend ins »Werkstudententum« hineinzwinge, desto größer werde die jugendliche Engstirnigkeit und geistige Erstarrung: »Wenn heute von ›gläubigen‹ oder ›religiösen‹ Menschen die Rede ist, denkt man sofort an etwas Beängstigendes, mit enger Stirn, herabhängender Nase und starr geradeaus gerichtetem (sei es finsterem, sei es strahlendem) Blick. Das trifft gleicherweise zu auf irgendwie betonte Christen, Lebensreformer, Buddhisten, Anthroposophen und Theosophen, wie auf rassegläubige Arier und Zionisten und eingeschworene Marxisten, wie auch (in Wissenschaft und Kunst) etwa auf strenggläubige Kubisten, fanatische Neukantianer und Phänomenologen, vor allem aber auf die sozial, politisch oder religiös in Gläubigkeit geratenen Frauen. Und was sich ihnen nun darbietet, die Bibel, der Vegetarismus, die Gymnastik, die Veden, das Fortleben nach dem Tode, die Eurhythmie [Rudolf Steiners], Judenhaß, Franzosenhaß und Deutschland über alles, das kommunistische Manifest oder irgendeine künstlerische oder wissenschaftliche Theorie, das alles wird ihnen zur *Glaubenssache*. Die ganze notgedrungene Härte und unfromme Lieblosigkeit der Gläubigen spricht schon aus dieser aufeinanderprallenden Wortkoppelung: Glaubenssache. Man spricht das Wort mit derselben schneidenden Schärfe, wie ›Ehrensache‹ oder ›Geschäft ist Geschäft‹. Die Verzweiflung verschärft hier nur noch den Ton.« Die größte Gefahr für die Jugend sieht Klatt darin, daß diese »neuen Menschen« durch ihren neuen Glauben ihre bisherigen seelischen Stützen verlieren, »erschüttert« und »aufgelockert« werden – aber dadurch auch »haltlos«. Der »Aufbruch« aus der Sinnlosigkeit bisheriger Existenz könne so leicht im psychischen »Zusammenbruch« enden.

Noch weiter in die politischen Folgen der Neureligiosität führen die Analysen des Journalisten Carl Christian Bry. Schon seine Beobachtung des Prozesses über den Hitler-Putsch brachte ihn zur Feststellung, daß mit Hitler ein neuartiger Politikertypus in Erscheinung getreten sei: »Denn er gehört mehr in die Reihe der [Rudolf] Steiner, [Louis] Häusser, und anderer Wundertäter. Wenn nicht er selbst, seine Gefolgschaft sieht ihn sicherlich so an.«[300] Damit hatte Bry Hitlers massenpsychologische Wirkung zu Recht in den Kontext der »Inflationsheiligen« gestellt[301]; freilich müßte auch eine okkulte Wurzel des Nationalsozialismus selbst in Betracht gezogen werden.[302] In seinem umfassenderen Werk über »Verkappte Religionen«[303] breitete Bry dann 1924 das reiche Spektrum der »religiösen« Nachkriegsbewegungen aus: »Esperanto, Sexualreform, rhythmische Gymnastik, Übermenschen, Faust-Exegese, Gesundbeten, Kommunismus, Psychoanalyse, Shakespeare ist Bacon, Weltfriedensbewegung, Brechung der Zinsknechtschaft,

Antialkoholismus, Theosophie, Heimatkunst, Bibelforschung, Expressionismus, Jugendbewegung, Genie ist Wahnsinn, Fakir-Zauber, Haß gegen Freimaurer und Jesuiten, endlich das weite Gebiet des Okkultismus [...]«

Wie die traditionellen Religionen seien alle diese unter sich selbst wieder zerstrittenen Bewegungen auf der Suche nach einem letzten Sinn, doch werde dieser nicht transzendent, sondern weltimmanent gesucht, als eine verborgene Wirklichkeit hinter *dieser* Welt (»Hinterweltlertum«). Es gelte nur, die bisherige Alltäglichkeit durch diese neue Welt zu ersetzen, um so alle Übel aus einem Punkt heraus – und werde dieser noch so engstirnig und monomanisch verfolgt – zu kurieren. Denn die »verkappten Religionen« sehen sich trotz ihrer tatsächlichen Beschränktheit als »allumfassende Systeme«; sie wollen nicht nur einen Teil der Welt reformieren, sondern »sie wollen mit aller Macht der ganzen Welt und dem All einen neuen Sinn geben« – dies nennt Bry die »Elephantiasis religiosa oder philosophica« beziehungsweise die »philosophische Inflation«. Ein Widerlegen mit rationalen Gründen sei hier unmöglich, berufe sich doch der »Hinterweltler« in seiner »Besserwisserei« »auf die empfangene Erleuchtung, die ihn zum neuen Menschen gemacht hat, und da wir nicht die gleiche Erleuchtung empfangen haben, ist es uns ganz unmöglich, ihn zu widerlegen«. Eine Reduzierung dieses Phänomens auf Schwindel und Scharlatanerie sei als Erklärung unzureichend; denn so viele Betrüger hier am Werk sein mögen – es gibt auch die Mitläufer, »die Ehrlichen und Betrogenen, die ihren Glauben selten aufgeben«. Was aber überwältigt sie?

Mit der Zunahme der Wahlerfolge Hitlers stellte sich den deutschen Beobachtern die Frage nach den massenpsychologischen Wirkungen der neuen Zauberer immer dringlicher: Rudolf Olden ging in der Einleitung zu dem von ihm 1932 herausgegebenen Band »Das Wunderbare oder die Verzauberten. Propheten in deutscher Krise«[304] dem Phänomen des Verzaubertwerdens durch das Wunderbare nach. Jeder Mensch, sagt er, erlebe das, wenn er verliebt sei. Was aber sei Verliebtheit? Er halte es mit Stendhal, der sagte, es handele sich dabei um die »Unmöglichkeit der Abwehr« durch eine Art »Fieber der Einbildungskraft«. Es sei also bei der Verzauberung eine Überbewertung des Objekts im Zusammenhang mit einer Suggestion, die von diesem Objekt ausgehe, im Spiel. Dieser »faszinierende« Einfluß von Menschen auf Menschen werde bereits am Heiratsschwindler und Hochstapler sichtbar (Oldens berühmtes deutsches historisches Beispiel ist der falsche Prinz Harry Domela!)[305] und komme ebenso in der Suggestivkraft des »Führers«, des »Stars«, der »Verkaufskanone« oder des »Propheten« zum Zuge. In den Kategorien der Psychoanalyse Freuds handle es sich dabei um den Vorgang der »Übertragung« und »Identifizierung«. Dazu komme, daß Führern wie Geführten, »Wundertätern« wie von ihnen »Verzauberten« nicht nur der Glaube gemeinsam sei, sondern auch die Eigenschaft, »daß die Scheidewand zwischen Bewußtsein, und dem, was unter ihm liegt, gelockert ist« (dies entspricht Klatts Deutung der »Auflockerung«). In Zeitaltern der (politischen, ökonomischen oder sozialen) Krise breche diese Scheidewand im Privatleben wie in der Politik auf – der Vorgang werde aber von den »Verzauberten« nicht als seelische Erkrankung wahrgenommen, sondern als »Große Zeit« des Wunderbaren.

Dieser psychologische Diskurs hat sich ab den späten 1960er Jahren mit dem Erscheinen der damaligen »Neuen religiösen Bewegungen« besonders auf den Aspekt der »Konversion« und die dabei angewandten Psychotechniken (*mind control*, »Gehirnwäsche«) und entsprechende Gegenstrategien (*deprogramming*) verengt; immerhin geriet dabei auch der Aspekt der Macht über Seelen (aber auch der geistigen »Ermächtigung« der Anhänger der Neureligionen) ins Blickfeld. Neue Impulse brachte dann die Revitalisierung der angelsächsischen Religionssoziologie – welche qualitativ und quantitativ bei der soziologischen Erforschung der Neureligionen dominiert – durch die neuen religiösen Bewegungen selbst. Diese angelsächsische Religionssoziologie hat insbesondere die Analyseinstrumente erheblich geschärft[306]: So hat sie das von Ernst Troeltsch überkommene Konzept »Kirche«–»Sekte« durch den vielfach untergliederten Begriff »Cult« erweitert und diese »Cults« in ihrer sozialen Struktur wie in ihrer gesamtgesellschaftlichen Verankerung untersucht.

Als zum Verständnis wenig hilfreich hat sich dagegen die als Reaktion auf die neuen religiösen Bewegungen in Amerika und Europa entstehende öffentliche Bewegung *gegen* die neuen Kulte mit ihrer

Strategie der Kriminalisierung und Pathologisierung erwiesen. Diese Anti-Bewegungen fielen entsprechend der unterschiedlichen religiösen Tradition und zeitgeschichtlichen Erfahrung in den einzelnen Ländern unterschiedlich aus. Frank Usarski konnte in seiner Untersuchung über »Die Stigmatisierung Neuer Spiritueller Bewegungen in der Bundesrepublik Deutschland« nachweisen[307], daß das auf den Devianz-Begriff aufbauende Konstrukt einer von den »Jugendsekten« oder »Jugendreligionen« (die Bezeichnungen waren pejorativ gemeint) ausgehenden öffentlichen Gefahr das Ergebnis einer Interessenallianz von Elterninitiativen, einigen Parteipolitikern und vor allem kirchlichen Weltanschauungsbeauftragten – an der Spitze der Bestsellerautoren dabei Friedrich-Wilhelm Haack – war, unterstützt durch die für alles Spektakuläre offenen Massenmedien. Beim Kampf gegen diese angeblich »destruktiven Kulte« (vgl. den westdeutschen zeitgeschichtlichen Hintergrund von Nationalsozialismus und ostdeutschem Kommunismus!) sei es vor allem darum gegangen, die in den Großkirchen verbliebenen Christen gegenüber der neureligiösen Konkurrenz zu immunisieren und durch die Schaffung eines Feindbildes den eigenen Glauben zu stabilisieren.

Ferner fällt das eigenartige politische Phänomen auf, daß in der Bundesrepublik, im Gegensatz etwa zu den angelsächsischen Ländern, praktisch alle Informationen über die neuen religiösen Gruppen über die Sektenbeauftragten der Kirchen, Betroffeneninitiativen und die Evangelische Zentralstelle für Weltanschauungsfragen in Berlin (früher Stuttgart) laufen, nicht aber über Institutionen religionswissenschaftlicher Forschung. Nicht zuletzt wurde von den kirchlichen Sektenbeauftragten die schwindende Bindung an die christlichen Großkirchen mit einer Krise der Religion insgesamt verwechselt; statt dessen sehen wir aber, daß die – selbst sehr heterogenen – Neureligionen das frei werdende Potential (allerdings inhaltlich teilweise neu)[308] besetzen, und zwar nicht nur im Bereich der sinnstiftenden Weltanschauungsproduktion, sondern auch als Dienstleistungsagenturen zur Bewältigung von Lebenskrisen (also auf dem Rückzugsgebiet der Altreligionen selbst). Die Einbrüche der Neureligionen in den Bestand der traditionellen christlichen Großkirchen scheinen sich dabei zumindest in Deutschland schubweise zu ereignen – ob im Rahmen von politischen und sozioökonomischen Krisen oder als Folge von »Sattheit«, ist strittig.[309]

Von besonderem Interesse erscheint uns die Frage, ob die Inhalte dieser neuen »Cults« wirklich, wie oft behauptet, »gegenkulturell« zu deuten sind, also eine Kritik, ja Ablehnung der Werte der dominanten Gesellschaft beinhalten. In den USA hat insbesondere Robert Wuthnow[310] immer wieder gegen die These argumentiert, die gegenwärtigen neuen religiösen Bewegungen verkörperten eine kulturrevolutionäre Alternative zum amerikanischen kulturellen Mainstream, indem er darauf hinwies, daß sie deutliche Zeichen der vorherrschenden technologischen Weltsicht trügen. Anhand der historischen Untersuchung der Rezeption asiatischer Religiosität in Deutschland kamen Martin Baumann, Frank Usarski und der Verfasser[311] zur Feststellung, daß es dabei eher um eine zivilisationskritisch motivierte Neulegitimation westlicher Werte (wie Fortschrittsbegeisterung, Wissenschaftsgläubigkeit oder Gesundheits-»religion«) ging denn um ihre Zurückweisung und Ablösung. Deshalb müßte dringend die Frage gestellt werden, ob nicht vielfach die destruktiven Tendenzen der neuen Religionen gewaltig überschätzt werden.

Ernüchternd ist das Resultat einer Untersuchung der wirtschaftlichen Aktivitäten der Bhagwan-Bewegung und der Munschen »Vereinigungskirche« durch Yvonne Karow.[312] »Die Bhagwan-Bewegung«, so schreibt sie, »hat sich vollständig an die Anforderungen eines modernen Großbetriebes angepaßt, in dem sich die einzelnen ihrer jeweiligen Funktion beugen. Die langen Arbeitszeiten und der fehlende persönliche Freiraum machen die Vorherrschaft der Disziplin und die Reduzierung des einzelnen auf seine Arbeitsfunktion drastisch deutlich, ein Prozeß, der durch die religiöse Forderung nach *Egozerstörung* bzw. Selbstlosigkeit verstärkt wird. Hier wird der moderne, kapitalistisch orientierte Großbetrieb in ›reiner‹ Form durchorganisiert, indem die individuelle Handlungsfreiheit aufs äußerste minimiert ist [...] Die Sannyasins lassen sich bereitwillig in die Mühlen des kapitalistischen Betriebes einfügen in dem Bewußtsein, innerlich unbeteiligt zu sein bzw. im Aufgehen in der Arbeit sich selbst aufzulösen und sich damit vom Leidensdruck zu befreien, während die Munies aus den gleichen Gründen die Unterwerfung suchen. Erfolg und Gewinn sind hier nicht Selbstzweck, sondern in einen religiösen Sinnzusammenhang gesetzt, der die Fremdbestimmung des einzelnen ertragen hilft. Der Status quo der kapitalistischen Gesellschaft, Leiden an Fremdbestimmung und Reduzierung des Menschen auf seine Funktion, wird durch eine spezifische Sinnkonstruktion, die diesen Status legitimiert, intellektuell und emotional aushaltbar gemacht. So bleiben die Mitglieder beider Gruppierungen das, was sie auch vor dem Beitritt waren, nämlich Zahnrad einer unüberblickbaren Wirtschaftsmaschinerie und Werkzeug einer unpersönlichen äußeren Macht, doch wird ihr Handeln jetzt mit Sinn erfüllt, indem es als Heilsweg gilt. Damit ändert sich an der äußeren Gestalt des Arbeitens nichts, im Gegenteil, es kann bis zur psychischen und physischen Leistungsgrenze verstärkt werden, ein Mechanismus, der in beiden Gruppen zu beobachten ist. Die negativen Seiten des kapitalistischen Systems erfahren hier eine drastische Spiegelung und Überhöhung, mit dem Unterschied, daß die Betroffenen einen inneren Zwang zur Eingliederung verspüren, weil sie ihnen sinnvoll erscheint.« Es liegt auf der Hand, daß in einer kapitalistischen Gesellschaft gerade der wirtschaftliche Erfolg zum entscheidenden Kriterium wird, über das sich manche Neureligionen zu legitimieren suchen.

Im Lichte solcher Analysen ist jedenfalls die »Wiederverzauberung der Welt«, welche Morris Berman[313] bewußt Max Webers Feststellung vom neuzeitlichen Trend zur »Rationalisierung« und »Entzauberung der Welt« entgegensetzt, nichts als ein grandioses Mißverständnis der tatsächlichen affirmativen Funktionen der neuen religiösen Bewegungen. Nicht »Entsäkularisierung« betreiben diese Neureligionen, sondern Fortsetzung des rationalen kapitalistischen Betriebs mit neuer Legitimation. Weber – keineswegs ein plumper Fortschrittsgläubiger – hatte ja beim »kapitalistischen« Prozeß der »Rationalisierung«, »Entzauberung« und »Säkularisierung« gerade auch den mit der Effektivitätssteigerung verbundenen Trend zur »Entmenschlichung« betont; Karow[314] hat gezeigt, daß der Beitritt zu den von ihr untersuchten Gruppen »als den Mitgliedern sich sinnvoll darstellende Reaktion auf bestimmte leidenmachende Konflikte unserer modernen technisierten Gesellschaft« erscheint, ohne daß sie zu deren aktiver Veränderung in der Lage sind,

»sondern sich dem Problem durch Preisgabe des Ich entziehen, um den Konflikt als solchen nicht zu bemerken, eine psychische Kapitulation, die derart zu schmerzen scheint, daß sie nur in der religiös sanktionierten Umkehrung ertragen werden kann«. Insgesamt würden diese Gruppen »die gesellschaftlichen Defizite wiederholen und stabilisieren, d. h. das ›Normale‹ pointiert abbilden«.

Allerdings stellt die lange westliche Tradition von Neureligionen – seien diese Sekten oder »Cults« – die Frage, ob Max Webers Behauptung eines mit der neuzeitlichen »Rationalisierung« des Lebens einhergehenden Säkularisierungsprozeß nicht einer differenzierenden Betrachtung bedarf. In der angelsächsischen religionssoziologischen Diskussion [315] hat sich jedoch die Meinung nicht durchgesetzt, die Erscheinung neuer religiöser Bewegungen führe zum Triumph einer antisäkularistischen Geschichtsdeutung; pointiert wurde dem entgegengehalten, das Wachstum der Neureligionen sei eine *Folge* der Säkularisation, bedeutete einen weiteren Rückzug beziehungsweise eine Zurückdrängung der Religion aus Politik und Gesamtgesellschaft in die Peripherie der Privatsphäre und bewirkte dort eine »pluralistische« religiöse Gruppenbildung heilssuchender Individuen bei gleichzeitiger Entvitalisierung der Großkirchen.

Freilich bedürfte die Untersuchung der Max-Weber-These der »Säkularisation« einer längerfristigen *historischen* Betrachtungsweise. Von besonderem Interesse würden deshalb die für das Verhältnis von Religion und Gesellschaft im 19. Jahrhundert in Deutschland getroffenen Befunde sein. Wolfgang Schieder [316] spricht differenzierend von einem »schleichenden Säkularisierungsprozeß« in dem Sinne, daß die Religion zunehmend weniger einen universalen Deutungszusammenhang vermittelte und nicht mehr das gesamte Leben durchdrang. Diese »Teilsäkularisierung« sei aber nicht mit einem dramatischen Verlust von Religiosität überhaupt zu verwechseln. Vielmehr gebe es auf der einen Seite einen Prozeß der Entkirchlichung (bei den »Gebildeten« ebenso wie bei sozialdemokratischen Arbeitern), dem aber eine »Steigerung außerkirchlicher Religiosität« entspreche. Ja, man könne in diesem außerkirchlichen Raum geradezu von einer »Steigerung religiöser Energien« und einer »Vitalisierung der Religiosität« sprechen. Für diese Tatsache hat ja nicht zuletzt auch unsere Untersuchung der »Neuapostoli-

schen« oder der »Weißenberg-Kirche« Materialien geliefert. Freilich sollte man, worauf ebenfalls Schieder hinweist, nicht übersehen,
daß daneben eine »säkulare Religiosität« an Bedeutung gewann, sei
das in Gestalt einer »Bildungsreligion«, »Kunstreligion«, »Wissen-
schaftsreligion« oder »politischen Religion«.[317]

Heutzutage könnte mit dem Abflauen der neuen religiösen Bewegungen, soweit sie festgefügte Organisationen bilden, und dem Auf-
kommen einer diffusen New Age-»Esoterik« seit den 1980er Jahren
eine neue Phase der Teilsäkularisation sichtbar werden: Nichtratio-
nale Glaubens- und Heilsfragmente werden scheinbar nahtlos mit
höchst rationalen Lebensanschauungen und gesellschaftlich ange-
paßten Lebensweisen verbunden. Ein bunter säkular-religiöser
Eklektizismus und Synkretismus mit ganz verfließenden Konturen
beginnt sich hier abzuzeichnen, der von Kirchenvertretern als »religiöser Supermarkt« verabscheut wird.

So stellt sich schließlich die Frage, welchen Stellenwert die Heilssuche im Industriezeitalter, soweit sie sich in der Vielzahl der Neureligionen ausdrückt, für Stabilisierung, Wandel oder Umbruch dieser
Gesellschaft besitzt: »Integration« in die Gesellschaft versus
»Transformation« der Gesellschaft ist dabei vermutlich eine falsche
Alternative. Die Neureligionen erleichtern auf der einen Seite die
Anpassung an den industriellen Wandel, und das kommende Heil,
das sie versprechen, macht das bestehende gesellschaftliche Unheil
erträglicher, ohne es außer Kraft zu setzen. Auf der anderen Seite
aber sind sie – man denke etwa im Rahmen der »New Age-Bewegung« an neue (natur)wissenschaftliche »holistische« Paradigmen
(wobei es allerdings in der abendländischen Tradition schon immer
neben dem dominanten dualistischen Weltbild ein damit konkurrie-
rendes monistisch-»mystisches« gab), neue Formen der Unterneh-
mensführung, ökologisch »angepaßte« Technologien, neue Defini-
tionen der Geschlechterrollen in einem feministischen Kontext[318],
»hyperintelligente« mediale Netzwerke, »ganzheitliche« Medizin
usw. – auch Avantgarde eines aktiven Wandels der industriellen
Gesellschaft.

Max Weber hat in der religionssoziologischen »Zwischen-
betrachtung« von 1917[319] die am eigenen Leibe erfahrene These auf-
gestellt, daß die zeitgenössische »Rationalisierung und Intellektuali-

226

sierung der Kultur« als Gegenmacht »irrationale Rauschformen«
mobilisiere. Er sah solche besonders in »der größten Lebensmacht:
der geschlechtlichen Liebe« verkörpert. Der »erotische Rausch«
galt ihm als spezifische »innerweltliche Erlösung vom Rationalen«.
Die »erotische Bewegung« seiner Zeit zeigte die gesellschaftliche
Ausprägung solcher (Über-)Lebenskräfte.[320] Es scheint uns aber,
daß neben der Erotik auch Krankheit und Tod zentrale Erfahrungen
des Industriezeitalters waren, welche die einseitige Rationalisierung
korrigierten. Mochten auch eine sich professionalisierende naturwissenschaftliche Medizin beziehungsweise Psychiatrie[321] und die
feste Einrichtung des Krankenhauses bzw. der Irrenanstalt[322] zusammen mit der Entfremdung des einzelnen von den Heilsmitteln
und der Seelsorge der kirchlichen Einrichtungen eine Tendenz zum
Auseinanderbrechen von Seele und Intellekt, Geist und Körper
signalisieren, so gab und gibt es hier eine starke innerweltliche Ge-
genbewegung: Sie reicht historisch vom Mesmerismus[323] bis zur
Psychotherapie und ihren aktuellen Fortsetzungen[324], von der »Heilung durch den Geist« in vergangenen und heutigen neureligiösen
Bewegungen[325] bis hin zu Naturheilbestrebungen der »Lebensreform« und deren heutigen Abkömmlingen in der der Alternativmedizin.[326] Erinnert nach Weber der außeralltägliche »erotische
Rausch« an seine Herkunft aus der »heiligen« Ekstase und »magi-
schen Orgiastik«, so lassen die genannten Heilpraktiken auch im
Industriezeitalter die traditionelle religiöse Dimension von Gesundheit als »Ganzheit« und »Harmonie« und damit den Zusammenhang von Heilung und Heil aufscheinen.

Anhang

Anmerkungen

1 *Prince*: Edward Miller, The History and Doctrines of Irvingism, London 1878, Bd. 2, S. 204 f.; *Jobard*: Rima Handley, Eine homöopathische Liebesgeschichte. Das Leben von Samuel und Mélanie Hahnemann, München 1993, S. 188 ff.
2 James Webb, The Flight from Reason (The Age of the Irrational, Bd. 1), London 1971; US-Ausgabe unter dem Titel: The Occult Underground, La Salle, Illinois 1974.
3 Robert Galbreath, Explaining Modern Occultism, in: Howard Kerr/ Charles L. Crow (Hg.), The Occult in America. New Historical Perspectives, Urbana und Chicago 1983, S. 23 f.
4 Janet Oppenheim, The Other World. Spiritualism and Psychical Research in England, 1850–1914, S. 12.
5 James Webb, The Occult Establishment, La Salle, Illinois 1976, S. 10.
6 Frances A. Yates, Die okkulte Philosophie im Elisabethanischen Zeitalter, Amsterdam 1991; dies., Aufklärung im Zeichen des Rosenkreuzes, Stuttgart 1975.
7 Rolf Christian Zimmermann, Das Weltbild des jungen Goethe: Studien zur hermetischen Tradition des deutschen 18. Jahrhunderts, 2 Bde., München 1969 und 1979; Klaus Vondung, Millenarianism, Hermeticism, and the Search for a Universal Science, in: Stephen A. McKnight (Hg.), Science, Pseudo-Science, and Utopianism in Early Modern Thought, Columbia/London 1992, S. 118–140.
8 Kathleen J. Regier, The Spiritual Image in Modern Art, Wheaton 1987; Peter Ulrich Hein, Die Brücke ins Geisterreich. Künstlerische Avantgarde zwischen Kulturkritik und Faschismus, Reinbek 1992; Okkultismus und Avantgarde. Von Munch bis Mondrian, 1900–1915, Frankfurt am Main 1995 (Ausstellungskatalog); Mark Gisbourne, Le spiritisme chez Victor Hugo, Justinus Kerner et quelques autres, in: L'âme au corps. Arts et sciences 1793–1993, Paris 1994, S. 488–499; Germano Celant, Futurisme et spiritisme, ebd., S. 500–503.
9 Rudolf Olden (Hg.), Das Wunderbare oder Die Verzauberten. Propheten in deutscher Krise, Berlin 1932, S. 22.
10 Wilhelm Becker, Das Horoskop Josef Weißenbergs, Berlin-Steglitz o. J., S. 8.
11 J. F. C. Harrison, The Second Coming. Popular Millenarianism 1780–1850, New Brunswick/New Jersey 1979, S. 221.
12 Ebd., S. 222.

13 7. Jg. (1903), S. 41 und S. 115.

13a Ronald C. Finucane: Appearances of the Dead. A Cultural History of Ghosts, Buffalo/New York 1984, S. 212.

14 Carl du Prel, Der Spiritismus, Leipzig 1893, S. 14.

15 Ebd., S. 14f.

16 Carl du Prel, Experimentalpsychologie und Experimentalmetaphysik (= ders., Studien aus dem Gebiete der Geheimwissenschaften, Bd. 2), 2. Aufl. Leipzig 1905, S. 147.

17 Oppenheim, The Other World [wie Anm. 4], S. 59ff.

18 Galbreath, Explaining Modern Occultism [wie Anm. 3], S. 30.

19 Verband Deutscher Okkultisten (Hg.), Stenographischer Bericht über die Verhandlungen auf dem ersten Kongreß Deutscher Okkultisten vom 23. bis 26. Mai (Pfingsten) 1896 in Berlin, Leipzig o. J., S. 7–12.

20 Alex Owen, The Darkened Room: Women, Power and Spiritualism in Late Victorian England, Philadelphia 1990; Ann Braude, Radical Spiritis: Spiritualism and Women's Rights in Nineteenth-century America, Boston 1989; Mary Farrell Bednarowski, Women in Occult America, in: Kerr/Crow (Hg.), The Occult [wie Anm. 3], S. 177–195.

21 F. O. Walther, Über die psychische Kraft des Weibes, Leipzig 1902.

21a Peter Dinzelbacher, Heilige oder Hexen. Schicksale auffälliger Frauen in Mittelalter und Frühneuzeit, Zürich 1995, bes. S. 59f., 64ff., 119ff.

22 E. Honold, Memoiren einer Spiritistin. Erlebte Wahrheiten gesammelt in 15jährigem okkulten Studium, Berlin o. J. (Prana-Verlag).

23 14. Jg. (1910), S. 22f., 325ff. und 331ff.

24 Howard Kerr/John W. Crowley/Charles L. Crow (Hg.), The Haunted Dusk. American Supernatural Fiction, 1829–1920, Athens, Georgia 1983, S. 4 und passim.

25 Eberhard Bauer, Spiritismus und Okkultismus, in: Okkultismus und Avantgarde [wie Anm. 8], S. 76.

26 Olden, Das Wunderbare [wie Anm. 9], S. 39.

27 Abgedruckt im Anhang bei Miller, The History [wie Anm. 1], Bd. 1.

28 Paul Scheurlen, Die Sekten der Gegenwart, Stuttgart 2. Aufl. 1921, S. 60f.

29 Ulrich Gäbler, »Auferstehungszeit«. Erweckungsprediger des 19. Jahrhunderts, München 1991, S. 171.

30 Ronald R. Nelson, Apocalyptic Speculation and the French Revolution, in: Evangelical Quarterly 53 (1981), S. 194–206.

31 Miller, History [wie Anm. 1], Bd. 2, S. 199–202. Interessanterweise äußerte die Zeitschrift für Spiritismus, 1. Jg. (1897), S. 271f., der Spiritismus besitze keine Nähe zu den Irvingianern, wohl aber zu den Mormonen. Vielleicht spielt dies auf die Tatsache an, daß – ähnlich wie die Neu-Apostolischen ihre Toten »versiegeln« lassen – auch die Mormonen ihre verstorbenen Ahnen taufen lassen können – aus diesem Grunde nehmen sie seit 1987 alle standesamtlichen Daten Europas auf Mikrofilm auf!

32 Karl Schmidt, Jenseits der Kirchenmauern, Berlin 1909, S. 66 f.

33 Helmut Obst, Apostel und Propheten der Neuzeit. Gründer christlicher Religionsgemeinschaften des 19./20. Jahrhunderts, Berlin 1990, S. 35 f.

34 [Henry Drummond], Dialogues on Prophecy, 3 Bde., London 1827–1829.

35 Zit. nach J(ohann) G(ottfried) Bischoff (Hg.), Geschichten der Neuapostolischen Kirche, Frankfurt am Main o. J. (1953), S. 21.

36 Obst, Apostel [wie Anm. 33], S. 22.

37 Zit. nach Schmidt, Jenseits [wie Anm. 32], S. 78.

38 Zit. nach R(einer) F(riedemann) Edel, Auf dem Weg zur Vollendung der Kirche Christi. Die ökumenische Sendung der katholisch-apostolischen Gemeinden an der Gesamtkirche Jesu Christi, dargestellt im Leben und Wirken des Heinrich W(ilhelm) J(osias) Thiersch, Marburg 2. Aufl. 1971, S. 64.

39 Zu Chalmers vgl. Gäbler, Auferstehungszeit [wie Anm. 29], S. 29 ff. und die dort angegeb. Lit.

40 Ernst Kalb (Hg.), Kirchen und Sekten der Gegenwart, Stuttgart 1905, S. 372.

41 Gordon Strachan, The Pentecostal Theology of Edward Irving, London 1973, S. 14 f.

42 Edel, Auf dem Weg [wie Anm. 38], S. 67 f.

43 Miller, Irvingism [wie Anm. 1], Bd. 1, S. 168.

44 Bischoff, Geschichte [wie Anm. 35], S. 49.

45 Vgl. Rober H. Martin, Evangelicals United. Ecumenical Stirrings in Pre-Victorian Britain, 1795–1830, London 1983.

46 Obst, Apostel [wie Anm. 33], S. 31.

47 Schmidt, Jenseits [wie Anm. 32], S. 79.

48 Obst, Apostel [wie Anm. 33], S. 32, gestützt auf Untersuchungen von Albrecht Schröter.

49 Schmidt, Jenseits [wie Anm. 32], S. 80 ff.

50 Zit. nach Kurt Hutten, Seher, Grübler, Enthusiasten. Das Buch der traditionellen Sekten und religiösen Sonderbewegungen, Stuttgart 12. Aufl. 1982, S. 474.

51 Zit. nach Schmidt, Jenseits [wie Anm. 32], S. 117.

52 Obst, Apostel [wie Anm. 33], S. 18.

53 Eberhard Buchner, Sekten und Sektierer in Berlin (= Hans Ostwald [Hg.], Großstadt-Dokumente, Bd. 6), Berlin–Leipzig 1904, S. 35.

54 Ebd., S. 33.

55 Luise Kraft, Unter Aposteln und Propheten. Erinnerungen aus meinem Leben. Marburg 2. Aufl. 1930, S. 8 f.

56 Zit. nach Buchner, Sekten [wie Anm. 53], S. 26 ff.

57 Ebd., S. 39.

58 Zit. nach Schmidt, Jenseits [wie Anm. 32], S. 159.

59 Zit. nach Oswald Eggenberger, Die Neuapostolische Gemeinde. Ihre Geschichte und ihre Lehre (= Beiträge zur evangelischen Theologie, Bd. 18), München 1953, S. 70.

60 Zit. nach Schmidt, Jenseits [wie Anm. 32], S. 136 f.

61 Zit. nach ebd., S. 139 f.

62 Zum folg. Buchner [wie Anm. 53], S. 20, 22 und 44.

63 Schmidt, Jenseits [wie Anm. 32], S. 185.

64 Ebd., S. 186.

65 Zit. nach Schmidt, Jenseits [wie 32], S. 149, und Obst, Apostel [wie 33], S. 86 f.

66 Kalb, Kirchen [wie Anm. 40], S. 380.

67 Erich Geldbach, Religiöse Polemiken gegen ›neue Religionen‹ im Deutschland des 19. Jahrhunderts, in: Johannes Neumann / Michael W. Fischer (Hg.), Toleranz und Repression. Zur Lage religiöser Minderheiten in modernen Gesellschaften, Frankfurt am Main / New York 1987, S. 187 ff.

68 Zit. nach Eggenberger, Neuapostolische Gemeinde [wie Anm. 59], S. 62 Anm. 1, und Obst, Apostel [wie Anm. 33], S. 89.

69 Zit. nach Obst, Apostel [wie Anm. 33], S. 89 f., und Schmidt, Jenseits [wie Anm. 32], S. 189.

70 Schmidt, Jenseits [wie Anm. 32], S. 177.

71 Kraft, Apostel [wie Anm. 55], S. 33.

72 Ebd., S. 11.

73 Ebd., S. 43.

74 Schmidt, Jenseits [wie Anm. 32], S. 129.

75 Kalb, Kirchen [wie Anm. 40], S. 383.

76 Kraft, Apostel [wie Anm. 55], S. 51 f.

77 Zit. nach Schmidt, Jenseits [wie Anm. 32], S. 164 ff.

78 Zit. nach ebd., S. 170 f.

79 12. Jg. (1908), S. 97.

80 Horst Reller (Hg.), Handbuch Religiöse Gemeinschaften, Gütersloh 1979, S. 576.

81 Kerr / Crow, The Occult [wie Anm. 3], S. 95; dort S. 120 auch weitere Lit. zur Geschichte des Swedenborgianismus und des Transzendentalismus in Amerika; Shaker: ebd., S. 126 f.

82 Zum folg. Jacques Groll, Aus der Kinderstube des modernen Spiritismus. Ein Beitrag zur Geschichte des Spiritismus in Deutschland, in: Spiritistische Rundschau, Jg. 10 (1902/03), S. 102–106; dazu: K. Andrée, Geisterklopfen und Tischrücken in den Hansestädten, in: Die wandernden magnetisierten Tische und die Klopfgeister, 1. Heft, April/Mai/Juni 1853, und: Okkultismus und Avantgarde [wie Anm. 8], S. 66 ff.

83 Zit. nach Zeitschrift für Spiritismus, Jg. 3 (1899), S. 175.

84 Andrew Jackson Davis, The Great Harmonia: A Philosophical Relevation of the Nature, Spiritual and Celestial Universe, 5 Bde., Boston 1850 ff. (Bd. 1: The Physician, Bd. 2: The Teacher, Bd. 3: The Seer, Bd. 4: The Reformer, Bd. 5: The Thinker).

85 Einleitung von Daniel Guérin zu Charles Fourier, Aus der Neuen Liebeswelt, Berlin 1977.

86 Das folg. stützt sich bes. auf Kerr/Crow, The Occult [wie Anm. 3], S. 81 ff.

87 Logie Barrow, Independent Spirits. Spiritualism and English Plebeians, 1850–1910, London 1986, S. 4 ff.

88 Ebd., S. 109.

89 Seine diesbezügl. Hauptwerke waren: Footfalls on the Boundary of Another World (1860) und The Debatable Land between this World and the Next (1871).

90 Barrow, Spirits [wie Anm. 87], bes. S. 96 ff.

91 Oppenheim, The Other World [wie Anm. 4], S. 91 ff.

92 Barrow, Spirits [wie Anm. 87], S. 140 f.

93 Ebd., S. 140; zu Wallace: ebd., S. 153, und Oppenheim, The Other World [wie Anm. 4], S. 296 ff.

94 Andrew Jackson Davis, Die Principien der Natur, ihre Göttlichen Offenbarungen und eine Stimme an die Menschheit, Bd. 1, Leipzig 1889, S. LXIII.

95 Barrow, Spirits [wie Anm. 87], S. 194 ff.

96 Webb, Underground [wie Anm. 2], S. 28.

97 5. Jg. (1901), S. 129 f.

98 In: Okkultismus und Avantgarde [wie Anm. 8], S. 71.

99 Zeitschrift für Spiritismus, 3. Jg. (1899), S. 339.

100 Ebd., 6. Jg. (1902), S. 435 ff.

101 Ebd., 7. Jg. (1903), S. 258.

102 Ebd., 8. Jg. (1904), S. 89.

103 Ebd., 13. Jg. (1909), S. 288.

104 Ebd., 12. Jg. (1908), S. 287.

105 Ebd., 6. Jg. (1902), S. 359.

106 Ebd., 6. Jg. (1902), S. 207.

107 Ebd., 6. Jg. (1902), S. 317 f.

108 Ebd., 6. Jg. (1902), S. 75.

109 Ebd., 1. Jg. (1897), S. 73.

110 Ebd., 11. Jg. (1907), S. 126.

111 Leider steht eine Geschichte des deutschen Spiritismus noch aus. Eberhard Bauer hat aus parapsychologischer Fragestellung einen gewissen Überblick gegeben (in: Okkultismus und Avantgarde [wie Anm. 8], S. 60–80); ferner folg. Monographien: Adolf Kurzweg, Die Geschichte der Berliner »Gesellschaft für Experimental-Psychologie« mit besonderer Berücksichtigung ihrer Ausgangssituation und des Wirkens von Max Dessoir, med. Diss. FU Berlin 1976; Helmut Möller, Georg Cantor – Carl Kiesewetter. Ein Briefwechsel, Privatdruck Göttingen 1991 [Kiesewetter-Biographie!]; Norbert Klatt, Theosophie und Anthroposophie. Neue Aspekte zu ihrer Geschichte aus dem Nachlaß von Wilhelm Hübbe-Schleiden (1846–1916), Göttingen 1993; ferner die in Anm. 112 angegebenen Veröffentlichungen von Gunda Wegner über Georg von Langsdorff.

112 Die folg. Darstellung stützt sich vor allem auf: Gunda Wegner, Georg von

Langsdorff (1822–1921), med. Diss. Freiburg 1989 u. deren Kurzfassung: Wegner, Das Leben des Georg von Langsdorff. Turner, Revolutionär und Wissenschaftler, in: Zeitschrift des Breisgau-Geschichtsvereins ›Schau-ins-Land‹, 111. Jahresheft (1992), S. 79–94; Langsdorffs ungedruckte »Erinnerungen« (siehe Bibl.) sowie seinen Brief an Alexander Aksàkow (von 1869) in: Davis, Principien [wie Anm. 94], Bd. 2, Leipzig 1889, Anhang Nr. 28, S. 82–91. Für den Hinweis auf die Diss. von Gunda Wegner und die Freiburger Archivalien bin ich Herrn Rechtsanwalt Albrecht Götz von Olenhusen in Freiburg zu großem Dank verpflichtet.

113 Dt. Übers. als: Experimentelle Untersuchungen über Geister-Manifestationen, Leipzig 1871.

114 Zeitschrift für Spiritismus, 16. Jg. (1912), S. 209.

115 Kerr/Crow, The Occult [wie Anm. 3], S. 101.

116 In: Davis, Principien [wie Anm. 94], Bd. 2, Anhang S. 87.

117 Ebd., S. 89.

118 So Wittig in seinem Vorwort zu Davis, Principien [wie Anm. 94], Bd. 1, S. LXII.

119 Wegner, Langsdorff (Diss.) [wie Anm. 112], S. 165.

120 Leipzig 1898, Verlag Wilhelm Besser, zit. nach Wegner, Langsdorff (Diss.) [wie Anm. 112], S. 132 ff.

121 Zeitschrift für Spiritismus, 3. Jg. (1899), S. 145.

122 Ebd., S. 133 f.

123 Wegner, Langsdorff (Diss.) [wie Anm. 112], S. 34.

124 Zeitschrift für Spiritismus, 2. Jg. (1898), S. 362 f.

125 Ebd., S. 220 ff.

126 9. Jg. (1902), Nr. 10.

127 Zeitschrift für Spiritismus, 5. Jg. (1901), S. 402 f.

128 Ebd., S. 369 ff.

129 Ebd., S. 48.

130 Harrison, Second Coming [wie Anm. 11], S. 11 f.

131 Zum folg. Alexander Smoltczyk/Hans Madej, Warten auf den Propheten, in: GEO, Nr. 1 v. Januar 1995, S. 90–105.

132 Olden, Das Wunderbare [wie Anm. 9], S. 19 f.

133 Zum folg. Frithjof Rohr, Brief an den Meister, in: Der Weiße Berg, 7. Jg. Nr. 15 v. 15. 4. 1934.

134 Landesarchiv Berlin, Rep. 58, 939, Bd. 2 = Film 684.

135 Rohr, Brief [wie Anm. 133].

136 Joseph Weißenberg, Der Lebenslauf des Gründers der Evangelisch-Johannischen Kirche nach der Offenbarung St. Johannes, Berlin o. J., keine Paginierung.

137 Ebd.

138 Zeitschrift für Volksaufklärung gegen Kurpfuscherei und Heilmittelschwindel, 3. Jg., Nr. 6 v. Juni 1929, S. 215.

139 Die folg. Zitate: Institut für Zeitgeschichte München, MA – 742; Becker, Das Horoskop [wie Anm. 10], S. 6; Landesarchiv Berlin, Rep. 58, 939, Bd. 1 = Film 684; Olden, Das Wunderbare [wie Anm. 9], S. 24 f.

140 Gerhard Moll (Hg.), Joseph Weißenberg – Zeugnisse seines Wirkens, Heft 2, Berlin o. J., S. 36.

141 Zeitschrift für Volksaufklärung [wie Anm. 138], 5. Jg., Nr. 12 v. Dezember 1931, S. 581.

142 Olden, Das Wunderbare [wie Anm. 9], S. 31.

143 Zum folg.: Zeitschrift für Volksaufklärung [wie Anm. 138], 5. Jg., Nr. 12 v. Dezember 1931, S. 577; ebd., 3. Jg., Nr. 10 v. Oktober 1929, S. 266.

144 Landesarchiv Berlin, Rep. 58, 939, Bd. 2 = Film 684.

145 Landesarchiv Berlin, Rep. 58, 2730, Bd. 1.

146 Zeitschrift für Volksaufklärung [wie Anm. 138], 5. Jg., Nr. 12 v. Dezember 1931, S. 576 f.

147 Olden, Das Wunderbare [wie Anm. 9], S. 30.

148 Moll, Weißenberg, Heft 2 [wie Anm. 140], S. 10.

149 Ebd., S. 8.

150 Gerhard Moll (Hg.), Joseph Weißenberg – Zeugnisse seines Wirkens, Heft 1, Berlin 1969, S. 18.

151 Ebd., S. 19 und Anm. 2.

152 Zum folg.: ebd., S. 15; ebd., S. 31; Landesarchiv Berlin, Rep. 58, 939, Bd. 2 = Film 684.

153 Moll, Weißenberg, Heft 1 [wie Anm. 150], S. 9.

154 Friedrich Mellinger, Zeichen und Wunder. Ein Führer durch die Welt der Magie, Berlin o. J., S. 166.

155 Weißenberg, Lebenslauf [wie Anm. 136].

156 Zeitschrift für Volksaufklärung [wie Anm. 138], 3. Jg., Nr. 1 v. Januar 1929, S. 147.

157 Weißenberg, Lebenslauf [wie Anm. 136].

158 Johannes Falk / Gerhard Moll / Hansjürgen Rohr (Hg.), Der Leidensweg. Eine Dokumentation über Joseph Weißenberg, Berlin 1966, S. 6.

159 Ebd., S. 7.

160 Das folg. in: Landesarchiv Berlin, Rep. 58, 2731, Bd. 1.

161 Falk / Moll / Rohr, Leidensweg [wie Anm. 158], S. 7.

162 Zum folg.: Verhandlungen des Reichstags, 13. Legislaturperiode, 2. Session, Bd. 313: Stenographische Berichte (1918), Reprint Bad Feilnbach 1986, S. 5530–5533; ebd., Bd. 324: Anlagen zu den Stenographischen Berichten, S. 2215 f. (Anlage 1509).

163 Falk / Moll / Rohr, Leidensweg [wie Anm. 158], S. 9.

164 Landesarchiv Berlin, Rep. 58, 939, Bd. 2 = Film 684.

165 Zum folg.: Zum Kirchenaustritt der Weißenberger [Flugschrift 1926], in: Institut für Zeitgeschichte München, MA – 742.

166 Weißenberg, Lebenslauf [wie Anm. 136].

167 J. Sigleur, Die Stadt des Friedens, in: Neubau und Siedlung. Offizielles Organ des Selbsthilfe-Siedler-Bundes für Eigenheim-, Lauben- und Pachtsiedlungen der Sektion Berlin-Brandenburg, 3. Jg., Nr. 23 v. 3./4. 6. 1932, Ex. in: Institut für Zeitgeschichte München, MA – 742.

168 Ebd.

169 Zum folg.: Olden, Das Wunderbare [wie Anm. 9], S. 22 und 33 f.

170 Vgl. Frithjof Rohr, Die Friedensstadt und das religiöse Werk ihres Erbauers Joseph Weißenberg, Husum o. J.

171 In: Institut für Zeitgeschichte München, MA – 742.

172 Weißenberg, Lebenslauf [wie Anm. 136].

173 Hermann Anger, Die ersten Jahre der Johannischen Kirche, Berlin 1976.

174 Weißenberg, Lebenslauf [wie Anm. 136].

175 Kurze Aufklärungs- und Abwehrschrift, in: Institut für Zeitgeschichte München, MA – 742.

176 Sigleur, Stadt des Friedens [wie Anm. 167].

177 Becker, Horoskop [wie Anm. 10], S. 2 f.

178 Moll, Weißenberg, Heft 1 [wie Anm. 150], S. 19.

179 Zum folg.: Aufklärungs- und Abwehrschrift [wie Anm. 175].

180 Zit. nach Hutten, Seher [wie Anm. 50], S. 523.

181 Zum folg.: Moll, Weißenberg, Heft 1 [wie Anm. 150], S. 5, 24, und Glaubenslehre der Evangelisch-Johannischen Kirche in Frage und Antwort, Berlin 1968, S. 8.

182 Moll, Weißenberg, Heft 1 [wie Anm. 150], S. 45.

183 Olden, Das Wunderbare [wie Anm. 9], S. 22 f.

184 Becker, Horoskop [wie Anm. 10], S. 5.

185 Zum folg. ebd., S. 10, 14 f. und 5.

186 Zum folg.: Landesarchiv Berlin, Rep. 58, 2731, Bd. 1 und Zum Kirchenaustritt [wie Anm. 165].

187 In: Landesarchiv Berlin, Rep. 58, 939, Bd. 6 = Film 685.

188 Zum folg.: Amtsgericht Charlottenburg, Abtl. 95, 28 Nz.

189 Zum folg.: Landesarchiv Berlin, Rep. 58, 2730, Bd. 5, und 939, Bd. 2 = Film 684.

190 Zum folg.: Landesarchiv Berlin, Rep. 58, 2730, Bd. 1.

191 Aufklärungs- und Abwehrschrift [wie Anm. 175].

192 Zum folg.: Johannische Kirche. Kurzdarstellung, Berlin 1980, S. 5 und 9.

193 Becker, Horoskop [wie Anm. 10], S. 7 f.

194 Zs. für Volksaufklärung [wie Anm. 138], 3. Jg., Nr. 6 v. Juni 1929, S. 215.

195 Landesarchiv Berlin, Rep. 58, 939, Bd. 2 = Film 684.

196 Zum folg.: Institut für Zeitgeschichte München, MA – 742.

197 Trauerfeier für Major von Santen [Flugschrift 1927], in: ebd.

198 Zum folg.: Institut für Zeitgeschichte München, MA – 742.

199 Vorwärts, 43. Jg., Nr. 583 v. 11. 12. 1926, 1. Beilage. Der Weltspiegel (Berlin) vom 31. 3. 1929, S. 5f.

200 Der Weiße Berg, 7. Jg., Nr. 15 v. 15.4.1934.

201 Landesarchiv Berlin, Rep. 58, 939, Bd. 3 = Film 684.

202 Der Weiße Berg, Nr. 1 v. Anfang Mai 1928.

203 Ebd., 3. Jg., Nr. 14 v. 6.4.1930.

204 Protokoll in: Institut für Zeitgeschichte München, MA – 742.

205 Der Weiße Berg, 5. Jg., Nr. 12 v. 20.3.1932.

206 Olden, Das Wunderbare [wie Anm. 9], S. 33.

207 Der Weiße Berg, 6. Jg., Nr. 19 v. 7.5.1933.

208 Zum folg.: ebd. und ebd., 7. Jg., Nr. 15 v. 15.4.1934.

209 Zum folg.: Institut für Zeitgeschichte München, MA – 742.

210 Der Weiße Berg, 7. Jg., Nr. 15 v. 15.4.1934.

211 Zum folg.: Institut für Zeitgeschichte München, MA – 742.

212 Zum folg.: Der Weiße Berg, 6. Jg., Nr. 47 v. 19.11.1933, zit. nach Hutten, Seher [wie Anm. 50], S. 517, Anm. 4.

213 Zum folg.: Zeitschrift für Volksaufklärung [wie Anm. 138], 8. Jg., Nr. 1/2 v. Januar/Februar 1934, S. 887 f., und Frithjof Rohr, Weißenberg-Heilpraktik, Berlin-Lichterfelde 1934, S. 23.

214 Deutsche Wochenschau, Nr. 24 v. 16.6.1934.

215 G d P [?], Berlin v. 27.5.1934, in: Institut für Zeitgeschichte München, MA – 742.

216 Brandenburgisches Landeshauptarchiv, Pr.Br.Rep. 2 A, Regierung Potsdam, I Pol., 3022.

217 Falk/Moll/Rohr, Leidensweg [wie Anm. 158], S. 11.

218 Institut für Zeitgeschichte München, MA – 742.

219 Verbot der Weißenberg-Sekte, in: Völkischer Beobachter v. 24.1.1935.

220 Zum folg.: Brandenburgisches Landeshauptarchiv, Pr.Br.Rep. 2 A, Regierung Potsdam, I Pol., 3022.

221 Institut für Zeitgeschichte München, Fa 119/1.

222 Zum folg.: Brandenburgisches Landeshauptarchiv, Pr.Br.Rep. 2 A, Regierung Potsdam, I Pol., 3022.

223 Ebd., und Falk/Moll/Rohr, Leidensweg [wie Anm. 158], S. 12.

224 Material zu folg.: Institut für Zeitgeschichte München, MA – 742, und Falk/Moll/Rohr, Leidensweg [wie Anm. 158], S. 11 ff. Die Prozeßakten konnten bisher nicht gefunden werden.

225 Zum folg.: Brandenburgisches Landeshauptarchiv, Pr.Br.Rep.2 A, Regierung Potsdam, I Pol., 3022 und 3023.

226 Zum folg.: Falk/Moll/Rohr, Leidensweg [wie Anm. 158], S. 13 f.; Moll, Weißenberg, Heft 1 [wie Anm. 150], S. 34 ff., und Weißenberg, Heft 2 [wie Anm. 140], S. 44.

227 Zum folg.: Amtsgericht Charlottenburg, Abtl. 95, 28 Nz.

228 Obst, Apostel [wie Anm. 33], S. 364.

229 Olden, Das Wunderbare [wie Anm. 9], S. 34 f.

229 a Beiträge von Hubert Cancik und Ekkehard Hieronimus in: Religions- und

Geistesgeschichte der Weimarer Republik, Düsseldorf 1982, S. 159 ff. und 176 ff.: Ulrich Nanko, Die deutsche Glaubensbewegung, Marburg 1993.

230 Erwin Lieck, Das Wunder in der Heilkunde, München 1940, S. 88 ff.

231 Claudia Huerkamp, Ärzte und Professionalisierung in Deutschland, in: Geschichte und Gesellschaft 6 (1980), S. 364.

232 Zit. nach Martina Bühring, Heiler und Heilen. Eine Studie über Handauflegen und Besprechen in Berlin, Berlin 1993, S. 58–62.

233 Zum folg.: Walter Wuttke-Groneberg: Volks- und Naturheilkunde auf »neuen Wegen«. Anmerkungen zum Einbau nichtschulmedizinischer Heilmethoden in die Nationalsozialistische Medizin, in: Alternative Medizin (= Argument-Sonderband 77), Berlin 1983, S. 27–50; Wolfgang R. Krabbe: »Die Weltanschauung der Deutschen Lebensform-Bewegung ist der Nationalsozialismus«. Zur Gleichschaltung einer Alternativströmung im Dritten Reich. In: Archiv für Kulturgeschichte 71 (1989), S. 431–461, hier S. 447.

234 Eduard Bächtold-Stäubli/Eduard Hoffmann-Krayer (Hg.), Handwörterbuch des deutschen Aberglaubens, Berlin Reprint 1986, Bd. 4, Sp. 1029–1066.

235 Biologische Heilkunst, 11. Jg., Nr. 47 v. 22. 11. 1930.

236 Vgl. Bächtold-Stäubli/Hoffmann-Krayer, Handwörterbuch [wie Anm. 234], Bd. 1, Sp. 597 f. (Arnika), Bd. 4, Sp. 938 f. (Kamille), Bd. 7, Sp. 1634 f. (Sellerie), ebd., Sp. 987–989 (Schafgarbe), Bd. 6, Sp. 243–293 (Milch), Bd. 3, Sp. 1472–1484 (Harn); ferner Register-Bd. 10, s. v. »Volksmedizin«.

237 Handley, Hahnemann [wie Anm. 1], S. 134, 139, 153, 200.

238 Bühring, Heiler [wie Anm. 232], S. 61.

239 Vgl. Nicholas Goodrick-Clarke, The Occult Roots of Nazism, Wellingborough 1985, S. 25 f.

240 1. Jg. (1897), S. 121 ff.

241 Vgl. Ellic Howe, Astrology and the Third Reich, Wellingborough 1984, s. v. Becker, Wilhelm (Index).

242 Klatt, Theosophie [wie Anm. 111], S. 55.

243 Bühring, Heiler [wie Anm. 232], S. 26 ff. Vgl. auch Holger Schleip, Zur Praktik des Handauflegens durch Heiler, Diss. Freiburg i. Br. 1980.

244 Landesarchiv Berlin, Rep. 58, 939, Bd. 2 = Film 684.

245 Ebd.

246 Landesarchiv Berlin, Rep. 58, 2730, Bd. 5.

247 Landesarchiv Berlin, Rep. 58, 939, Bd. 2 = Film 684.

248 Rohr, Weißenberg-Heilpraktik [wie Anm. 213], S. 16, 20 und 3.

249 Zum folg.: Barrow, Spirits [wie Anm. 84], S. 213 ff.

250 Landesarchiv Berlin, Rep. 58, 939, Bd. 2 = Film 684.

251 Ebd.

252 Der Weiße Berg, 5. Jg., Nr. 12 v. 20. 3. 1932.

253 Ebd., 23. Jg. (1919), S. 64.

254 Ebd., 1. Jg. (1897), S. 3.
255 Der Weiße Berg, 2. Jg., Nr. 18 v. 5. 5. 1929.
256 Rohr, Weißenberg-Heilpraktik [wie Anm. 213], S. 21.
257 Landesarchiv Berlin, Rep. 58, 2730, Bd. 5.
258 Ebd.
259 Landesarchiv Berlin, Rep. 58, 939, Bd. 2 = Film 684.
260 Spiritistische Rundschau, 10. Jg. (1902/03), S. 237 f.
261 Barrow, Spirits [wie Anm. 87], S. 270.
262 Ulrich Linse, Der übersinnliche Mensch als Rassewesen: Theosophie, Ario-
    sophie und Mazdaznan als okkulte Rassenreligionen, in: Justus H. Ul-
    bricht/Stefanie von Schnurbein (Hg.), Völkische Religion und Krisen der
    Moderne. Formen »arteigener« Religion seit der Jahrhundertwende, Köln
    usw. (erscheint voraussichtlich 1996); Klatt, Theosophie [wie Anm. 111].
263 Eine solche einseitige Sichtweise etwa bei George L. Mosse, The Mystical
    Origins of National Socialism, in: Journal of the History of Ideas 22 (1961),
    S. 81–96; Jeffrey A. Goldstein, On Racism and Anti-Semitism in Occul-
    tism and Nazism, in: Yad Vashem Studies 13 (Jerusalem 1979), S. 53–72;
    Goodrick-Clarke, Occult Roots [wie Anm. 239]; René Freund, Braune
    Magie? Okkultismus, New Age und Nationalsozialismus, Wien 1995.
264 Zum folg.: Brandenburgisches Landeshauptarchiv, Pr.Br.Rep. 2 A, Regie-
    rung Potsdam, I Pol. 1208, Bd. 4; ebd., 3022 und 3023.
265 Der Mann, der 36 Prozesse gewann, in: Neue Berliner Zeitung, Jg. 15,
    Nr. 96 v. 26. 4. 1933.
266 Olden, Das Wunderbare [wie Anm. 9], S. 32.
267 Zum folg.: Harm-Peer Zimmermann, »Der feste Wall gegen die rote Flut«.
    Kriegervereine in Schleswig-Holstein 1864–1914, Neumünster 1989;
    Thomas Rohrkrämer, Der Militarismus der »kleinen Leute«. Die Krieger-
    vereine im Deutschen Kaiserreich 1871–1914, München 1990; Wieland
    Vogel, Katholische Kirche und nationale Kampfverbände in der Weimarer
    Republik, Mainz 1989; Volker Berghahn, Der Stahlhelm. Bund der Front-
    soldaten 1918–1935, Düsseldorf 1966.
268 Der Weiße Berg, 5. Jg., Nr. 12 v. 20. 3. 1932.
269 Vogel, Katholische Kirche [wie Anm. 267], S. 27.
270 Zum folg.: Rohrkrämer, Militarismus [wie Anm. 267], S. 208 f.
271 Ebd., S. 211.
272 Thomas Nipperdey, Religion im Umbruch. Deutschland 1870–1918,
    München 1988, S. 8.
273 Lucian Hölscher, Weltgericht oder Revolution. Protestantische und soziali-
    stische Zukunftsvorstellungen im deutschen Kaiserreich, Stuttgart 1989,
    S. 105.
274 Gangolf Hübinger, Protestantische Kultur im wilhelminischen Deutsch-
    land, in: Internationales Archiv für Sozialgeschichte der deutschen Litera-
    tur 16 (1991), S. 174–199.

275 Zum folg.: Lucian Hölscher, Bürgerliche Religiosität im protestantischen Deutschland des 19. Jahrhunderts, in: Wolfgang Schieder (Hg.), Religion und Gesellschaft im 19. Jahrhundert, Stuttgart 1993, S. 191–215 (Zitate S. 213 f.).

276 Baldur Ed. Pfeiffer/Lothar E. Träder/George R. Knight (Hg.), Die Adventisten und Hamburg. Von der Ortsgemeinde zur internationalen Bewegung, Frankfurt am Main usw. 1992.

277 Nipperdey, Religion [wie Anm. 272], S. 99.

278 Klaus Scholder, Die Kirchen zwischen Republik und Gewaltherrschaft, Berlin 1988, S. 114.

279 Der Weiße Berg, Nr. 1 v. Anfang Mai 1928.

280 Zeitschrift für Spiritismus 4 (1900), S. 62; vgl. ebd., S. 149 ff.

281 Hutten, Seher [wie Anm. 50], S. 530.

281a Vgl. Helmut Zander, Reinkarnation und Christentum, Paderborn usw. 1995.

282 Liek, Das Wunder [wie Anm. 230], S. 89 Anm.

283 Olden, Das Wunderbare [wie Anm. 9], S. 25.

284 Der Weiße Berg, 3. Jg., Nr. 13 v. 30. 3. 1930.

285 Landesarchiv Berlin, Rep. 58, 2730, Bd. 5.

286 Der Weiße Berg, 14. Jg. (1910), S. 399.

287 Hölscher, Weltgericht [wie Anm. 273], S. 130.

288 Olden, Das Wunderbare [wie Anm. 9], S. 35 f.

289 Vgl. Friedrich-W. Haack, Rendezvous mit dem Jenseits. Der moderne Spiritismus/Spiritualismus und die Neuoffenbarungen, München 1992.

290 Joel Kramer/Diana Alstad, Die Guru-Papers. Masken der Macht, Frankfurt am Main 1995; James T. Richardson (Hg.), Money and Power in the New Religions, Lewiston/New York und Queenston/Ontario 1988.

291 Alice A. Bailey, Die unvollendete Biographie, Bietigheim, Württemberg o. J. [ca. 1975], S. 19 und 17.

292 Vgl. auch James A. Beckford, New Religious Movements and Healing: An Overview, in: R. Kenneth Jones (Hg.), Sickness and Sectarianism, Aldershot 1985, S. 72–93.

293 Stefanie von Schnurbein, Göttertrost in Wendezeiten. Neugermanisches Heidentum zwischen New Age und Rechtsradikalismus, München 1993; dies., Walküren des Neuen Zeitalters. Zum Frauenbild neugermanisch-heidnischer Gruppen der Gegenwart, in: Donate Pahnke (Hg.), Blickwechsel. Frauen in Religion und Wissenschaft, Marburg 1993, S. 143–174; Justus H. Ulbricht/Stefanie von Schnurbein (Hg.), Völkische Religion und Krisen der Moderne. Formen »arteigener« Religiosität seit der Jahrhundertwende, Köln usw. 1996; Margot Adler, Drawing Down the Moon. Witches, Druids, Goddess-Worshippers and Other Pagans in America Today, 2. Aufl. Boston 1986 (1. Aufl. 1979); Hartmut Zinser, Schamanismus im New Age. Zur Wiederkehr schamanistischer Praktiken und Séan-

cen in Europa, in: Matthias Pilger/Steffen Rink (Hg.), Zwischen den Zeiten. Das New Age in der Diskussion, Marburg 1989, S. 63–71.

294 Thomas Robbins/William C. Shepherd/James McBride (Hg.), Cults, Culture and the Law, Chico, Calif. 1985.

295 Hans-Jürgen Glowka, Deutsche Okkultgruppen 1875–1937, München 1981; Kursbuch der Weltanschauungen (= Schriften der Carl Friedrich von Siemens Stiftung, hg. v. Anton Peisl und Armin Mohler, Bd. 4), Frankfurt am Main usw. 1981 (bes. Teil III: »Esoterik und Lebensreform«); Richard Kyle, The Religious Fringe. A History of Alternative Religions in America, Downers Grove/Ill. 1993.

296 Johannes Neumann/Michael Fischer (Hg.), Toleranz und Repression. Zur Lage religiöser Minderheiten in modernen Gesellschaften, Frankfurt am Main/New York 1987.

297 Gustave Le Bon, Psychologie der Massen, Stuttgart 1982, S. 25 f.

298 Webb, Occult Establishment [wie Anm. 5], S. 13.

299 Fritz Klatt, Ja, Nein und Trotzdem. Gesammelte Aufsätze, Jena 1924 (darin: »Die Auflockerung« und »Neue Religiosität«, S. 164–176).

300 Carl Christian Bry, Der Hitler-Putsch. Berichte und Kommentare eines Deutschland-Korrespondenten (1922–1924) für das »Argentinische Tag-und Wochenblatt«, Nördlingen 1987, S. 64.

301 Vgl. Ulrich Linse, Barfüßige Propheten. Erlöser der zwanziger Jahre, Berlin 1983; ders., Der Inflationsheilige Lou Haeusser: Stuttgart, das neue Jerusalem, in: Die Machtergreifung (Ausstellungsreihe: Stuttgart im Dritten Reich), Stuttgart 1983, S. 110–123; ders., Einige Überlegungen zum Führer- und Reichsmythos der Weimarer Zeit, in: Jacob Taubes (Hg.), Theokratie (= Religionstheorie und Politische Theologie, Bd. 3), München usw. 1987, S. 321–327.

302 Vgl. Detlev Rose, Die Thule-Gesellschaft. Legende – Mythos – Wirklichkeit, Tübingen 1994; Hermann Gilbhard, Die Thule-Gesellschaft. Vom okkulten Mummenschanz zum Hakenkreuz, München 1994; Goodrick-Clarke, Occult Roots [wie Anm. 239].

303 Carl Christian Bry, Verkappte Religionen. Kritik des kollektiven Wahns, Neuausgabe München 1979.

304 Olden, Das Wunderbare [wie Anm. 9], S. 7 ff.

305 Vgl. Harry Wilde, Theodor Plievier. Nullpunkt der Freiheit, München usw. 1965, S. 175 ff.

306 Überblick bei: Thomas Robbins, Cults, Converts and Charisma. The Sociology of New Religious Movements (= Current Sociology 36, 1/1988).

307 Frank Usarski, Die Stigmatisierung Neuer Spiritueller Bewegungen in der Bundesrepublik Deutschland, Köln/Wien 1988.

308 Vgl. die tabellarische Gegenüberstellung von christlichen und neureligiösen Überzeugungen bei Frank Usarski, Die »New Age«-Bewegung, in: Geschichte, Erziehung, Politik, Bd. 2 (1991), S. 219–224.

309 Letztere These bei Rainer Flasche, Gefahrenmomente für die Religionsfreiheit in der Bundesrepublik Deutschland, in: Neumann/Fischer, Toleranz [wie Anm. 296], S. 251 f.

310 Robert Wuthnow, The Cultural Context of Contemporary Religious Movements, in: Robbins/Shepherd/McBride, Cults [wie Anm. 294], S. 43–56; ders., Religious Movements and Counter-Movements in North America, in: James A. Beckford (Hg.), New Religious Movements and Rapid Social Change, London 1986, S. 1–28; ders.: Meaning and Moral Order: Explorations in Cultural Analysis, Berkeley 1987; weitere derartige Argumente bei Jones, Sickness [wie Anm. 292], S. 87 f.

311 Ulrich Linse, Asien als Alternative? Die Alternativkulturen der Weimarer Zeit: Reform des Lebens durch Rückwendung zu asiatischer Religiosität, in: Hans G. Kippenberg/Brigitte Luchesi (Hg.), Religionswissenschaft und Kulturkritik, Marburg 1991, S. 325–364; Frank Usarski, Asiatische Religiosität als alternativkulturelles Phänomen. Überlegungen zu Bedingungen der Rezeption östlichen Gedankenguts im Kontext einer säkularisierten Umwelt, in: Kurt Rudolph/Gisbert Rinschede (Hg.), Geographia Religionum, Bd. 6, Berlin 1989, S. 87–102; Martin Baumann, Deutsche Buddhisten. Geschichte und Gemeinschaften, Marburg 1993; ders., Analytische Rationalisten und romantische Sucher. Motive der Konversion zum Buddhismus in Deutschland, in: Zeitschrift für Missionswissenschaft und Religionswissenschaft 79 (1995), S. 207–225.

312 Yvonne Karow, Bhagwan-Bewegung und Vereinigungskirche. Religions- und Selbstverständnis der Sannyasins und der Munies, Stuttgart usw. 1990, S. 234 und 245.

313 Morris Berman, Wiederverzauberung der Welt. Am Ende des Newtonschen Zeitalters, Reinbek bei Hamburg 1985, Vorwort zur deutschen Auflage, S. 10.

314 Karow, Bhagwan-Bewegung [wie Anm. 312], S. V, 246 und 190.

315 Vgl. den Überblick bei Robbins, Cults [wie Anm. 306], S. 53 ff.; u. a. bezieht er sich auf Michael Harrington, The Politics of God's Funeral, New York 1983.

316 Wolfgang Schieder, Sozialgeschichte der Religion im 19. Jahrhundert. Bemerkungen zur Forschungslage, in: ders., Religion [wie Anm. 275], S. 18 und 24.

317 Vgl. zu letzterer: George L. Mosse, Die Nationalisierung der Massen. Politische Symbolik und Massenbewegungen in Deutschland von den Napoleonischen Kriegen bis zum Dritten Reich, Frankfurt am Main/Berlin 1976; ders., Gefallen für das Vaterland. Nationales Heldentum und namenloses Sterben, Stuttgart 1993.

318 Donate Pahnke, Postmoderne Religion: Ökologisch, magisch, weiblich? In: Peter Antes/Donate Pahnke (Hg.), Die Religion von Oberschichten, Marburg 1989, S. 243–255; dies., Die feministische Spiritualität als Bei-

spiel einer »Ökologischen Religion«, in: Kurt Rudolph / Gisbert Rinschede (Hg.), Beiträge zur Religion / Umweltforschung I (= Geographia Religionum 6), Berlin 1989, S. 103–117; dies., Geschlechterverhältnis und Ethik in neuen religiösen Orientierungen, in: Horst Bürkle (Hg.), Grundwerte menschlichen Verhaltens in den Religionen, Frankfurt am Main usw. 1993, S. 195–206; siehe auch Anm. 293. Zum historischen Hintergrund vgl. Karin Hausen, Die Polarisierung der »Geschlechtscharaktere« – Eine Spiegelung der Dissoziation von Erwerbs- und Familienleben, in: Werner Conze (Hg.), Sozialgeschichte der Familie in der Neuzeit Europas, Stuttgart 1976, S. 363–393.

319 In: Max Weber, Die Wirtschaftsethik der Weltreligionen (= Max Weber – Gesamtausgabe, Bd. I / 19), Tübingen 1989, S. 502 ff.

320 Martin Green, The von Richthofen Sisters. The Triumphant and the Tragic Modes of Love, New York 1974; ders., Mountain of Truth. The Counterculture Begins. Ascona, 1900–1920; Richard Faber, Franziska von Reventlow und die Schwabinger Gegenkultur, Köln 1993.

321 Claudia Huerkamp, Ärzte und Professionalisierung in Deutschland. Überlegungen zum Wandel des Arztberufs im 19. Jahrhundert, in: Geschichte und Gesellschaft 6 (1980), S. 349–382; dies., Der Aufstieg der Ärzte im 19. Jahrhundert. Vom gelehrten Stand zum professionellen Experten: Das Beispiel Preußen, Göttingen 1985; Doris Kaufmann, Aufklärung, bürgerliche Selbsterfahrung und die »Erfindung« der Psychiatrie in Deutschland, 1770–1850, Göttingen 1995.

322 Axel Hinrich Murken, Vom Armenhospital zum Großklinikum. Die Geschichte des Krankenhauses vom 19. Jahrhundert bis zur Gegenwart, Köln 1988; Michel Foucault, Die Geburt der Klinik. Eine Archäologie des ärztlichen Blicks, München 1978.

323 Robert Darnton, Der Mesmerismus und das Ende der Aufklärung in Frankreich. Mit einem Essay von Martin Blankenburg: Der »thierische Magnetismus« in Deutschland. Nachrichten aus dem Zwischenreich, München / Wien 1983; Franklin Rausky, Mesmer ou la révolution thérapeutique, Paris 1977; L'âme au corps [wie Anm. 8], S. 142 ff.

324 Jerome D. Frank, Die Heiler. Über psychotherapeutische Wirkungsweisen vom Schamanismus bis zu den modernen Therapien, München 1985; L'âme au corps [wie Anm. 8].

325 Martin Marty / Kenneth Vaux, Health / Medicine and the Faith Traditions, Philadelphia 1982; Jones, Sickness [wie Anm. 292].

326 Wolfgang R. Krabbe, Gesellschaftsveränderung durch Lebensreform, Göttingen 1974, S. 78 ff.; Karl E. Rothschuh, Naturheilbewegung – Reformbewegung – Alternativbewegung, Stuttgart 1983; Claudia Huerkamp, Medizinische Lebensreform im späten 19. Jahrhundert, in: Vierteljahrschrift für Sozial- und Wirtschaftsgeschichte 73 (1986), S. 158–182.

Archivalien und Schriftquellen

Georg von Langsdorff (1822–1921) und der Spiritismus

Archivalien:

Stadtarchiv Freiburg im Breisgau: »Meine Erinnerungen. Erinnerungen und kurze Beschreibung meines vielbewegten und an Ereignissen reichen Lebens. Dem Evangelischen Stift in Freiburg i. B. gestiftet von Dr. med. Georg von Langsdorff«, handschriftl., 1994 dem Archiv überlassen von Frau Inge Nedden, Freudenstadt, der letzten Nachkommin des Düsseldorfer Zweigs der Langsdorffs (Sign.: B 1 [H], Nr. 407).

Ebd.: »Auszug aus den Erinnerungen des Dr. med. Georg Viktor von Langsdorff. Mit einem photographischen Bilde Langsdorffs und einem Nachtrag über Langsdorffs Naturheilanstalt in Freiburg Friedrichstraße 43 und über Langsdorffs Aufenthalt im Evangelischen Stift. Handschrift von 49 Blättern im Großquart. Bl. 2–35 von Verwaltungsdirektor Intlekofer, Bl. 38–40 von der Pflegetochter Langsdorffs Fräulein Ida Ses[s]e-Langsdorff« (so der Eintrag im Repertorium des Archivs), handschriftl. (Sign.: B 1 [H], Nr. 90).

Tatsächlich enthält der Band nicht nur einen Auszug aus den Freiburg betr. Teilen der obigen Lebenserinnerungen, sondern zusätzlich S. 34 f. den »Verpfründungsvertrag« zwischen Langsdorff und dem Evangelischen Stift und die neuen, nachträglich eingehefteten Materialien S. 48–40 – merkwürdigerweise unter der Überschrift »Aus den Memoiren des Dr. Georg von Langsdorff« – nämlich die Abschnitte: »Meine Naturheilanstalt in Freiburg Friedrichstraße 43« und »Mein Aufenthalt im Evangelischen Stift«.

Dagegen hat sich offenbar Langsdorffs großes »Tagbuchalbum, das erst 1950 zur Öffentlichkeit kommen darf« (so in den Erinnerungen, S. 62) nicht erhalten. – Bereits nach seiner Rückkehr aus Amerika 1910 mußte er feststellen, daß er die im Evangelischen Stift zurückgelassenen Schriften, »besonders [die] für mich wertvollen Manuskripte des in unserem Familienzirkel gepflogenen Verkehrs mit den Geistern unserer Lieben (durch die Medienschaft meiner lieben Amélie und unseres Sohnes) gar nicht mehr vorgefunden hatte. Diese Manuskripte waren in einer nur mir eigenen Kurzschrift abgefaßt, aber immerhin für mich von großem Wert für weitere Verarbeitung« (Erinnerungen, S. 126).

Schriftquellen:

Eine über 650 Titel umfassende Bibliographie von Langsdorffs spiritistischen Veröffentlichungen, die Aufsätze insbes. in den »Spiritistischen Blättern« 1883–1891, in den »Neuen Spiritistischen Blättern« 1883–1898, in den »Psychischen Studien« 1879–1883, 1898 und 1899, 1902 und 1903, in der »Zeitschrift für Spiritismus« 1897–1914 und in der »Zeitschrift für Seelenleben« 1915–1917, bei Gunda Wegner, Georg von Langsdorff (1822–1921), med. Diss. Freiburg 1989.

Joseph Weißenberg (1855–1941) und seine »Kirche«

Archivalien:

Amtsgericht Berlin-Charlottenburg Abtl. 95, 28 NZ: Vereins-Registerakten über die »Johannische Kirche«, 2 Bde. (1946 ff.)
Brandenburgisches Landeshauptarchiv Potsdam Pr.Br.Rep. 2 A, Regierung Potsdam, I. Pol., 3022 und 3023: Weißenberg-Sekte, Siedlung »Waldfrieden« in Glau, Heft 1 und 2 (1934 ff.); ebd.: Pr.Br.Rep. 2 A, Regierung Potsdam, I. Pol., 1208: Die Auflösung von Vereinigungen, Bd. 4 (1934 ff.)
Institut für Zeitgeschichte München MA – 742 (= NSDAP-Hauptarchiv Aktenordner 922): ausführliches Material über den Kriegerverein »Ewiges Leben«; ebd. Fa 119/1, S. 83 f. und S. 151: Verbot der Weißenberg-Sekte (1935)
Landesarchiv Berlin Rep. 58: 939 (6 Bde. = Film 683–5), 1614 (= Film 747), 2730 (5 Bde.), 2731 (3 Bde.), 2732 (3 Bde.), 32017–32019: umfangreiche Prozeßakten

Schriftquellen:

Hermann Anger, Die ersten Jahre der Johannischen Kirche, Berlin 1976
Wilhelm Becker, Das Horoskop Josef Weißenbergs, Berlin-Steglitz o. J.
Denkschrift zum 69. Geburtstag Eures Hirten und Propheten Joseph Weißenberg, den 24. August 1924
Der Lebenslauf des Gründers der Evangelisch-Johannischen Kirche nach der Offenbarung St. Johannes, Berlin 1927
Hugo Dette, Weißenberg, ein falscher Prophet, Berlin 1933
Johannes Falk/Gerhard Moll/Hansjürgen Rohr (Hg.), Der Leidensweg. Eine Dokumentation über Joseph Weißenberg, Berlin 1966
Glaubenslehre der Evangelisch-Johannischen Kirche in Frage und Antwort, Berlin 1968

Johannische Kirche. Kurzdarstellung, Berlin 1980

Johannisches Gesangbuch, Berlin 1981

Gerhard Moll (Hg.), Joseph Weißenberg. Zeugnisse seines Wirkens, Bd. 1, Berlin 1969 und Bd. 2, Berlin 1977

Frithjof Rohr, Weißenberg-Heilpraktik, Berlin-Lichterfelde 1934

Frithjof Rohr, Die Friedensstadt und das religiöse Werk ihres Erbauers Joseph Weißenberg, Husum o. J.

Verhandlungen des Deutschen Reichstags, XIII. Legislaturperiode, II. Session. Bd. 313: Stenographische Berichte 1918, S. 5530–5533; Bd. 324: Anlagen zu den Stenographischen Berichten, S. 2215 f. (Anlage 1509)

J. Weyer, Joseph Weißenberg Berlin. Ein typischer Fall falschen Prophetentums. Worte der Warnung und Aufklärung, Berlin o. J.

Zeitschriften: Bote der Wahrheit; Der Weiße Berg; Die Wahrheit; Johannes-Botschaft; Organ der Christlichen Vereinigung ernster Forscher von Diesseits nach Jenseits, wahrer Anhänger der christlichen Kirchen; Weg und Ziel.

Ferner zahlreiche Flugblätter der Bewegung und Zeitschriften-Artikel über Weißenberg (siehe unter Archivalien). Außerdem die Schallplatte: »Laß uns Dich im Herzen tragen«. Historische Aufnahme (1932): Eröffnung einer Andacht mit Gebet durch Joseph Weißenberg usw.

Auswahlbibliographie

Nachschlagewerke

Eduard Bächtold-Stäubli/Eduard Hoffmann-Krayer (Hg.), Handwörterbuch des deutschen Aberglaubens, 10 Bde., Berlin 1927–1942, Reprint 1986/87

Hans Gasper/Joachim Müller/Friederike Valentin, Lexikon der Sekten, Sondergruppen und Weltanschauungen, Freiburg 1995

Hans-Jürgen Glowka, Deutsche Okkultgruppen 1875–1937, München 1981

Kurt Hutten, Seher, Grübler, Enthusiasten. Das Buch der traditionellen Sekten und religiösen Sonderbewegungen, Stuttgart 1982 (12. Aufl.)

Kursbuch der Weltanschauungen (= Schriften der Carl Friedrich von Siemens Stiftung, hg. v. Anton Peisl und Armin Mohler, Bd. 4), Frankfurt am Main 1981

Horst E. Miers, Lexikon des Geheimwissens, München o. J.

Armin Mohler, Die Konservative Revolution in Deutschland 1918–1932. Ein Handbuch, Darmstadt 1972 (2. Aufl.) und Ergänzungsband 1989

Horst Reller (Hg.), Handbuch Religiöse Gemeinschaften. Freikirchen, Sondergemeinschaften, Sekten, Weltanschauungsgemeinschaften, Neureligionen, Gütersloh 1979

Religion und Kirchen:

Peter Antes/Donate Pahnke (Hg.), Die Religion von Oberschichten, Marburg 1989

Carl Christian Bry, Verkappte Religionen. Kritik des kollektiven Wahns, München 1979

Hubert Cancik (Hg.), Religions- und Geistesgeschichte der Weimarer Republik, Düsseldorf 1982

Ulrich Gäbler, »Auferstehungszeit«. Erweckungsprediger des 19. Jahrhunderts, München 1991

Friedrich W. Graf/Hans M. Müller (Hg.), Der deutsche Protestantismus um 1900, Gütersloh 1996

Ulrich Linse, Barfüßige Propheten. Erlöser der zwanziger Jahre, Berlin 1983

William McLoughlin, Revivals, Awakenings and Reform. An Essay on Religion and Social Change in America 1607–1977, Chicago 1978

Ulrich Nanko, Die deutsche Glaubensbewegung. Eine historische und soziologische Untersuchung, Marburg 1993

Johannes Neumann/Michael Fischer (Hg.), Toleranz und Repression. Zur Lage religiöser Minderheiten in modernen Gesellschaften, Frankfurt am Main 1987

Thomas Nipperdey, Religion im Umbruch. Deutschland 1870–1918, München 1988 (überarbeitete Fassung in: ders., Deutsche Geschichte 1866–1918, Bd. 1: Arbeitswelt und Bürgergeist, München 1990, S. 428–530)

Helmut Obst, Apostel und Propheten der Neuzeit. Gründer christlicher Religionsgemeinschaften des 19./20. Jahrhunderts, Berlin 1990

Rudolf Olden (Hg.), Das Wunderbare oder die Verzauberten. Propheten in deutscher Krise, Berlin 1932

Wolfgang Schieder (Hg.), Religion und Gesellschaft im 19. Jahrhundert, Stuttgart 1993

Julius H. Schoeps (Hg.), Religion und Zeitgeist im 19. Jahrhundert, Stuttgart 1982

Bryan Wilson, Religiöse Sekten, München 1970

Apokalypse und Millenarismus:

R(einer) F(riedemann) Edel, Auf dem Weg zur Vollendung der Kirche Jesu Christi. Die ökumenische Sendung der katholisch-apostolischen Gemeinden an der Gesamtkirche Jesu Christi, dargestellt im Leben und Wirken des Heinrich W(ilhelm) J(osias) Thiersch, Marburg/Lahn 1971 (2. Aufl.)

J. F. C. Harrison, The Second Coming. Popular Millenarianism 1780–1850, New Brunswick, N. J. 1979

Lucian Hölscher, Weltgericht oder Revolution. Protestantische und sozialistische Zukunftsvorstellungen im deutschen Kaiserreich, Stuttgart 1989

Joachim H. Knoll/Julius H. Schoeps (Hg.), Von kommenden Zeiten. Geschichtsprophetien im 19. und 20. Jahrhundert, Stuttgart 1984

Ernest R. Sandeen, The Roots of Fundamentalism. British and American Millenarianism, 1800–1930, Chicago 1970

Gordon Strachan, The Pentecostal Theology of Edward Irving, London 1973

Ernest Lee Tuveson, Millennium and Utopia. A Study in the Background of the Idea of Progress, New York 1964

Klaus Vondung, Die Apokalypse in Deutschland, München 1988

Roy Wallis (Hg.), Millennialism and Charisma, Belfast 1982

Albrecht Weber, Die katholisch-apostolischen Gemeinden: ein Beitrag zur Erforschung ihrer charismatischen Erfahrung und Theologie, Diss. Marburg 1977

Bryan Wilson, Magic and the Millennium, St. Albans 1975

Okkultismus und Spiritismus:

Logie Barrow, Independent Spirits. Spiritualism and English Plebeians, 1850–1910, London 1986

Thomas E. Berry, Spiritualism in Tsarist Society and Literature, Baltimore 1985

Ruth Brandon, The Spiritualists. The Passion for the Occult in the Nineteenth and Twentieth Centuries, New York 1983

Ann Braude, Radical Spirits: Spiritualism and Women's Rights in Nineteenth-Century America, Boston 1989

Nicole Edelmann, »Voyantes, guerisseusses et visionaires en France«, 1785–1914, Paris 1995

Ronald C. Finucane, Appearances of the Dead. A Cultural History of Ghosts, Buffalo, New York 1984

Nicholas Goodrick-Clarke, The Occult Roots of Nazism. The Ariosophists of Austria and Germany 1890–1935, Wellingborough, Northamptonshire 1985

René Guénon, L'érreur spirite, Paris 1981

Ellic Howe, Astrology and the Third Reich. A Historical Study of Astrological Beliefs in Western Europe since 1700 and in Hitler's Germany 1933–45, Wellingborough, Northamptonshire 1984 (u. d. T. Urania's Children, London 1967)

ders./Helmut Möller, Merlin Peregrinus. Vom Untergrund des Abendlandes, Würzburg 1986

Okkultismus und Avantgarde, Katalog Frankfurt am Main 1995

Janet Oppenheim, The Other World. Spiritualism and Psychical Research in England, 1850–1914, Cambridge 1985

Alex Owen, The Darkened Room: Women, Power and Spiritualism in Late Victorian England, Philadelphia 1990

Hans-Jürgen Ruppert, Okkultismus, Wiesbaden u.a. 1990

John Symonds, Aleister Crowley. Das Tier 666, Basel 1983

James Webb, The Age of the Irrational, London 1971 (US-Ausgabe: The Occult Underground, La Salle, Illinois 1974)

James Webb, The Occult Establishment, La Salle, Illinois 1976

Colin Wilson, Das Okkulte, Berlin usw. 1982

Eileen Barker (Hg.), Of Gods and Men: New Religious Movements in the West (Proceedings of the 1981 Annual Conference of the British Sociological Association), Macon 1983

James A. Beckford, Cult Controversies: The Societal Response to New Religious Movements, London usw. 1985

Elmar Gruber/Susan Fassberg, New-Age-Wörterbuch, Freiburg i. Br. 1986

Hans-Peter Hasenfratz, New Age. Religion im Zeichen des Wassermanns, in: Saeculum 39 (1988), S. 369–380

James T. Richardson (Hg.), Money and Power in the New Religions, Lewiston, New York 1988

Thomas Robbins/William C. Shepherd/James McBride (Hg.), Cults, Culture and the Law, Chico, Calif. 1985

Thomas Robbins, Cults, Converts and Charisma: The Sociology of New Religious Movements (= Current Sociology 36, 1 [1988]). Das Buch enthält auch eine ausführl. Bibliographie.

Heilen:

Martina Bühring, Heiler und Heilen. Eine Studie über Handauflegen und Besprechen in Berlin, Berlin 1993

Martin Dinges (Hg.), Weltgeschichte der Homöopathie, München 1996

Claudia Huerkamp, Der Aufstieg der Ärzte im 19. Jahrhundert. Vom gelehrten Stand zum professionellen Experten: Das Beispiel Preußen, Göttingen 1985

Brian Inglis, Fringe Medicine, London 1964

Robert Jütte, Geschichte der alternativen Medizin. Von der Volksmedizin zu den unkonventionellen Therapien heute, München 1996

R. Kenneth Jones (Hg.), Sickness and Sectarianism. Exploratory Studies in Medical and Religious Sectarianism, Aldershot 1985

Doris Kaufmann, Aufklärung, bürgerliche Selbsterfahrung und die »Erfindung« der Psychiatrie in Deutschland, 1770–1850, Göttingen 1995

Krank – warum? Vorstellungen der Völker, Heiler, Mediziner, Katalog Dresden 1995

L'âme au corps. Arts et sciences 1793–1993, Katalog Paris 1994

Martin Marty/Kenneth Vaux, Health, Medicine and the Faith Traditions, Philadelphia 1982

Karl E. Rothschuh, Naturheilbewegung – Reformbewegung – Alternativbewegung, Stuttgart 1983

Roy Wallis/Peter Morley (Hg.), Marginal Medicine, London 1976

Bernd Wedemeyer, Starke Männer, starke Frauen. Eine Geschichte des Bodybuildings, München 1996

Paul Weindling, Health, Race and German Politics Between National Unification and Nazism, 1870–1945, Cambridge 1989

Stefan Zweig: Die Heilung durch den Geist. Mesmer. Mary Baker-Eddy. Freud. hg. von Knut Beck, Frankfurt am Main 1982.

Europäische Geschichte

Herausgegeben von Wolfgang Benz

Konzeption: Wolfgang Benz, Rebekka Habermas und Walter H. Pehle

Band 60113

Band 60101

Band 60102

Europa entdecken – die neue Reihe

Die neue Fischer-Buchreihe *Europäische Geschichte* lädt ein zur Entdeckung Europas, blickt weit über nationale Grenzen hinweg und macht mit einem breiten Themenspektrum gemeinsame, aber auch trennende historische Entwicklungen deutlich.

Die 65 Autorinnen und Autoren der *Europäischen Geschichte* bieten aus höchst unterschiedlichen Perspektiven neuartige historische Überblicke von der Antike bis zur Gegenwart.

Die Buchreihe *Europäische Geschichte* besteht ausschließlich aus Originalausgaben. Die knappen und gut lesbaren Darstellungen wenden sich an ein breites Publikum, das sachliche Information ebenso schätzt wie deren anschauliche Darbietung.

Fischer Taschenbuch Verlag

fi 1701 / 3 a

Europäische Geschichte

Herausgegeben von Wolfgang Benz

Gerold Ambrosius
Wirtschaftsraum Europa
Vom Ende der Nationalökonomien
Band 60148
Dezember '96

Claude Carozzi
Weltuntergang und Seelenheil
Apokalyptische Visionen im Mittelalter
Band 60113

Christopher Charle
Vordenker der Moderne
Die Intellektuellen im 19. Jahrhundert
Band 60151
Januar '97

Jerzy Holzer
Der Kommunismus in Europa
Politische Bewegung und Herrschaftssystem
Band 60161
März '97

Ulrich Linse
Geisterseher und Wunderwirker
Heilsuche im Industriezeitalter
Band 60164

Günther Lottes
Stadtwelten
Urbane Lebensformen in der Frühen Neuzeit
Band 60124
Februar '97

Chr. Markschies
Zwischen den Welten wandern
Strukturen des antiken Christentums
Band 60101

Toni Pierenkemper
Umstrittene Revolutionen
Die Industrialisierung im 19. Jahrhundert
Band 60147
Januar '97

Saskia Sassen
Migranten, Siedler, Flüchtlinge
Von der Massenauswanderung zur Festung Europa
Band 60138

Fred E. Schrader
Die Formierung der bürgerlichen Gesellschaft
1550-1850
Band 60133

Peter G. Stein
Römisches Recht und Europa
Die Geschichte einer Rechtskultur
Band 60102

Clemens Zimmermann
Die Zeit der Metropolen
Urbanisierung und Großstadtentwicklung
Band 60144

Fischer Taschenbuch Verlag